언어 교수
Teaching Language

문법에서 문법 사용 하기로
FROM GRAMMAR TO GRAMMARING

x

다이앤 라슨-프리만
Diane Larsen-Freeman

김서형 · 이혜숙 · Miny Kim 역

x

지식과교양

x

CENGAGE
Learning

x

x

Andover • Melbourne • Mexico City • Stamford, CT • Toronto • Hong Kong • New Delhi • Seoul • Singapore • Tokyo

**TEACHING
LANGUAGE FROM
GRAMMAR TO
GRAMMARING**

Diane Larsen-Freeman
Paul Dummet

1st Edition

For permission to use material from this text or product, email to
asia.infokorea@cengage.com

ISBN-13: 978-89-94955-97-1

Cengage Learning Korea Ltd.
Suite 1801 Seokyo Tower Building
133 Yangwha-Ro Mapo-Gu
Seoul 121-837, Korea
Tel: (82) 2 322 4926
Fax: (82) 2 322 4927

Cengage Learning is a leading provider of customized learning solutions
with office locations around the globe, including Singapore, the United Kingdom,
Australia, Mexico, Brazil, and Japan. Locate your local office at: **www.cengage.com/global**

Cengage Learning products are represented in Canada by Nelson Education, Ltd.

For product information, visit **www.cengageasia.com**

Printed in Korea
1 2 3 4 15 14 13 12

In memory of Elaine Larsen
and
Richard Hosking

Thank You

The series editor, authors, and publisher would like to thank the following individuals who offered many helpful insights throughout the development of the **TeacherSource** series.

Linda Lonon Blanton	University of New Orleans
Tommie Brasel	New Mexico School for the Deaf
Jill Burton	University of South Australia
Margaret B. Cassidy	Brattleboro Union High School, Vermont
Florence Decker	University of Texas at EI Paso
Silvia G. Diaz	Dade County Public Schools, Florida
Margo Downey	Boston University
Alvino Fantini	School for International Training
Sandra Fradd	University of Miami
Jerry Gebhard	Indiana University of Pennsylvania
Fred Genesee	McGill University
Stacy Gildenston	Colorado State University
Jeannette Gordon	Illinois Resource Center
Else Hamayan	Illinois Resource Center
Sarah Hudelson	Arizona State University
Joan Jamieson	Northern Arizona University
Elliot L. Judd	University of Illinois at Chicago
Donald N. Larson	Bethel College, Minnesota (Emeritus)
Numa Markee	University of Illinois at Urbana Champaign
Denise E. Murray	Macquarie University, Australia
Meredith Pike-Baky	University of California at Berkeley
Sara L. Sanders	Coastal Carolina University
Lilia Savova	Indiana University of Pennsylvania
Donna Sievers	Garden Grove Unified School District, California
Ruth Spack	Tufts University
Leo van Lier	Monterey Institute of International Studies

목차
TABLE OF CONTENTS

감사의 말
ACKNOWLEDGMENTS

가끔 글을 쓰다 보면 나는 내가 복화술사인 것 같은 느낌이 든다. 글을 쓰는 사람은 나인데 다른 사람들의 생각이 튀어 나오곤 한다. 내가 이 책에서 글로 쓴 아이디어들을 구체화하는 데에 도움을 준 사람들의 공로를 일일이 다 거론할 수는 없겠지만 수년간에 걸쳐 나에게는 많은 '스승들'이 있었음은 의심할 여지가 없다. 그래서 공식적이든 비공식적이든 나의 스승들께 먼저 감사를 드리는 것이 옳을 것 같다.

따라서 성밖에 모르지만 나의 고등학교 영어 선생님이시자 나에게 문법의 힘을 보여 주신 라우즈 선생님(Mrs. Rouse), 내가 처음 심리학을 배울 때 많은 가르침을 주셨던 교수님들 중 한 분으로 내가 평생 배움에 매료되도록 영감을 주셨고, 그렇게 매료된 덕분에 제2 언어 습득 분야에 대한 연구도 할 수 있게 이끌어 주신 구비 사치다난덴(Gubbi Sachidananden) 교수님, 나의 언어학 교수님들 중 한 분으로 언어의 체계성, 인간의 삶과 다른 측면들과의 상호 연관성을 제대로 인식하도록 도움을 주신 케네스 파이크(Kenneth Pike) 교수님, 응용 언어학 교수이자 나의 친구로 문법 수수께끼들을 해결하고자 행복한 노력을 기울이는 데 많은 시간을 함께 보낸 마리앤 셀체-무르시아(Marianne Celce-Murcia), 학습-중심 교수의 힘을 나에게 보여 준 얼 스티빅(Earl Stevick) 박사, 칼렙 가테그노(Caleb Gattegno) 박사, 샥티 가테그노(Shakti Gattegno) 박사, 그리고 국제훈련학교(School for International Training)의 전·현직 동료들에게 감사의 뜻을 표한다.

'비공식적인' 스승들도 많이 있으나, 실제로 너무 많아서 일일이 언급하기 어렵지만 나는 이들 – 특히 내가 24년간 가르쳤던 국제훈련학교의 내 학생들 – 로부터 많은 것을 배웠다. 이와 더불어 짧은 기간 동안 나와 함께 했던 학생들도 추가하고 싶다. 말레이시아 사바(Sabah)의 나의 첫 EFL 학생들과, 앤 아버(Ann Arbor)에 있는 미시건 대학교 영어 교육원(English Language Institute at the University of Michigan)의 나의 첫 ESL 학생들, UCLA의 나의 첫 대학원생들, 다시 앤 아버로 돌아간 이후로 만난 미시간 대학교의 EAP 학생들과 대학원생들, 그리고 수년간 수없이 많은 단기 과정에서 가르친 학생들이 모두 나의 '비공식적인' 스승들이다. 나의 또 다른 '비공식적인' 스승들에는, 세계 곳곳에서 만난 워크숍 참가자들과 청중들, 학회가 열린 호텔 복도에서나 저녁을 먹으면서 즐겁게 대화를 나누었던 같은 분야 친구들과 동료들이 있다. 여기에 그들의 이름을 모두 거명할 수 없지만, 잘하면 적어도 일부는 내가 이 책에서 제안하는 아이디어에 자신들이 기여했다는 것을 알 수 있을 것이다.

두 번째로 나는 이 프로젝트에 좀 더 직접적인 영향을 준 사람들에게 감사를 표하고 싶다. 먼저 이 책을 쓰도록 종용하고 이 책이 나오기까지 이끌어 주고 인내해 준 도날드 프리만(Donald Freeman)에게 감사의 말을 전한다. 이 책에 자신들의 목소리를 전해 준 교사들에게도 감사한다. 그리고 이 책의 원고를 읽고 나에게 아낌없는 피드백을 준 냇 바텔즈(Nat Bartels), 팻치 라이트바운(Patsy Lightbown), 마이클 맥카시(Michael McCarthy), 케이티 스프랭(Katie Sprang), 히데 타카시마(Hide Takashima) 그리고 엘카 토디바(Elka Todeva)에게 특별히 감사의 뜻을 표한다. 또한 이 원고가 책으로 나오기까지 많은 단계를 능숙하게 거쳐 온 하인리(Heinle) 출판사의 셔리즈 로어(Sherrise Roehr)와 오드라 롱어트(Audra Longert)에게도 감사를 드린다.

마지막으로, 언제나 나를 친절하게 그리고 기꺼이 도와주고 응원해 준 나의 배우자 엘리엇 프리만(Elliot Freeman)에게 무한한 감사의 빚을 지고 있다. 이 책은 최근 이 세상을 떠난 나의 어머니와 형부에게 바칠 것이다. 그들을 잃었다는 슬픔에 빠져 있는 나에게 엘리엇의 응원과 한결같은 인내심은 큰 힘이 되어 주었다.

모두에게 감사를 드린다.

시리즈 편집자의 머리말
SERIES EDITOR'S PREFACE

내가 화이트 리버 교차로(White River Junction) 남쪽으로 차를 몰고 가고 있었을 때 눈이 본격적으로 내리기 시작하였다. 이른 아침도 아니었는데 햇빛이 너무 약하다 보니 소용돌이치는 회백색의 눈 속에서 고속도로를 분간하기는 거의 불가능했다. 나는 한편으로는 주의를 돌리기 위해서, 또 한편으로는 앞에 보이는 도로에 더 잘 집중하기 위해서 라디오를 켰다. 아나운서가 눈에 대해 이야기하고 있었다. "우리 주 고속도로 관리과에서는 운전자들이 안전 운전에 각별히 주의하고, 최대한의 시야 확보를 위해서 헤드라이트를 켜도록 권고하고 있습니다." 아나운서는 목소리를 조금 바꾸어 계속 말했다. "우리 주 고속도로 관리과 과장인 레이 벌크(Ray Burke) 씨가 연락을 주셨는데요. 6번 출구 남쪽에서 라이트를 켜지 않고 주행하던 승용차와 제설기가 충돌할 뻔했다고 합니다. 이런 날씨에는 앞을 보기가 매우 힘들기 때문에 반드시 헤드라이트를 켜고 운전해야 한다고 전해 왔습니다." 나는 거의 반사적으로 내 차의 헤드라이트가 켜져 있는지 확인하고 거세게 몰아치는 눈보라 속에서 계속 운전하였다.

정보는 그것을 듣거나 읽는 사람들에게 그들의 주변 세계를 이해하는 데 어떤 역할을 할 수 있는가? 정보는 어떻게 사람들에게 자신들이 하는 일에 대해 생각하고 그 생각을 바탕으로 적절한 행동을 취할 수 있게 하는가? 눈보라가 있던 날 들었던 라디오 방송은 동일한 내용의 메시지 즉, 폭설이 내리는 날씨에 운전할 때 헤드라이트를 켜야 한다는 메시지를 두 가지 다른 방식으로 보여 준다. 첫 번째 방식은 정보를 냉정하게 제공하는 반면 두 번째 방식은 같은 내용을 품위가 있고 설득력 있게 이야기하는 방식으로 전달한다. 첫 번째 방식은 관점을 숨기고 있지만 두 번째 방식에서는 일반적인 정보를 전달하면서도 특정 시간과 장소에 명시적인 바탕을 두고 있다. 정보를 제공하는 각 방식은 그 나름대로의 역할이 있지만 나는 두 번째의 전달 방식이 궁극적으로 사람들에게 자신들이 무엇을 하고 있는지를 이해하는 데 보다 유용하다고 생각한다. 제설차에 대한 레이 벌크 씨의 이야기를 듣고서 비로소 나는 내 차의 헤드라이트가 켜져 있는지 확인한 것이다.

교육 분야의 많은 저서에서는 저자의 경험과 관점으로 이루어진 바탕 이론을 찾기 어렵다. 관점이란 단순히 견해가 아니며 변덕스럽거나 기억에 남을 만한 주장도 아니다. 관점이란 저자가 어떻게 생각하는지 그리고 왜 그렇게 생각하는지를 펼치는 것이다. 쓰기 교사인 나탈리 골드버그(Natalie Goldberg)의 말을 빌리자면 '뼈대를 세우는 것이다. 그런데 문제는 언어 교사를 위한 교육 프로그램의 전문가 양성 과정에 이용되고 있는 방식의 대부분이 관점을 보여 주기보다는 어떤 사실이나 상황을 알려 주는 말하기(telling)에 집중되어 있다는 것이다. 말하기는 앞서 나온 라디오 아나운서의 첫 번째 전달 방식처럼 의례적이다. 그것은 어떤 것을 알고 그 일을 하기 위해서 무엇이 중요한지, 현재 유행하고 있는 이론과 연구는 무엇인지, 그래서 현직 교사로서 내가 무엇을 해야 하는지를 강조해 준다. 그러나 이러한 말하기는 말하는 사람을 감추고 있다. 말하는 사람이 어떤 의도로 그 내용을 말했는지 파악할 수 있도록 하는 관점을 숨기고 있다.

TeacherSource 시리즈는 독자들에게 제2 언어 및 외국어 교수에 대한 관점을 제공해 줄 것이다. 이 시리즈에 참여한 각 저자들은 해당 주제에 대해 자신들이 중요하다고 믿는 것을 마음껏 펼치도록 요청을 받았다. 그러므로 독자들은 이 책에 저자들의 개성이 녹아 있다는 것을 알게 될 것이다. 이 책은 의례적으로 무엇을 지시하는 것이 아니라 이야기를 하는 방식으로 다가갈 것이며 독자의 주의집중을 당연시하기보다 독자와 관계를 맺고자 할 것이다. 현장 교사와 같은 교육 실행가의 입장에서, 이 책은 독자의 아이디어를 풍부하게 해 주는 촉매제이자 독자 스스로가 사고할 수 있도록 그 기준이 되어 줌으로써 독자에게 도움이 될 것이다. 관점은, 다양한 행동 방식을 제안하고 이런 행동 방식이 왜 저자에게 의미가 있는지를 설명해 줄 수 있다. 반대로 독자는 그로부터 무엇을 할지를 이해하고 자신이 할 수 있는 일을 실제로 해 볼 수 있다. 그러나 이 책은 어떤 식으로 생각해야 하는지를 말해 주지는 않을 것이다. 이 책은 독자가 무엇을 할지를 파악하는 데 도움을 주기 위해 만든 것이기 때문이다.

TeacherSource에 나오는 관점은 세 개의 단위로 이루어져 있다. **교사의 목소리**(Teacher's Voices), **이론적 틀**(Frameworks), 그리고 **생각해 보기**(Investigations)가 그것이다. 각 저자들은 이 세 단위를 자신의 주제 그리고 – 더 중요한 것은 – 자신의 관점에 맞추어 그 나름대로 엮어 나간다. TeacherSource에 있는 모든 자료들에는 이 세 개의 단위들이 전부 포함되어 있다. **교사의 목소리**는 다양한 환경에 있는 현장 언어 교사들이 해당 주제에 대해 자신들의 경험을 이야기한 부분이다. **이론적 틀**은 저자가 각 주제에 대해 알아야 한다고 생각하는 것과 핵심 개념 그리고 쟁점들을 전개한 부분이다. 이러한 기초 원리들은 저자가 기술하는 언어 교수와 학습 영역을 정의해 준다. **생각해 보기**는 독자들이 자신의 교수 방식과 학생들, 그리고 교실 현장과 해당 주제를 연관시켜 생각해 보게 함으로써 독자의 관심을 유도하는 데 목적이 있다. 또한 이것은 교수와 학습을 반영하거나 아이디어를 현장에서 시도해 보기 위해 독자 스스로 또는 동료들과 같이 해 볼 수 있는 활동들이다.

각 단위는 이 책에서 제시한 주제에 대해 여러 관점들을 제공한다. **교사의 목소**

리는 다양한 교육 현장에 있는 교사들의 관점과 연관되어 있고, **이론적 틀**은 전문가 집단의 관점을 정립해 주며, **생각해 보기**는 독자가 자신이 처한 환경에서 겪게 되는 경험을 통해 자신의 관점을 계발시키도록 돕는다. 이 세 단위들이 하나가 되어 독자가 해당 주제의 뜻을 잘 이해할 수 있게 도와준다.

현재까지 TeacherSource 시리즈에서는 다양한 책들이 출판되어 제2 언어 현장 교육의 핵심 요소들 – 교수 차원(교사의 교육 철학, 교수 방법론, 교과 과정 설계)에서부터 학습 차원(제2 언어 학습 방법, 평가 방법, 효과적인 교수 모델을 가진 다양한 학교)에 이르는 – 을 검토할 수 있었다. 그러나 이 작업들의 핵심에는 주제에 대한 기본 개념들이 들어 있다. 즉 '무엇'이 가르쳐지고 학습되고 있는지를 우리가 어떻게 이해하는가 하는 것이다. 다르게 표현하자면, 우리가 어떻게 언어를 정의하는가 하는 문제이다.

다이앤 라슨–프리만의 『언어 교수: 문법에서 문법 사용하기로 *Teaching Language: From grammar to grammaring*』는 이러한 주제에 대해 본격적으로 논의하고 있다. 즉, 제2 언어 교수의 '무엇'으로서의 언어를 다룬다. 그녀는 후기 촘스키 시대를 통해 영어 교수 전문 분야에서 언어의 정의가 진화해 온대로 그 다양한 정의들을 통합하는 설명을 그녀 자신의 관점에 따라 보이고 있다. 그녀는 자신이 어떻게 정적이고 기술적인 아이디어 차원의 문법에서 사고를 바탕으로 한 문법 사용하기(grammaring), 즉 그녀의 정의를 따르면 '문법 구조를 정확하고 유의미하고 적절하게 쓸 수 있는 능력'이라는 좀 더 유동적이고 역동적인 개념으로 생각하게 되었는지를 정리해 준다.

라슨–프리만의 책은 전문가다운 폭넓은 관점들이 깊이 스며들어 있으며 그녀가 그만큼 언어 학습과 언어 학습자들에 대한 관심도 가지고 있다는 것을 보여 주고 있다. 무엇보다 그녀는 언어에 대해 열정적이다. 그녀는 이 책에, 존경받는 응용 언어학자와 제2 언어 습득 분야의 저명한 학자의 지식과 방식들뿐만 아니라 여러 지역을 다닌 교사 양성가와 효과적인 교수 자료를 저술한 저자들의 노하우 및 교수법을 끌어와 싣고 있다. 이 책에 있는 이러한 다양한 경험들과 각 활동 분야에 내재된 여러 목적들이 통합되어 라슨–프리만의 접근법과 그녀의 업적이 고유성을 갖게 되었다. 그녀는 언어에 숨어 있는 질서와 그 질서를 열어 보기 위한 이론적 틀 – 형태, 의미, 화용의 이 세 가지 측면을 포함하는 – 이 갖고 있는 잠재적 설명력에 애정을 가지고 있음에 틀림없다. 그러나 그녀는, 언어의 복잡성과 더불어 경계를 넘나들며 새로운 형태를 형성하고 의미를 창조하며 새로운 용법으로 쓰이는, 카멜레온 같은 언어의 잠재성도 인지하고 있다. 이와 같은 그녀의 재능, 규칙적이고 예측 가능한 언어 요소들에 대한 흥미, 언어의 우연적이고 창조적인 측면에 대한 관심이 바로 라슨–프리만을 유일하면서도 막강한 언어 교수 실행가로 만드는 것이다.

이런 맥락에서 『언어 교수: 문법에서 문법 ^{사용}하기로』의 독자들은 백과사전적 정의들을 얻는 것이 아니라 언어 교수에서 언어에 접근하는 정교한 방식까지 얻게 된다. 그것은 생성적이고 탐구적인 작업으로서 에너지가 넘치는 만큼 어려운 작업이기도 하다.

TeacherSource 시리즈의 다른 모든 저서들과 마찬가지로 이 책은 독자가 언어 교사로서 자신의 일을 더 잘 이해하게 하는 데 목적이 있다. 이 책을 통해 독자는 자신의 일을 다른 방식으로 생각해 볼 수도 있고 실제 자신의 수업에서 구체적인 행동을 취하게 될 수도 있다. 혹은 아무것도 안 할 수도 있다. 그러나 우리의 의도는 이런 방식으로 제시된 다양한 관점들을 통해 독자가 이전에는 미처 생각해 보지 못했던 교수법들을 접하고 자신의 교수를 좀 더 의미있게 만들 수 있도록 도움을 주는 데 있다.

−시리즈 편집자, 도날드 프리만(Donald Freeman)

나는 도날드 프리만의 진심어린 집필 요청을 받고 이 책의 주제에 대해 내가 개인적으로 어떻게 생각하는지 설명하고자 쓰게 되었다. 이 책은 언어 특히 문법 – 문법이 무엇이고 무엇이 아닌지 – 에 관한 책으로서 이 주제를 더 깊이 이해하려는 노력에서 얻은 개인적 경험의 산물이다. 내 교육은 다른 많은 이들을 관찰하고 가르치면서 강화되었기 때문에 내가 여기에서 제시하는 모든 것들이 나에게서 비롯되는 것 – 아마도 내가 인식하는 것보다도 적을 것이다. – 은 아니다. 이것은 어느 정도 예상된 일이다. 그러나 우리 분야에서는 태양 아래 새로울 것이 하나도 없을지도 모르지만 개인의 수준에서 보면 탐구해야 할 흥미로운 것들도 많고 해결해야 할 문제들도 많이 남아 있다. 이 분야의 전문가로서 나는 내 일생을 통틀어 내 자신의 이해를 넓히고 우리들 상호간의 이해에 기여하는 데 전념해 왔다. 그래서 이 지면을 통해 그러한 탐구와 발견 과정의 짜릿함을 전할 수 있기를 바란다.

1996년에 '교수(teaching)는 기술인가 과학인가'라는 주제 토론에 참여해 달라는 부탁을 받은 적이 있다. 구체적으로 나는 교수가 과학이라는 입장을 대표해 줄 것을 부탁받았다. 물론 교육자들 중에서 교수가 오로지 기술이라거나 과학이라고 주장할 사람은 거의 없을 것이다. 그러나 이 토론은 관련 쟁점들을 밝혀내는 데 유용한 방법이 되었다. 나는 훌륭한 과학이 그렇듯 훌륭한 교수는 실제 교수를 담당하는 실행가들이 탐구 자세를 계발할 때 가장 잘 이루어진다는 뜻을 제시함으로써 내 입장을 대신하였다. 이것이 이 책을 통해 내가 바라는 궁극적인 바람이다. 즉 언어와 문법의 본질 그리고 언어 학습과 교수의 본질에 대해 독자 자신이 이해하고 있는 바를 탐구할 수 있도록 독자의 호기심을 자극하는 것이다.

그러나 호기심만으로는 충분하지 않다. 따라서 나는 독자들이 최소한의 이해력을 가지고 체계적으로 탐구할 수 있도록 도와줄 질문과 방식들을 이 책에 마련해 놓았다. 이 책의 세 가지 주요 구성 요소들 – 이론적 틀, 생각해 보기, 그리고 교사의 목소리 – 은 각각 두 가지 역할을 한다. 이론적 틀은 내가 내 자신의 경험으로부터 배운 것과 연계하여 독자에게 언어 특히 문법을 바라보는 효과적인 방법을 제공하는 역할을 한다. 생각해 보기는 독자 자신의 탐구 자세를 계발하고 독자가 읽은 것을 자신의 경험과 연결시킴으로써 독자의 읽기를 풍부하게 한다. 마지막으로 교사의 목소리는 여기서 다루어지는 쟁점들과 씨름한 다른 교사들의 목소리를 독자가 '듣고' 독자 자신의 이해를 넓히는 데에 다른 동료들과 함께 할 수 있게 도와준다. 실제로 이 책을 다른 사람들과 같이 읽고 생각해 보기의 문제들도 함께 고민해 본다면 좋을 것이다.

내가 전에 집필한 저서와는 다르게 이 책에는 학문적인 인용들이 채워져 있지 않다. 여기에 수록된 인용들을 보완하기 위해 나는 내가 참고했거나 영향을 받은 문헌들의 목록을 각 장의 끝에 추천 도서로 실어놓았다. 또한 이 책에서 나는 학문적인 용어의 사용을 대폭 줄였다. 모든 독자들을 만족시키려면 아직도 할 일이 많이 남아있지만, 나는 용어란 다른 문헌들을 편리하게 찾아볼 수 있는 도구여야지 학문적 무게를 더하는 데 목적이 있어서는 안된다는 믿음으로 용어를 굉장히 까다롭게 선택하여 사용하였다.

마지막으로 이 책의 초점이 어디에 있는지에 대해 한 마디 하고 싶다. 교사들이 이 책의 주제에 대해 평소 생각하는 대로 수업하는 것은 놀랄 일이 아니다. 생각은 종종 암묵적인 것으로, 교사들이 언어 학습자일 때 받은 교육이나 교사 스스로 선택하거나 이미 지정된 언어 교재에 영향을 받겠지만, 언어와 문법에 대한 교사 자신의 개인적 관점 – 나처럼 학습자로서 그리고 교사로서의 경험, 자신들의 교사, 연구자 그리고 동료들로부터 틀림없이 영향을 받는 관점 – 을 구체화하고 살펴볼 수 있다는 것은 큰 가치가 있을 것 같다. 따라서 이 책의 끝에 이르렀을 때 독자들이 '나에게 있어 언어란…' 또는 '나에게 있어 문법이란…'이라는 문장을 완성할 수 있기를 바란다.

나 역시 이 문장들을 제때에 완성할 것이다. 또한 내 정의에 맞는 문법 교수법을 제안할 것이다. 이 책에 나오는 예문들은 대부분 영어에서 온 것이기는 하지만, 아이디어와 이들이 보여 주는 시사점들은 모든 언어에 유효하다. 나는 수년간 나와 같이 일했던 다양한 언어를 가르치는 많은 교사들을 통해 이 점을 재확인하였다. 이러한 이유로 나는 가르치고 있는 언어를 일반적으로 지칭할 때 '*목표어*'나 '*제2 언어*' 혹은 '*외국어*'라는 용어를 사용할 것이다. 또한 '*학습*(learning)'과 '*습득*(aquisition)'이란 단어에 특별한 의미를 부여하지 않으며 이 둘을 때로 섞어서 쓰기도 하고 때로는 관례에 따라 지도를 받은 발달과 지도를 받지 않은 발달로 구분하기도 할 것이다.

이제 시작할 준비가 되었다. 독자 스스로 자신의 견해를 구체화하고 탐구하는 자세를 계발하는 것이 중요하다는 점을 강조하기 위해 생각해 보기로부터 시작할 것이다. 나는 또한 〈생각해 보기〉를, 나중에 접하게 될 용어들을 소개하는 기회로 사용할 것이다. 나는 독자들이 이 책을 읽음으로써 독자 스스로 언어를 계속해서 탐구 – 다른 사람들과 공동으로 탐구할 수 있으면 더 좋겠다. – 나가기를 진심으로 바란다. 나는 언어의 일반적인 개념들과 구체적인 문법 교수에 대해 독자 자신의 접근법을 명확하게 그려낼 수 있기를 희망한다.

역자 서문

외국어로서의 한국어 교육을 공부하면서 문법 교육에 대한 관심이 많았던 역자들은 당연히 다이앤 라슨 프리먼의 이 책을 선택하지 않을 수 없었다. 이 책을 읽어가면서 문법 교육도 네 가지 언어 기능별 교육과 더불어 하나의 독자적인 기능을 가진 영역임을 강조한 저자의 주장에 빠져들었다. 이 책에서 보인 저자의 견해는 매우 참신하면서도 설득력을 가져, 외국어 교육학계에서 크게 주목을 받고 있다. 따라서 이 책은 외국어 교육의 연구자나 교육자들에게 필독의 목록 가운데에서도 앞자리에 있는 것이다.

이 책의 특징은 문법 교육에 대한 연구 이론은 물론 현직 교사들의 생각을 담고 있어 연구와 교육의 현장에 있는 역자들의 흥미를 끌기에 충분했다. 교사의 문법 교육이 학생들의 언어 습득에 어떻게 적용되어야 하고 그 효과는 어떠한가 등을 고민하며 문법 교육의 효율성에 대하여 고민해 오던 차에, 저자도 역자들과 똑같은 생각을 하면서 문법 교육의 기능과 방법 등을 명쾌하고 설득력 있게 전개했다는 점에서 역자들은 크게 공감을 하였다.

역자들이 저자의 의도에 어긋나지 않도록 번역하려고 노력했으나 부족한 부분이 없지는 않을 것이다. 그러나 평소 문법 교육에 대한 관심은 많지만 선뜻 원저를 읽어 내려가지 못했던 대학원생들과 교사, 그리고 연구자들에게 도움이 되리라 생각된다. 원저 번역을 위해 물심양면으로 애써주신 지식과교양 사장님께 감사의 마음을 전한다.

1

언어 정의하기와 문제 이해하기
DEFINING LANGUAGE AND UNDERSTANDING THE PROBLEM

언어 정의의 중요성
THE IMPORTANCE OF DEFINING LANGUAGE

언어란 무엇인가?(What Is Language?)

언어란 무엇인가? 이러한 질문은 생각해 보지 않았을 수도 있지만 언어 교사 또는 언어 교사를 희망하는 사람들이면 누구나 생각해 봐야 할 중요한 문제이다. 이 질문에 대한 대답이 언어 교수와 언어 학습, 그리고 교실에서 언어를 가르칠 때 어떻게 해야 하는지에 도움이 되기 때문이다. 베커(Becker 1983)의 표현을 빌리자면, "언어에 대한 '생각'이 언어를 가르치는 방식을 결정하는데 ..... 이것은 무엇보다도 가장 중요한 요소이다."라는 것이다. 그러므로 이 책을 처음 읽는 독자들은 이 질문을 반드시 스스로에게 해 볼 필요가 있다.

1.1

자신이 무엇을 가르치는지 생각해 보라.: 언어란 무엇인가? 이 질문에 대한 답변을 해 보자. 그리고 일단 이 답변을 옆에 놓아두자. 나는 나중에 때때로 이 답변으로 되돌아와서 이것을 수정, 확장, 재확인하라고 할 것이다.

다음 정의들은 언어 본질에 관한 질문에 대해 언어 교육자들이 답변한 것으로, 지난 100년 동안의 문헌에서 추려내서 쉽게 풀어 쓴 목록이다. 나는 이 분야에 소개된 순서대로 이들을 제시하고자 한다.

문헌에서 가져온 언어의 정의
DEFINITIONS OF LANGUAGE FROM THE LITERATURE

1. 언어는 문화 전달의 수단이다.
2. 언어는 사람들이 자신에게 중요하다고 생각하는 것, 이를테면 일상생활에서 일어난 사건들을 이야기할 때 사용한다.
3. 언어는 소리(수화의 경우에는 몸짓)와 의미를 표현하는 문장 유형들의 집합이다.
4. 언어는, 사람들이 이전에 한 번도 표현하지 않았고 부딪힌 적도 없는 새로운 말을 인류가 창조하고 이해할 수 있게 하는 규칙의 집합이다.
5. 언어는 사람들 사이의 상호작용 수단이다.
6. 언어는 무엇을 할 때 – 어떤 목적을 이루는 것, 예를 들어 갈등 해결을 위해 세운 대안에 동의하는 것 – 쓰는 수단이다.
7. 언어는 의미와 메시지를 전달하는 수단이다.
8. 언어는 힘의 도구이다(언어를 아는 사람들에게는 언어를 모르는 사람들이 갖고 있지 않은 권력이 부여된다.).
9. 언어는 다른 것들을 배울 수 있게 하는 매개체이다.
10. 언어는 총체적이어서 담화나 전체 텍스트에 나타날 때 가장 잘 이해된다.

언어 정의에 일치하는 교수요목의 구성단위
(Syllabus Units Corresponding to Definitions of Language)

위에서 언급한 정의를 읽은 후 독자들은 내가 왜 언어를 스스로 정의하라고 했는지 이해할 것이다. 이 10개의 정의는 공통점이 있으나 언어 수업에서 상당히 다르게 실현될 언어관을 보여 준다. 예를 들어, 언어관에 따라 언어의 다른 요소들을 강조할 수 있다. 이를 보다 구체적으로 설명하기 위해 다음과 같이 각 정의에 일치하는 교수요목 단위의 예들을 제시한다.

1. **문화적 전달 수단**(Cultural transmission): 문학, 시, 역사 문헌과 이 세 영역(문학, 시, 역사)을 구성하는 어휘와 문법 구조
2. **일상생활**(Everyday life): 가족, 일상, 상황에 관한 대화(예를 들어 쇼핑을 가거나 우체국에 가는 것)
3. **소리와 문장 유형**(Sound and sentence patterns): 고정되거나 반(半)고정된 문장 유형과 연쇄. 예를 들어 평서문, 의문문, 부정문, 의미 차이를 유발하는 음성(몸짓) 대조, 억양, 운율, 강세 유형
4. **규칙**(Rules): 허용되는 단어 결합(permissible word combination)과 어순에 관련된 문장 구성 규칙. 예를 들어 문장 구성, 의문문 구성, 부정문 구성

 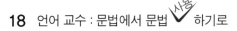

5. 상호작용 수단(Means of interaction): 상호작용적 언어(대인관계에서의 의사소통 interpersonal communication[1]에 쓰이는 언어). 예를 들어 특정한 사회적 맥락에 적절한 언어를 선택하고 사용하는 것

6. 무엇을 하는 수단(Means of doing something): 동의하기, 동의하지 않기, 제안하기, 명백하게 하기, 선호하는 것 표현하기와 같은 기능들

7. 의미를 전달하는 수단(Vehicle for communicating meaning): 의사교류지향 언어 (transactional language[2]; 주로 의미를 전달하는 언어로서의 기능), 특히 어휘적 항목들

8. 힘의 도구(Instrument of power): 방 구하기, 취업 면접하기, 진료 예약하기와 같은 언어 능력; 집주인과 협상하기, 항의 편지 쓰기, 시민으로서의 권리와 의무 배우기와 같은 사회정치적 능력

9. 매체(Medium): 지리학과 같은 내용(위도와 경도, 지형학의 특징, 기후에 대해 배울 때)과 언어 학습 전략 – 예를 들어 요점을 찾기 위한 글 읽기, 자신의 글 편집하기, 단어의 문맥적 의미 찾기

10. 총체적(Holistic): 다양한 텍스트 읽고 쓰기, 특정 분야에 사용된 설명체[3]와 서사체와 같은 수사 유형과 장르 유형 배우기, 텍스트를 전체적으로 엮어주는 언어의 응집성(cohesion)과 긴밀성(coherence)에 주의하기

언어 정의와 학습 이론의 연결 (*The Link Between Definitions of Language and Theories of Learning*)

언어를 어떻게 정의하는가는 교수요목을 결정하는 데 영향을 주며 학습에 대한 관점을 형성한다. 언어관과 학습 이론 사이에 특별한 관계가 있는 것은 아니나 어떤 학습 이론들은 특정 언어관과 더 자연스럽게 어울린다. 예를 들어, 언어를 소리/몸짓과 문장 유형의 집합(정의 3번)으로 본 블룸필드(Bloomfield)나 프라이스(Fries)와 같은 구조주의 언어학자들은 청각구두식 교수법(ALM's)의 모방 – 암기와 패턴, 대화 연습을 지지했다. 그들의 언어관은 언어 학습에서의 습관 – 형성에 대한 시각과 유사하다. 이러한 관점에서는 학습자들이 모국어 습관을 극복하고 이를 제2 언어 습관으로 대체할 수 있도록 교사가 도움을 줘야 하며, 이것이 교사의 의무라고 보았다. 이후 심리학자인 스키너(B.F. Skinner)의 *행동주의*는 새로운 습관을 형성하는 데 학습자의 반응을 강화하는 것이 중요하다는 아이디어를 제공하였다.

반대로, 촘스키(Chomsky)를 따라 언어를 규칙의 집합(정의 4번)으로 보는 사람들은, 학습에서 *인지주의적* 설명이 필요함을 인정하고 학습자가 가설을 세우고 시험

---

1 역자 주: 대화나 서신, 연설 등을 통한 두 사람 혹은 소수자들의 의사소통.
2 역자 주: 특정 정보를 교환하거나 전달하기 위해 사용하는 언어 .
3 역자 주: 사실이나 정보 전달 시 사용하는 객관적인 문체.

을 통해 그들이 배우고 있는 언어의 규칙을 발견하고 이를 내재화할 수 있다고 생각했다. 언어를 사람들 사이의 상호작용의 수단으로 정의(정의 5번)한 사람들은 아마도 학습 과정에 대한 *상호작용주의적* 관점 – 아무리 불완전하더라도 교수 시작 단계에서부터 학생들에게 상호작용을 하도록 요구하며 그런 상호작용이 언어 습득 과정을 촉진한다고 보는 시각 – 에 동의했을 것이다.

교수 방식을 언어 정의와 연계하는 것
(Association Teaching Practices with Definitions of Language)

특정 교수요목의 구성단위(syllabus units)를 강조하고 특정 언어 학습 이론을 우대하는 것과 마찬가지로 교수 방식을 선택하는 것도 언어 정의를 어떻게 하느냐에 따라 달라질 수 있다. 물론 자신이 선택한 언어 정의 때문에 다양한 교수학적 방식(pedagogical practices)을 사용하지 못하는 것은 아니다. 그럼에도 불구하고 특정한 교수 방식은 특정한 교수요목과 일치한다. 실제로 앞에서 논의한 10가지 언어 정의는 일반적인 언어 교수 방식과 쉽게 연결될 수 있다. 각각의 정의에 따른 예를 들자면:

1. 문화적 전달 수단: 번역 연습
2. 일상생활: 상황적 대화
3. 소리와 문장 유형: 문장 유형 연습과 최소대립쌍 구분 연습
4. 규칙: 귀납적 문법 연습과 연역적 문법 연습
5. 상호작용 수단: 역할극
6. 무엇을 하는 수단: 의사소통적 활동과 과제, 예를 들어 방향 물어보기와 알려주기, 수업 선호도 조사하기
7. 의미를 전달하는 수단: 어휘 항목과 메시지의 의미를 행동으로 명확하게 전달하는 전신반응법(Total Physical Response) 활동
8. 힘의 도구: 자신의 실생활 문제에 대한 해결책을 논의하는 문제 제기 활동 (problem-posing activities)
9. 매체: 예를 들어 수학 문제를 풀면서 언어적인 목적도 수행할 수 있는 주제로서 학습자들을 주목하게 만드는 내용 – 중심 활동(content-based activities)
10. **총체적**: 텍스트 응집성에 기여하는 요소가 무엇인지 확인하는 글쓰기 수업에서 텍스트를 분석하는 활동으로, 이 활동을 통해 학생들은 자신의 초안을 계속 수정하며 이 과정에서 매번 피드백을 제공 받음.

몇 가지 주의할 점
SOME CAVEATS

　지금까지 나는 언어에 대한 정의가 언어의 개념을 초월하는 영향력을 가지고 있으며 언어 습득에 대한 관점과 교수 방식에 대한 시각에도 영향을 줄 수 있다고 설명했다. 하지만 논의를 더 진행하기 전에 몇 가지 유의해야 할 점이 있다. 우선, 많은 사람들이 제안하는 언어 정의는, 우리가 앞서 논의한 10가지의 각 정의보다 그 범위가 더 넓으며 그 가운데 몇 가지는 서로 비슷하지만 어느 한 정의와도 정확하게 일치하지는 않는다. 언어는 그 자체가 복잡해 10가지 정의가 서로 배타적이지 않다.

　두 번째로 언어관, 학습관, 교육관, 이들 사이의 긴밀성은 실제적이라기보다 이론적이다. 그 이유는 교육적으로 중요하게 고려해야 할 사항들이 많다는 것이다. 먼저 학습자들이 누구이며, 학습자들이 언어를 배우는 이유가 무엇인가이다. 학습자들의 요구와 학습 방법에 대한 평가는 교수요목과 교수 방식을 선택하는 데 참고가 될 것이다. 결과적으로 우리는 단지 언어만 가르치는 것이 아니라 학습자들을 가르치는 것이다.

　마리 네스팅겐(Marie Nestingen)은 위스콘신 중부에 위치한 고등학교에서 스페인어를 가르친다. 다음은 그녀가 학생들을 가르치면서 고민했던 문제들이다.

마리 네스팅겐
(Marie Nestingen)

　　스페인어를 가르치기 시작한 초창기 시절의 몇 년을 회상해 보면 추의 흔들림(pendulum swing)과 같이 기능과 형태를 오가는 교수 방법이 언어에 대한 나의 생각에 어떻게 영향을 주었는지 알 수 있다. 실제로 나는 그런 흔들림을 통해 계속 배울 수 있었고 나의 교수 방식에도 지속적으로 영향을 받고 있다. [하지만] 나의 교수 방식에 큰 영향을 미친 요인은 내 학생들이 누구이며, 그들이 수업을 듣는 이유가 무엇인가였다. 제2 언어에 대한 학생들의 태도와 목표, 그리고 제2 언어를 배울 때 무엇을 하게 되는지에 대한 학생들의 생각들이 모두 수업에 중요한 요인이 되었다. 올해 스페인어II 수업을 듣는 학생들은 예전 학습자들보다 문법 학습에 대해 보다 분명한 태도를 보였다. 그들은 규칙을 원했다! [하지만] 게다가 학생들의 태도는 학부모들의 태도이기도 하다. 내 수업을 듣고 있는 혹은 들어야 하는 이유 그리고/또는 제2 언어를 배워야 하는 이유는 교사로서의 내가 교수 방식을 선택하는 데에도 영향을 미친다. 정말 그렇다.

　마리(Marie)의 말대로 학생들이 제2 언어를 배우는 이유는 교사가 가르치는 내용과 방법에 영향을 미친다. 예를 들어, 표준화 시험을 준비하는 학생들을 가르쳐야 한다면 이것은 교사가 무엇을 가르칠 것이냐에 상당한 영향을 미칠 수 있다. 따라서 개인이 갖고 있는 언어에 대한 '생각'과 학습 이론, 교수 방식의 연관성을 논의할 때 'May −(으)ㄹ 것이다, might −(으)ㄹ지도 모르다, could −(으)ㄹ 수 있

.다, *likely* −(으)ㄹ 것 같다와 같은 단어를 사용해 신중한 태도를 보이는 것이다. 언어 교육에서는 모든 것이 연결되어 있다. 교사로서의 존재감은 무엇인지, 학생들과 동료들이 누구인지, 교육과정에서 무엇을 요구하는지 등을 언어와 별개의 것으로 생각할 수 없다. 현실적으로 대부분의 교사들은 실제 교수 단계에서 언어, 학습, 교수에 대해 협의의 관점을 고수하지 않을 것이다. 대부분의 교사들은 그들이 사용하는 교재만큼이나 절충적인 입장을 취할 것이며, 수업에 다양한 교수요목과 활동 유형을 조화롭게 적용시킬 것이다.

세 번째 주의할 점은 내가 앞서 제시한 것처럼 언어의 정의를 연대순으로 정리하면 순서가 정돈되고 획일화된 것처럼 보이지만 사실상 그렇지 않다는 것이다. 모든 교사들이 여러 가지의 언어 정의들 중 하나를 수용했다가 다른 견해가 제기되면 갑자기 이를 한순간에 포기하는 것은 아니다. 또 유의할 점은 지난 1세기 동안 제안되었던 10가지의 언어 정의를 순서대로 제시했지만 이 가운데 아직까지 유지되고 있는 정의들이 많이 있다는 것이다. 마지막으로, 혁신적인 개념의 필요성을 자극한 것이, 언제나 언어에 대한 새로운 정의였다거나 언어 교육 분야에서 모든 변화가 시작되었다는 것을 의미하지는 않는다. 변화는 새로운 학습 이론과 교육 개념에서 영감을 얻었고 때로는 언어학, 심리학, 교육학, 과학 기술과 관련된 학문 분야가 진보함으로써 비롯되기도 하였다.

과학 기술의 영향력을 보여 주는 것으로, 최근 많은 언어학자와 교육자들이 *and all that stuff* 그 밖에 이것저것과 같은 복합단어 배열(multiword strings)에 매료되는 이유는 성능이 우수한 컴퓨터와 100만 단어 말뭉치가 이런 유형의 언어 사용이 존재한다는 것을 부각시키고 이에 대한 탐구를 촉진시킨다는 사실 때문이다. 물론 사용되고 있는 언어 유형을 파악하기 위해 언어 교재를 조사하는 것은 언어학에서 새로운 일이 아니다. 이제는 컴퓨터를 사용하여 손쉽게 엄청난 수의 텍스트를 일관되게 수집하고 체계적으로 분석할 수 있다. 그 결과 우리가 사용하는 언어 용법이 완전히 독창적인 것과는 반대로 얼마나 정형화되었는지 인정할 수 있게 되었다. 이는 복합단어 배열과 어휘 유형에 대한 명시적 교수가 중심이 되는 어휘 접근법(lexical approach)과 같은 교수 접근법의 출현을 낳았다. 이러한 유형의 습득은 연상 학습(associationist learning)으로 설명할 수 있는데, 연상 학습에서는 뇌가 방대한 언어 입력을 처리하고 그로부터 자주 발생하는 연쇄를 추출하고 유지할 수 있는 능력이 강조된다.

이처럼 우리가 언어를 생각하는 방식이 광범위한 결과를 초래할 수 있다는 점을 잊으면 안 된다. 물론 어떤 사람들은 "언어에 대한 정의는 암묵적으로든 명시적으로든 언제나 이 세상에 존재하는 인간에 대한 정의이기도 하다.(윌리엄스 Williams, 1977: 21)"라고까지 했다.

1.2

언어에 대한 정의를 다시 읽으면서 지금까지의 논의를 바탕으로 바꾸고 싶은 것이 있는지 살펴보자. 다른 사람들과 이 연습 문제를 풀고 있다면 당신이 앞서 정의한 것과 지금 바꾼 것을 함께 논의해 보면 좋을 것이다.

언어 정의의 변화 설명하기
ACCOUNTING FOR THE SHIFTS IN DEFINITIONS OF LANGUAGE

이 분야의 역사는
켈리(1969)와
하워트(1984)를 볼 것

앞에서는 주의해야 할 사항을 기술하였으나, 과거 1세기 동안 언어에 대한 정의 변화가 왜 발생했는지를 이해하는 것도 중요하다. 여기에서는 언어 교육의 역사 분야를 추적하려는 것이 아니라 변화에 가장 큰 영향을 준 것이 언어 기능과 형태 간의 대립이었음을 간단히 지적하고자 한다. 달리 말하면, 어떤 정의는 언어를 기능의 측면에서 보는 개념 – 즉, 예를 들어 비언어적인 목적을 이루는 것(언어는 문화 전달의 수단, 일상생활을 논의하는 수단, 상호작용의 수단, 무엇을 성취하는 수단, 힘의 도구, 교수 매체) – 에서 나오고, 다른 정의는 언어 단위나 형태(문법 구조와 어휘, 소리/몸짓/문장 유형, 규칙, 어휘 항목, 수사적 유형, 장르 유형, 복합단어 어휘 배열과 유형)의 측면에서 보는 개념으로부터 나온다.

중요한 점은 언어 교사들이 언어에 기능적이거나 형식적인 시각이 적용되더라도 이와 상관없이 자기 학생들이 말하기 의사소통 능력을 발달시키기 위해서든, 글을 잘 쓰게 하기 위해서든 언어 사용 능력을 기를 수 있도록 노력해 왔다는 것이다. 형태-기반 접근법(form-based approach)으로 언어 교육을 추구하는 사람들도 언어 형태를 완전하게 아는 것이 비언어적 목적의 언어 사용법을 배우는 데 효과적이라 믿어서 그 방식을 취하는 것이다. 예를 들어, 문형 연습을 지지하는 로버트 라도(Robert Lado)는 다음과 같이 주장하였다.

> 언어를 통해 전달되는 메시지를 자유롭게 되풀이하지 못하고 언어의 기계적인 면에 묶이는 것은 우리를 더 노예로 만들고 인간 정신을 낭비하도록 한다(라도 Lado, 1957, 위도우슨 Widdowson, 1990에서 재인용).

결국 이런 논쟁은 교수적 목적이 아니라 목적을 이루는 수단에 관한 것이다. 논의의 쟁점은 학생들에게 언어를 사용하도록 가르칠 때 먼저 배울 수 있게 준비시키는 것 – 학생들이 언어 형태에 대한 통제력을 기르고 상향식 방식으로 언어 능력을 향상시킬 수 있도록 도와주는 것 – 과 학습자들이 하향식으로 배우도록 하는 것 – 새로운 언어를 배울 때 그 언어를 사용함으로써 배우는 것 – 중에서 어느 것이 더 논리적인가이다. 후자의 경우, 학생들이 사용하는 언어가 처음에는 불완전하며 부정확할 수 있지만 결국에는 언어 형태를 통제하며 더 정확하고 유창하게 쓰게 될 것이라고 본다.

형태-기능의 이분법(form-function dichotomy)은 잘못된 것이며 상향식 또는 하향식 처리 과정은 배타적으로 실시되기보다는 두 접근 방식이 통합되어야 한다고 생각할 수 있다. 이러한 태도는 교사들의 실용주의적 태도와 맥을 같이 한다. 하지만 이분법을 거부하기 전에 기능과 형태를 오가는 추의 흔들림이 이 분야의 특징일 뿐만 아니라, 이와 같은 역동성이 국부적 장소인 교실 내에서도 일어난다는 것을 알아야 한다. 기능과 형태를 모두 포함해도 되지만 일반적으로 이 둘이 통합되지는 않는다. 일반적으로 교사나 교재는 의사소통에 초점을 둔 활동과 언어의 양상을 다루는 활동을 모두 사용하겠지만 이러한 활동들은 다른 단원이나 그 단원의 다른 부분, 또는 교재의 다른 부분에 나타날 것이다. 다시 말해 심지어 한 단원 내의 미시적 수준에서도 이 두 가지의 접근 방식은 분리된다.

'비활성되는 지식 문제' 이해하기
UNDERSTANDING THE "INERT KNOWLEDGE PROBLEM"

나는 두 가지 방법 모두를 포함하는 것이 한 가지 방법만 실행하는 것보다 더 낫다고 생각한다. 그러나 이 접근 방식에도 문제는 있다. 첫 번째 문제는 학생의 에너지를 불균등하게 분배한다는 것이다. 교재가 언어의 일부분에 초점을 두고 있다면 학생들은 학습에 대한 열정을 유지하기가 힘들다. 실제로 의사소통 활동을 하다가 문법 연습으로 바꾸면 학생들에게서 불만의 소리가 나온다. 그런데 많은 학생들이 열정을 갖고 문법 규칙, 어휘 항목, 발음 특징을 학습하는 것은 힘들어 하지만 거의 모든 학생들이 이것들을 배우는 것은 가치가 있다고 인정하며 학습하려고 기꺼이 노력한다. 마리 네스팅겐(Marie Nestingen)의 논평에서 살펴보았듯이 어떤 학생들은 수업에 이러한 부분이 포함되어 있지 않으면 그것을 포함시켜 줄 것을 요구한다.

학생들의 양면성을 이해하는 것은 그리 어렵지 않다. 우선 많은 학생들이 문법 규칙 공부하기, 어휘 암기하기, 발음 특징 연습하기를 즐기지는 않지만 이렇게 언어의 각 영역을 배우는 것은 매우 전통적인 언어 학습의 관행으로서, 언어 학습과 연관되어 왔다. 두 번째로 언어 각 영역을 배우는 것은 학습자들에게 성취감을 준다. 즉 실력이 늘고 있다는 느낌이 들게 한다. 세 번째로 언어 영역을 배우는 것은 안도감을 안겨 준다. 학생들이 그 주에 외운 어휘의 수를 세면서 의지할 수 있는 실체적인 무엇인가를 얻는다. 네 번째로 학생들은 문법 규칙의 생성력을 믿고 언어 규칙을 알면 새로운 발화를 창조하고 이해하는 데 도움이 될 것이라고 생각한다.

물론 이와 같은 생각들이 모두 옳지 않다고 보는 사람들도 있겠지만 학생들의 정서적 측면을 고려하면 언어의 기능뿐만 아니라 영역들에 대한 문제에도 초점을 맞출 이유가 생긴다. 하지만 우려할 만한 더 큰 문제가 있다. 수많은 언어 교사와 학습자들이 증명할 수 있듯이, 학생들이 형태 수업에서 할 수 있는 것도 의사소통적인 수업 상황에서는 종종 사용하지 못할 때가 있고 이와 달리 비명시적 교수 상황에서 배운 것을 사용하기도 한다. 학생들은 규칙을 알아도 언어 수행이 부정확하든지, 유창하지 않든지, 또는 부정확하면서도 유창하지 않을 수 있다.

미국 중서부의 대학교 집중 영어 프로그램 ESL 교사인 제인은 그녀의 학생들에 대해 이렇게 이야기 했다.

교사의 목소리

제인 Jane

> 학습자들은 자주 규칙을 이해하지 못한다. 규칙을 읽고 "알았어, 나는 이 규칙을 11살부터 읽었어. 우리나라에서 그리고 여기에서 100만 번 읽었어." 그래도 여전히 그 규칙을 잘 사용하지 못한다. 모두가 3인칭 단수형 's'를 사용해야 된다는 것을 알면서도 학생들의 절반이 그것을 쓰지 않는다. 문법 연습에서는 사용하지만 말을 할 때나 글을 쓸 때에는 이것을 적용하지 않는다.(존슨과 굇쉬 Johnson and Goettsch, 2000: 456)

나는 제인의 불만을 쉽게 이해할 수 있다. 영어의 현재 시제 동사에 3인칭 단수형 's'를 사용하는 것은 많은 교사와 학생들에게 어려운 일이나 정작 이 형태가 왜 학습 부담을 주는지에 대해서는 아무도 모른다. 문제는 학습자들이 명시적 규칙을 이해한다고 해도 항상 이것을 적용하지 않는다는 점이다. 거의 모든 교사들이 인정하듯이 제인의 관찰은 영어의 3인칭 단수형 동사뿐만 아니라 영어 이외의 언어에서도 나타난다. 알프레드 노스 화이트헤드(Alfred North Whitehead 1929)는 제인의 딜레마를 '*비활성되는 지식 문제*'로 보았다. 교실 내(형태 수업)에서 얻은 지식을 (교실 내 의사소통과) 교실 밖에서 사용하려고 하면 그 지식은 활성화되지 못한다. 학생들에게 문법 규칙을 물어보면 기억은 하지만 이와 관련된 의사소통에서 자발적으로 사용하지는 않는다. 이것은 학생들과 교사들에게 주는 좌절감 이외에도 언어 학습으로 인한 소모감을 상당히 가중시킨다. 학습자들은 자신이 배운 것을 가지고 뭔가 실용적인 일을 하지 못하면 좌절하게 되기 때문이다.

비활성되는 지식 문제를 해결할 수 있다는 생각은 과욕이다. 이 문제는 몇 세기 동안 교사와 학생들을 힘들게 해 온 문제이다. 하지만 이 문제를 해결하기 위해서는 문제 해결을 힘들게 만드는 이분법적 사고를 거부하는 일부터 시작해야 한다. 물론 이것은 쉽게 이루어지지 않을 것이다.

우리가 만들어야 할 변화의 중요성을 올바르게 인식하기 위해서는 문법과 의사소통이 라는 단어들이 어떠한 연상을 떠올리게 하는가를 생각하면 된다. 다음 문장을 완성해 보자.

나는 문법을 생각하면, ...을/를 연상한다.
나는 의사소통을 생각하면, ...을/를 연상한다.

다음은 교사들이 문법과 의사소통이라는 단어를 듣고 자유롭게 연상되는 것을 메모한 것이다.

표 1.1: 문법과 의사소통에 대한 교사들의 생각

나는 문법을 생각하면......	나는 의사소통을 생각하면......
• 규칙 (rules)	• 역동적 이해 (dynamic understanding)
• 품사, 동사 어형변화 (parts of speech; verb paradigms)	• 네 가지 언어 기능 (the four skills)
• 구조; 형태 (structures; forms)	• 의미 (meaning)
• 문장의 어순 (word order in sentences)	• 목적을 달성하는 것 (accomplishing some purpose)
• 암기 (memorizing)	• 상호 작용 (interacting)
• 빨간 잉크 (red ink)	• 관계 형성 (establishing relationships)
• 반복 연습 (drills)	• 소집단 활동 (small group activities)
• 지루함 (boring)	• 재미 (fun)

물론 내가 물어 봤던 모든 사람들이 위에서 제시된 것에 전부 동의하지는 않았 다. 어떤 교육자들은 언어가 어떻게 작용하는지를 발견하는 것은 재미없는 과정이 아니라 기쁨의 과정이라 생각한다. 그럼에도 불구하고 지금까지 왜 형태(여기에서 는 *문법*으로 표현됨)와 사용(여기에서는 *의사소통*으로 표현됨)이 교재와 단원 내에서 각각 분리되어 있는지 쉽게 이해할 수 있다. 형태(문법)와 사용(의사소통)은 완전히 달라 보이는데 바로 이런 시각이 이분법적 사고에서 기인된 것이다.

우리의 사고방식 바꾸기
CHANGING THE WAY WE THINK

비활성되는 지식 문제를 극복하게 하고 학생들의 학습 태도를 향상시키며 학습 동기를 유지시키기 위해 학생들이 필요로 하는 형태와 사용 사이의 연결 고리를 만들려면, 우리의 사고방식을 바꿔야 한다. 나는 이분법적 사고방식을 바꾸기 위해 문법을 고려한 변화의 필요성을 보이고자 한다. 언어에는 문법 형태 외에도 형태가 많이 있지만 이 책에서는 앞으로 문법을 형태-기능 이분법의 형태로 취급할 것이다. 나는 이 점을 좀 더 강조해야겠다. 문법을 언어의 모든 영역과 동일시하지 않으며, 의사소통과도 분리하지 않을 것이다. 20년 전 "The 'What' of second language acquisition 제2 언어 습득에서의 '무엇'"(라슨-프리만 Larsen-Freeman, 1982)이라는 논문에서 나는 의사소통 언어 능력(communicative competence)의 다면성을 지적한 바 있다. 전체에서 한 가지 하위 체계에 초점을 두는 것은 위험하다는 것도 인정한다. 나는 한동안 언어의 하위 체계를 고립시켜 탈맥락적으로 연구하는 것을 우려했었다. 하지만 방법론적으로 언어의 한 영역에 집중하는 것이 다양한 문맥 속에서 모든 것을 다루는 것보다 틀림없이 편리하며 심지어 필요하다고 본다. 현재 이 분야에서, 내가 할 수 있는 것은 언어가 가지는 영역 전체를 다루려고 노력하면서 한 영역에 집중하는 것이다.

나는 그 한 영역으로 문법을 택했는데, 이는 문법이 언어 교육에서 수많은 논쟁을 일으킨 원인이기 때문이다. 또한 문법은 촘스키 이래 언어학자들에게 그리고 제2 언어 습득이 촘스키로부터 영감을 얻은 이래 많은 관심을 받아 온 언어의 하위 체계이다. 무엇보다 내가 문법에 대해서 집필하기로 한 이유는 문법과 문법을 둘러싼 역설에 언제나 호기심을 가졌기 때문이다. 문법은 정돈된 체계이기도 하며 동시에 많은 예외도 가지고 있다. 언어의 문법을 통제하는 것은 권위를 줄 수 있지만 조금의 예외성도 없이 규칙을 따르는 것은 구속을 당하는 것과 같을 수 있다. 그래서 문법 학습은 사랑도 받고 미움도 받는다.

이 책에서 나는 〈표 1.1〉의 오른쪽 칸에 있는 내용들이 문법뿐만 아니라 의사소통에도 동등하게 해당된다는 것을 증명하려고 노력할 것이다. 다음 장에서는 일반적인 문법 개념에 도전하는 입장에서 변화된 나의 문법관을 소개할 것이다. 3장에서 7장까지는 〈표 1.1〉의 왼쪽 칸에 반영되어 있는 것과는 아주 다른 문법관을 제시할 것이다. 8장에서 10장까지는 문법 학습을 위한 그리고 형태-기능 간의 통합을 위한 최상의 조건을 창출할 수 있도록 문법 습득에 대해 탐구할 것이다. 마지막 장에서는 문법과 문법 학습을 다른 시각으로 바라봄으로써 얻을 수 있는 시사점을 바탕으로 새로운 교수 접근법을 제시하고자 한다.

이 장에 소개된 언어와 일반적인 언어 교수 방식에 대한 시각은 라슨-프리만 (Larsen-Freeman 2000a)에 나오는 특정 언어 교수 방법 및 접근 방식과 관련되어 있다. 또한 윌킨스(Wilkins 1976)는 종합적 교수요목과 분석적 교수요목의 차이를 논의하였는데, 종합적 교수요목에서는 학생들에게 언어 능력을 종합 혹은 쌓아가는 언어 단위 – 보통 구조 – 를 제공하는 반면, 분석적 교수요목에서는 언어를 기능적으로 제시하여 그 언어를 구성요소로 분석하는 일을 학생들에게 맡긴다. 하지만 이후 위도우슨(Widdowson 1979)는 기능에 따라 조직된 교수요목은 분석적 교수요목이 아닌 종합적 교수요목이라고 지적했다. TeacherSource 시리즈 중 하나인 그레이브즈(Graves 2000)의 책 *Designing Language Courses*『언어 수업 설계하기』에는 교수요목 단위에 관한 유용한 논의들이 있다. 이 장에서 제시된 것과 같이 언어를 형태적인 관점과 기능적인 관점으로 보는 이분법은 언어학에서도 존재한다. 그에 대한 논의를 알고 싶으면 토마셀로(Tomasello 1998)의 서론을 참고하기 바란다. 마지막으로 언어에 존재하는 복합단어 배열과 어휘 유형에 대해서는 이후에 더 논의하겠지만, 나는 독창성이 엿보이는 폴리와 사이더(Pawley & Syder 1983)의 논문을 통해 이러한 유형들이 흔히 있다는 생각을 하게 되었다.

2

문법 개념에 대한 도전
CHALLENGING CONCEPTIONS OF GRAMMAR

이 장에서는 이제까지 정의되어 온 문법 개념에 대해 도전적으로 비판하고자 한다. 이는 형태 학습에 참여하지 않거나 혹은 형태 학습을 할 때 자신이 알고 있는 지식을 사용하지 못하는 문제점을 가진 학생들을 도와주기 위해서는 언어 교육자들이 생각하는 언어 요소 특히 문법 요소들에 대한 개념을 바꿔야 한다는 믿음 때문이다.

모든 교사들이 문법과 문법 교육에 대해 동일한 생각과 태도를 가졌다는 것은 아니다. 아이젠스타인 엡스워스와 슈위어즈(Eisenstein Ebsworth and Schweers 1997)에 따르면, 모든 교사들이 문법 교육에 대해 같은 의견을 가지고 있지는 않다. 이 조사에 참여한 교사들은 모두 대학생 수준의 학생들에게 영어를 가르친 경험이 있는데, 그 중 절반은 푸에르토리코, 절반은 뉴욕 출신이다.

> 푸에르토리코에서는 전통을 존중한다.; 우리가 새로운 개념을 실행하는 데 있어 조심스러운 이유는 그것이 새롭기 때문이다. 문법은 언제나 언어 학습 경험의 일부였다. 그것을 완전히 포기할 이유는 없다.
>
> *(푸에르토리코 출신 교사, 인터뷰)*

> 나는 문법을 의식적으로 가르치지 않을 것이다. 규칙과 예외들이 너무 많아 학생들이 쉽게 궁지에 몰릴 수 있기 때문이다. 나는 가르칠 때 주제 단위(thematic units)를 사용한다. 나는 총체적 언어 접근법(whole language approach)을 사용하는 것이 학생들을 언어에 광범위하게 노출시킨다고 느낀다.   *(뉴욕 출신 교사, 인터뷰)*

> 나는 영어를 주로 암시적으로 가르치려고 노력한다. 하지만 명백하지 않거나 혼동될 만한 것이 있으면 미니-레슨(mini-lesson) 즉 규칙과 많은 예가 포함된 명시적 문법 수업으로 보충한다. ..... 이 미니-레슨은 학생들의 불안 수준(anxiety-level)을 낮춘다. 우리 학생들은 명시적으로 배운 적이 있어 그들이 익숙해 하는 방식과 연관시켜 가르치는 것도 도움이 된다.   *(푸에르토리코 출신 교사, 설문지)*

내가 언어를 배울 때에는 암기, 읽기, 쓰기, 문법 같은 매우 형식적인 언어 학습이 포함되어 있었다. 이제 나는 의사소통 접근법(communicative approach)을 사용하지만 나에게 유용했던 교수 방법을 완전히 포기하지 않을 것이다. 문법은 나에게 도움이 되었고 우리 학생들에게도 도움이 된다고 생각한다. 나는 내 경험에 대해 자신이 있다. *(푸에르토리코 출신 교사, 인터뷰)*

내가 가르친 학생들은 자신의 모국어 문법을 알고 있는 성인들로, 그들이 알고 있는 초인지 정보(meta-cognitive information)는 학생들에게 유익하게 작용한다. *(뉴욕 출신 교사, 인터뷰)*

영어를 사용하는 공동체 내에서 상당한 입력을 얻을 수 있다는 사실 때문에 많은 미국의 교사와 이론가들이 형식적인 문법 제시가 필요하지 않다고 생각한다. *(뉴욕 출신 전문가, 인터뷰)*

우리 학생들은 문법을 원한다.; 나는 그들에게 문법이 필요하다고 믿는다. *(푸에르토리코 출신 교사, 질문지)*

너무 일찍 시작한다는 것은 없다. 학습을 시작하는 단계부터 정확한 문법을 배우고 문법을 연습하는 것은 학생들이 언어를 배우는 데 좋은 기초가 될 것이다. *(푸에르토리코 출신 교사, 인터뷰)*

나는 석사 과정 때 ESL 수업에서 문법 교육에 대해 많은 논의를 하였다. 모든 사람들은 문법을 어느 정도 조금씩은 공부한 경험이 있었다. 나는 개인적으로 그 수업을 즐겼다. 어떤 사람들은 문법에 대해 애증을 느끼는 것 같았다. 결국 모든 사람들은 문법 교육에 대한 태도를 결정해야 한다. *(뉴욕 출신 교사, 질문지)*

이렇게 한정된 조사 표본에서도 교사들이 문법에 대해 다른 신념과 태도를 갖고 있음을 알 수 있다. 그러나 교사들의 의견에서 공통적으로 나타나는 주제들이 있다. 문법을 가르칠 때 어떠한 학생을 가르치는지, 학생들은 어떤 경험을 가지고 있는지, 학생의 요구는 무엇인지, 교사들은 어떤 경험을 가지고 있는지, 교사가 학생에게 도움이 된다고 생각하는 것이 무엇인지 등을 고려해야 한다는 점이다. 흥미롭게도 문법 교육에 대해 언급한 모든 교사들이 예외를 가르치는 것, 규칙을 명시적으로 가르치는 것, 예문을 많이 드는 것을 이야기하고 있다. 이 문제들에 대해 내가 의견을 밝히기 전에 독자들은 다음의 〈생각해 보기〉를 통해 문법에 대한 자신의 생각을 뚜렷이 하길 바란다.

다음 주장에 대해 자신이 어느 정도 동의하는지 생각해 보자.

1. 문법은 지식의 한 영역이다.
2. 문법적이라는 것은 정확하다는 뜻이다.
3. 문법은 규칙과 관련되어 있다.
4. 문법은 자의적이다.
5. 문법이 가진 좋은 점 하나는 언제나 한 개의 정답이 있다는 것이다.
6. 문법은 문장 내 어순뿐만 아니라 어미나 형태론과 같은 구조와 관련되어 있다.
7. 문법은 자연히 습득된다. 그래서 가르쳐 주지 않아도 된다.
8. 문법 구조는 정해진 순서로 하나하나 획득된다.
9. 문법의 모든 양상은 같은 방식으로 학습된다.
10. 학습자들은 점차 목표어로 언어 수행을 할 것이다. 그러므로 오류 수정과 피드백은 필요하지 않다.
11. 문법(교수 그리고/또는 학습)은 지루하다.
12. 모든 학생들에게 문법을 가르쳐야 하는 것은 아니다. 예를 들어, 어린 아이들에게는 형식적인 문법 지도가 도움이 되지 않는다.

　독자들이 위 주장들 중 일부에 동의하면서 동시에 동의하지 않는다는 것은 그리 놀라운 일이 아니다. 나는 이 모든 것들이 신화이며, 모든 신화가 그렇듯 조금의 진실은 있을 것이라고 생각한다. 하지만 어떠한 부분이 진실인지에만 초점을 두면 형태 학습에 참여하지 못하고 자기들이 배운 것을 사용하지 못하는 학생들의 무기력을 극복하게 하자는 두 가지 도전 과제를 결코 해결할 수 없을 것이다. 그러므로 위 12개의 주장들이 부분적으로 사실이라고 인정하지만 나는 이 주장들에 대해 다시 한 번 검토해 볼 필요가 있다고 본다. 이에 대해 여기에서는 간단히 논의하고 다음 장들에서 더욱 상세히 설명할 것이다.

문법의 본질
THE NATURE OF GRAMMAR

　위 1~6까지의 진술들은 문법의 본질과 관련되어 있다. 이 여섯 개의 주장에 대한 나의 의견은 다음과 같다.

1. 문법은 지식의 한 영역이다.

　문법은 언어학자와 교사들이 연구하는 지식의 한 영역이다. 하지만 내 학생들이 내가 가르치는 언어의 문법 지식을 소유하고 있어도 이 지식을 사용할 줄 모르면 나는 내 역할을 다하지 못한 것이다. 그러므로 어떤 심리학자들은 (이를테면 앤더슨 Anderson, 1983) 지식을 두 가지로 구분한다. 언어 체계에 대한 지식(선언적 지식 declarative knowledge)과 언어 사용에 대한 지식(절차적 지식 procedural knowledge)이다.

하지만 문법을 지식(knowledge)보다는 기능(skill)으로 보는 것이 더 도움이 된다고 생각한다. 학생들이 언어 사용에 대한 지식을 축적하는 것뿐만 아니라 무엇인가를 할 수 있는 능력을 향상시키는 것이 더 중요하다는 것을 강조하기 때문이다. 나는 문법의 기능적 차원을 강조하기 위해 *문법 사용하기*(grammaring)(라슨-프리만 Larsen-Freeman, 1992)라는 용어를 만들었다. 이 용어는 문법이라는 단어가 내포하는 것처럼 반드시 고정되어 있거나 딱딱하지 않다는 것을 일깨워주기 때문에 유용하다고 생각한다. 문법은 훨씬 쉽게 변한다. 다음 장에서 문법의 **역동성 (dynamism)**에 대해서 보다 상세히 설명할 것이다.

교사들에게 언어 교육에 몇 가지 기능이 있는지 질문하면 대부분은 4개 즉 읽기, 쓰기, 말하기, 듣기라고 답한다. 그러나 실제로는 이 4개보다 더 많다. 바로 문법이 언어의 5번째 기능이라는 것을 설득하기 위해 이 글을 쓰는 것이다(그래서 책 제목이 『문법에서 문법 사용하기』 *from grammar to grammaring*인 것이다). 문법을 기능으로 보면 비활성되는 지식 문제를 극복할 수 있는 학습 상황을 만들기가 훨씬 쉬워진다. 우리는 학생들에게 규칙만을 외우도록 요구하지 않을 것이며 학생들이 왜 규칙을 의사소통에 적용하지 않는지 의문을 갖지도 않을 것이다. 언어 기능 발달에도 연습이 필요하고 문법 학습에도 연습이 필요하다. 그러나 나중에 알게 되겠지만 연습은 지루하거나 비활성되는 지식 문제를 극복하는 데도 별로 효과적이지 않은 그런 기계적인 반복 연습을 의미하는 것이 아니다.

2. 문법적이라는 것은 정확하다는 뜻이다.

문법이 정확성과 관련이 있다는 것은 사실이다. 하지만 나에게 문법은 형태의 정확성에 관한 것뿐만이 아니다. 영어를 배우는 학생이 *There is a pencil on the table.* 책상 위에 연필이 있다는 의미를 *It's a pencil on the table.* 책상에 있는 것이 연필이다.라고 말하면 형태는 정확하지만 학생이 의도한 의미는 정확하게 전달되지 않는다. *it*그것이 들어간 문장은 정체성을 나타내지만(*It's a pencil , not a pen, on the table.* 책상에 있는 것은 펜이 아니라 연필이다.) *there is* ~이/가 있다가 들어간 문장은 위치를 나타낸다. 이렇게 문법은 형태뿐만 아니라 의미와도 관련되어 있다.

더불어 연필의 위치는 다른 방법으로도 표현할 수 있다. 화자는 *A pencil on the table.* 연필이 책상 위에 있다고 완벽하게 정확한 문장을 쓸 수 있을 것이다. 그러나 이 문장은 *there*로 시작되는 문장과 거의 동일한 의미를 전달하기는 하지만 상황에 따라 두 문장이 완전히 동등하게 적절한 것은 아니다. 예를 들어 내가 전화 통화를 하면서 다른 사람에게 필기도구가 필요하다는 몸짓을 했다고 상상해 보자. 이 상황에서 그 사람이 나에게 *A pencil is on the table. 연필이 책상에 있*다고 하면 이상하겠지만 *There is a pencil on the table. 책상 위에 연필이 있다*는 문장은 이 상황에서 적절하며 (그 연필이 내가 닿을 수 있는 범위 내에 있으면) 필기도구에 대한 나의 요구를 만족시킨다. 다시 말하자면, 문법은 사용의 적절성 (appropriateness)과도 관련이 있다. 문법이 형태의 정확성과 관련되어 있다는 말은 맞기는 하나 충분한 표현은 아니다. 문법은 유의미성(meaningfulness)과 적절성과도 관련되어 있기 때문이다. 4장에서는 문법의 **복잡성(complexity)**에 대해서는 개괄적으로, 문법의 세 영역(형태, 의미, 화용)에 대해서는 보다 구체적으로 알아볼 것이다.

3. 문법은 규칙과 관련되어 있다.

'문법과 규칙'은 가장 '문법'이라고 하면 자연스럽게 '규칙'이 연상되며 교수법에서도 문법 규칙 – 경험으로 얻어진 문법 규칙이라고 해야 더 나을지도 모르겠다. – 은 당연히 그 지위가 있다. 우선 문법 규칙은 학생들에게 안도감을 준다. 문법과 규칙은 언어가 어떻게 조직되는지를 보여 주는 유용한 안내서 역할을 한다. 하지만 그 실용성에는 한계가 있다. 먼저 형태의 정확성에 집중하게 되면 유의미성에는 덜 집중하고 적절성은 거의 다루지 않게 된다. 또한 교사와 학생들이 모두 잘 알고 있듯이 규칙에는 예외가 존재하며 추상적이기도 하다.

하지만 이 세 번째 진술이 부분적으로만 사실이라는 내 주장을 뒷받침하는 근거를 3가지 더 추가할 수 있다. 첫째, 최근에 보다 분명해졌는데, 100만 – 단어 규모의 언어 말뭉치 자료를 이용한 결과 우리의 언어 통제 능력은 사전에 조합된 수천의 복합단어 연쇄(multi–word sequence), 어휘 문법적 단위(lexiogrammatical units) 또는 공식 (예를 들어 *I see what you mean. 네 말이 무슨 뜻인지 알겠어., Once you have done that, the rest is easy. 그것만 다 해 내면 나머지는 쉽다.*), 부분 조합된 것들(예를 들어 '*Jo seldom tells the truth. 조는 좀처럼 사실을 말하지 않는다. I wish you had told me the truth. 네가 나에게 사실을 말했으면 좋았을 텐데.*'에서와 같이 *NP+tell+시제+the truth*)이 우리의 기억 용량 속에 저장이 되어 있기 때문에 가능하다. 이러한 공식을 사용하여 기억에서 완전 또는 부분 조합된 단위를 불러낸다면 우리가 하는 모든 문법적 수행은 문법 규칙이 적용되었다고 볼 수 없다.

두 번째로, 보다 추상적인 차원에서 보면 단어들과 그 단어들을 연결하는 통사 규칙들의 상위 단계에는 동일한 문법적 의미를 나타내는 문법 유형과 구성이 있다 (골드버그 Goldberg, 1999). 예를 들어 두 개의 목적어를 필요로 하는 이중 타동 구문에서는 "Pat faxed Bill the letter 팻은 빌에게 팩스로 편지를 보냈다."와 같이 "주어(X)가 목적어(Y)에게 무엇(Z)을 받게 한다."는 의미를 갖는다.

Ditransitive	X causes Y to receive Z	Subj	V	Obj	Obj	Pat faxed Bill the letter.
이중 타동	X가 Y에게 Z를 받게 한다.	주어	동사	목적어	목적어	팻은 빌에게 팩스로 편지를 보냈다.

위와 다른 두 개의 구성은 X가 Y를 Z 위치로 가게 한다(사역 이동 구문). 아니면 X가 Y를 Z가 되도록 한다(결과 상태 구문)는 것을 나타낸다.

Caused Motion	X causes Y to move Z	Subj	V	Obj	Obj	Pat sneezed the napkin off the table.
사역 이동 구문	X가 Y를 Z 위치로 가게 한다.	주어	동사	목적어	목적어	Pat이 재채기해서 냅킨이 탁자에서 떨어졌다.
Resultative	X causes Y to become Z	ubj	V	Obj	Xcomp	Pat ran Bill ragged.
결과 상태 구문	X가 Y를 Z가 되도록 한다.	주어	동사	목적어	X보문	Pat은 Bill을 녹초가 되게 했다.

골드버그(Goldberg 1999)는 이러한 구성이 그 나름대로의 의미가 있다고 주장한다. 이중 타동 구문의 동사를 다른 말로 바꿔도(예를 들어 *Pat paid Bill a visit.* Pat은 Bill을 방문했다, *Pat gave Bill the message.* 팻은 빌에게 메시지를 주었다, *Pat granted Bill his request.* 팻은 빌의 부탁을 들어주었다, *Pat sold Bill a bill of goods.* 팻은 빌에게 물건을 팔았다.) '주어는 목적어가 무엇을 받게 한다."와 같은 의미를 갖고 있다. 또한 골드버그는 문법에 이런 구문이 존재한다는 것을 설명하기 위해서 어떠한 생득적 규칙을 설정하지 않아도 된다고 주장한다.

세 번째, 규칙에 의해 생성된다고 생각되는 언어라도 문법을 규칙과 나란히 놓는 것은, 우리가 여기에서 해결하고자 하는 두 개의 도전 과제를 극복하는 데 전혀 도움이 안 된다. 규칙을 안다고 해도 학생들은 그것이 필요할 때 사용하지 않는다. 그래서 나는 규칙과 더불어 그 이유를 가르치려 한다. '이유'를 가르치고자 하는 것은 학생들에게 그들이 배우는 언어에는 논리가 잠재적으로 들어 있으며 문법은 **합리적**(rational)이라는 것을 깨닫게 하는 것이다. 그들에게 이유를 접하게 하여 논리를 이해시키고 자신이 원하는 대로 표현하고 반대로 다른 사람의 발화를 이해하는 데 그것을 이용할 수 있게 해야 한다. 언어의 논리를 이해하면 규칙과 '예외'를 모두 이해할 수 있을 것이다.

예를 들어 학생들이 영어의 상태 동사가 현재 분사를 나타내는 형태소 −ing를 갖지 않는다는 규칙만 배웠다면, 누군가가 다음과 같이 상태 동사에 현재 분사를 사용하는 것을 보고 혼란스러워하고 심지어 속았다고 느낄 수 있다.

I am loving every minute of this class.
나는 이 수업의 모든 순간을 사랑하고 있다.

그러나 대부분의 영어 화자들은 위 예의 상태 동사 love에서처럼 현재 분사를 상태 동사와 결합하면 그 동사가 표현하는 감정을 강화시키는 효과가 있다는 것에 동의할 것이다. 이는 적어도 영어 대화에서 용인되며 유의미하다. 이 책의 5장에서는 '이유'와 규칙과의 차별성을 상세히 설명하고자 한다.

마리 네스팅겐
(Marie Nestingen)

> 문법과 규칙이 관련성을 갖고 있다는 진술이 (전부가 아닌) 일부분만 옳다는 것이 나에게 아무런 문제가 되지 않았다. 그런데 내가 올해 가르친 몇몇 스페인 학생들이 떠오른다. 그들에게는 흑백이 뚜렷해야 − 그들은 규칙을 원했고 예외를 듣고자 하지 않았다. − 했다. 그러나 나머지 다른 학생들은 분위기를 잘 따랐다. 그들은 논리적으로 생각하고 예외적인 현상을 더 잘 이해하는 것 같았다. 개인적으로 스페인어를 처음 배웠을 때 내가 얼마나 규칙−지향적이었는지를 깨달았다. 하지만 스페인어를 더 배울수록 (지금도 배우고 있다!) 예외들을 보다 잘 이해할 수 있게 되었다. 그러므로 학생들의 특성과 언어 수준에 따라 규칙에 대한 요구와 인식이 실제 다를 수 있다.

나는 마리의 의견에 대해 충분히 공감한다. 나는 추상적인 체계로서의 문법에 대해 이야기하는 반면 마리는 스페인어를 배우는 고등학교 학생들의 반응 속에서 구체화된 문법에 대해 생각하고 있다. 나는 문법을 한정된 규칙의 집합으로만 보는 것이 불편하지만, 이런 불편함은 언어학적 지식 기반에 대해 심리적으로 불안감을 느껴서 의지할 수 있는 무엇인가를 구하려는 학생들에게 크게 문제가 되지 않는다. 그럼에도 불구하고 나는 주장한다. 내 학생들을 가르치기 위해 나는 그 규칙이나 근거를 사용하든지 그렇지 않든지 간에, 그 체계의 논리를 먼저 이해하고 싶다. 필자 자신이 그 문제를 먼저 이해해야 학생들에게 도움을 줄 수 있기 때문이다.

4. 문법은 자의적이다.

내가 앞서 제안한 것처럼 화자들은 특별한 이유를 가지고 문법을 사용한다. 문법 자료는 한정되어 있으며 중요하다. 그것들은 자의적으로 분포되어 있지 않다. 물론 언어가 어느 한 시점에서 특정 형태를 이용해 특정 의미를 전달한다는 사실은 자의적일 수 있다. 예를 들어 영어에서 –ed 를 이용해 규칙 동사의 과거형을 표현하는 것은 자의적이라 말할 수 있다. 소리와 의미 관계의 자의성은 스위스 언어학자 소쉬르(de Saussure)의 통찰력으로 발견된 중요한 언어 특성이다. 그러나 특정한 의미를 전달하는 형태가 정해지면 자의성은 더이상 중요하지 않다.

문법의 비자의성을 경험하기 위해 다음의 〈생각해 보기〉를 해 보자.

2.2

1. 영어에서 –ed가 나타나는 위치 목록을 모두 정리하라. –red, bed와 같은 단어의 –ed를 이야기하는 것이 아니라 문법 형태소를 이야기하는 것이다. 나는 8군데를 생각해 낼 수 있다.

2. 이제 목록을 만들었으니 –ed의 사용을 설명해 보자. 다시 말해 목록에 적힌 각 항목에 –ed의 의미는 무엇인가?

다음은 내가 생각하는 '–ed'의 8 가지 의미이다. 각각의 경우마다 문법 구조와 예문을 제시하였고, 문법 형태소의 의미 또는 기능을 찾아보았다.

표 2.1: 영어에서의 –ed 의미와 기능

문법 구조	예	의미
과거 시제	I walked to school yesterday. 나는 어제 학교에 걸어갔다.	과거 시간
완료상	I have finished my homework. 나는 숙제를 다 마쳤다.	완료
수동태	The field was planted with corn. 밭에는 옥수수가 심겨져 있다.	행위의 수신자를 표시함
조건법	If he finished his homework, he would go. 그가 숙제를 마쳤으면 갈 것이다.	가정
간접 화법	Diane said that she liked grammar. 다이앤은 문법을 좋아한다고 했다.	보고
형용사	I was bored by the lecture. 나는 강의가 지루했다.	감정의 경험자를 표시

제안의 의미로 쓰인 의문문	Did you want something to eat? (The past tense with 'do' is irregular) 먹을 것 좀 드릴까요? ('do'의 과거 시제는 불규칙하다.)	공손
질문으로 쓰인 의문문	What sort of price did you have in mind? 생각하고 계신 가격은 얼마인가요?	공손

3. 처음 이 목록을 보고 생각할 때는, −ed의 사용이 다의적이며 꽤 자의적이라 생각할
   수 있다. 하지만 스스로에게 물어 보아라. 목록에 있는 항목 − 독자 자신의 것 또는
   필자의 것 − 은 어떤 공통점을 갖고 있는가?

필자의 답변들(놀즈 Knowles, 1979에 의해 제공)은 모두 약간의 거리감
(remoteness)을 표현한다. 시간으로 사용될 때(첫 예의 과거 시제), 행위가 완결됐을
때(두 번째 예의 완료상), 행위의 실행자나 주체가 아닌 행위의 수신자에 초점을 둘
때(수동태), 현실과 떨어진 상황을 표현할 때(가정된 조건법), 누군가 말한 것을 직
접 인용이 아닌 간접 인용으로 보고할 때(간접 화법), 원인과 동떨어진 경험자를 표
시할 때(형용사로 쓰일 때)의 간접성과 거리두기는 공손함을 표현하는데, 제안을 하
거나 질문을 할 때 do 대신 did를 사용해 공손성을 더 증가시킬 수 있다. 이와 같
이 '−ed'가 사용되는 모든 경우에 공통적으로 나타나는 것이 바로 거리감이다.

나는 〈생각해 보기 2.2〉를 통해 언어의 문법적 자원 − 형태소 '−ed'의 예처럼 −
이 구체적인 목적을 위해 분포되고 사용된다는 것을 보여 주려고 했다. 지상이 아
닌 공중이나 위성에서 보면 전체 구조를 파악할 수 있는 것처럼 언어도 좀 더 넓
은 시각으로 바라보면 문법의 체계성을 파악할 수 있다. 물론 영어를 배우는 학생
들에게 형태소 '−ed'가 거리감을 표현한다고 제시하는 것은 별 의미가 없을 것이
다. 이 의미는 그들에게 사용하기에는 너무 추상적일 수 있기 때문이다. 이 책에서
는 언어와 문법의 비자의성이 교수법상 어떤 의미를 갖는지 알아볼 것이다. 그러
나 이에 앞서 나는 문법이 자의적이라는 생각을 갖고 있는 독자의 믿음을 단념시
킬 것인데, 이에 대해서는 5장에서 논의할 것이다.

5. 문법이 가진 좋은 점 중의 하나는 언제나 한 개의 정답이 있다는 것이다.

교사들은 직관적으로 혹은 학생이 무엇인가를 이야기하는 방법이 맞는지를 물
어 올 때 '이런 뜻이면 옳다......'라고 대답할 수밖에 없었던 경험이 있을 것이다. 이
런 경험들로 인해 교사들은 이 진술이 사실이 아니라는 것을 아는 것이다. 문법은
언어적 속박이 아니다. 문법적이라는 단어가 가진 의미들 중 하나는 특정 발화가
언어 규범적인 관습과 일치하는지 혹은 일치하지 않는지와 관련된다. 예를 들어

주어가 아닌 목적어에 대해 물어볼 때는 다음과 같이 who가 아닌 whom 을 쓰는 것이 문법상 맞다.

Whom did you see?
누구를 봤어요?

그러나 규범적인 문법 규칙이 그 나름의 의의는 있으나 특정한 의미를 전달하기 위해 어떠한 언어 형태를 사용해야 할지 결정할 때에는 선택의 여지가 아주 많다. 전제, 초점, 강조와 같은 심리학적 변인과 공손성, 태도, 지위, 사용역과 같은 사회적인 변인에 따라 선택권이 많아진다.

Are you going downtown after class?
수업 후에 시내에 가요?

Aren't you going downtown after class?
수업 후에 시내에 가지 않아요?

Are you not going downtown after class?
수업 후에 시내에 안 가요?

You're not going downtown after class, are you?
수업 후에 시내에 가지 않지요?

You're going downtown after class, aren't you?
수업 후에 시내에 가는 거지요?

You're going downtown after class?
수업 후에 시내에 가는 거예요?

You aren't going downtown after class?
수업 후에 시내에 안 가는 거예요?

Going downtown after class?
수업 후에 시내에 가는 거?

유연성(flexibility)과 선택의 문법에 대해서는 6장에서 더 이야기할 것이다. 여기에서는 언어 화자가 언어 규약을 부분적으로 따라야 하지만 다른 방식으로 표현할 수 있는 선택의 여지도 많이 있으며, 언어 화자가 어떤 선택을 하는지가 그들과 그들이 생각하는 방식에 영향을 줄 것이라는 것만 지적하고자 한다.

6. 문법은 문장 내 어순뿐만 아니라 어미나 형태론과 같은 구조와 관련되어 있다.

문법은 문장과 문장보다 작은 하위 단계의 단위와 관련되어 있다. 문법은 문장 내에 어순(통사론)과 단어의 형성 과정(형태론)에 대한 것이다. 또한 정확한 기능어를 사용하는가에 대한 것이기도 하다. 그러나 문법이 텍스트 구성과 해석에서 담당하는 역할이 있다는 것이 중요하다. 문장 내 어순과 단어 형성에 관여하는 모든 것, 즉 이 문법 자원의 배열이 담화의 긴밀성과 응집성, 텍스트간의 상호연관성 형성에 기여한다. 다시 말해 문법은 **광범위한**(discursive) 도구이다. 문법이 갖고 있는 이런 중요한 기능에 대해서는 7장에서 논의할 것이며 여기에서는 먼저 문법이 담화에 적용되는 경우를 설명한다. 다음 문장을 영어 관사 a나 the를 넣어 완성해 보자.

_____ boy jumped over _____ stream.
소년이 개울을 건너뛰었다.

문장 수준에서는 어떤 관사를 써야 할지 확실하지가 않다. 위의 두 빈 칸에는 a 또는 the 가 들어갈 수 있다. 하지만 다음 문맥에서는 동일한 문장이라도 빈칸에 어떠한 관사를 써야 하는지가 명백하다.:

A young boy was hurrying home from school and decided to take a shortcut through the woods. He entered the woods behind the school by climbing over a fence. He began to follow a familiar path. Later, _____ boy jumped over _____ stream.

어린 소년이 학교에서 집으로 서둘러 가려고 숲의 지름길을 택하기로 했다. 그는 담을 넘어 학교 뒤 숲에 들어섰다.낯익은 길을 따라갔다. 나중에 _____ 소년이 _____ 개울을 건너뛰었다.

위 예문에서 소년은 이미 소개되었으므로 _the_라는 정관사를 사용해야 하는 것을 이미 알고 있었을 것이다. 또한 개울의 존재 여부가 소개되지 않았으므로 _stream_ 앞의 빈칸에는 a를 선택했을 것이다. 관사 체계를 통제하기 위해서는 담화 수준에서 문법이 어떻게 작용하는지에 대한 지식이 필요하지만, 7장에서 볼 수 있겠지만 덜 명료한 구조들도 지식을 요구한다.

또 하나의 요점을 소개하면 다음과 같다. 문법이 문장의 형태·통사적 구조와만 관련되어 있다면 구어 담화는 설명할 수 없을 것이다. 구어 담화에서 사람들이 언제나 문장으로 말하지는 않기 때문이다. 그러나 사람들은 구어 담화에서 문법에 맞게 말을 하기 때문에, 문법에 대한 정의는 구어도 포함해 광범위하게 해야 할 것이다. 문어와 구어의 문법은 공통되는 부분도 분명히 있으나 차이점도 있다. 예를 들어 영어 화자들이 실시간 언어 사용에 압박을 받을 경우, 평상시와는 달리 영어 부사어를 문장의 끝에서 실현시킨다.

> We have saved enough money almost.
> 우리는 충분할 만큼의 돈을 거의 다 모았다.

그러므로 기술하고 있는 문형이 구어에서 나타나는 것인지, 문어에서 나타나는 것인지를 분명하게 아는 것이 중요하다.

문법 학습
THE LEARNING OF GRAMMAR

이제부터 기술하는 세 주장은 주로 문법 학습에 적용된다.

7. 문법은 자연히 습득된다. 그래서 가르쳐 주지 않아도 된다.

문법이 자연스럽게 습득된다는 주장을 반박하기 어려운 이유는 모국어 습득에서는 실제로 이런 현상이 나타나기 때문이다. 우리들 중에 많은 사람들이 스스로 제2 언어에 몰입하여 그 언어가 쓰인 환경에서 암시적인 학습에 성공한 학습자를 알고 있다. 하지만 이 주장에 대해 목표어가 쓰이는 환경에서 오랫동안 거주했으면서 기본 형태도 습득하지 못한 학습자들은 강력한 반증이 될 것이다. 그래서 이 주장은 언어 학습보다는 언어 학습자들에 대한 논평으로 더 적절한 것 같다.

릴리아 토팔로바(Lilia Topalova)는 학습 상황에 따라서도 문법 습득의 정도가 다르다고 덧붙인다. 릴리아는 불가리아에서 18년 동안 영어를 가르치고 우크라이나에서 2년 동안 교사 양성가로 근무했는데, 문법은 자연스럽게 습득되며 가르칠 필요가 없다는 주장에 대해 이렇게 이야기한다.

> 영어를 미국에서 가르치고 있으면 그 말이 사실일 수도 있다. 하지만 불가리아나 우크라이나에서 영어를 배우는 학습자들에게 이것은 적용되지 않는다. 모국어가 영어와 많이 다른 우리 학생들에게는 문법을 꼭 가르쳐야 한다. 우리 학생들은 수

 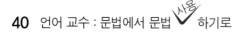

업 외에는 영어를 듣고 말할 기회가 아주 적으며 수업 내에서도 영어를 듣고 말할 기회가 많지 않다. 내가 학생들에게 문법을 가르치지 않는다면 그들은 어떻게 문법을 배우겠는가?

그러므로 일곱 번째 주장은 동의하기 어려운 가정이 전제되어야 하는데, 그것은 자연스러운 환경에서 효과가 있는 것을 언어 수업에서도 활용해야 한다는 것이다. 나는 외부 환경에 존재하는 습득의 자연스러운 조건들을 수업 내에 재현하는 것이 우리의 의무라는 가정을 반영 착오*reflex fallacy*(라슨-프리만 Larsen-Freeman, 1995)라고 부른다. 언어 교사로서 우리는 자연적인 언어 습득을 흉내내기보다 오히려 개선하고 싶을 것이다. 교육이 학생들의 자연스러운 성향과 조화되길 바라지만 한편으로는 교육을 통해 학생 스스로가 습득할 수 있는 속도보다 더 빠르게 목표어가 익혀지길 바란다. 릴리아가 말했듯이 배울 수 있는 시간은 제한되어 있다. 자연스러운 학습을 가속화하는 것이 결국 형태 교육의 목적이다. 학생들이 스스로 배우는 것보다 더 빨리 배울 수 있도록 도우려면, 자연스러운 학습을 의미하는 암시적 학습을 보충하는 명시적 교수와 학습이 필요하다. 이것을 성취하는 방법에 대해서는 8장에서 의식 상승(consciousness-raising)을 논의할 때 상세히 설명할 것이다.

8. 문법 구조는 정해진 순서로 하나하나 획득된다.

제2 언어 습득 연구자들은 의문문 같은 특정한 문법 구조의 발달 순서를 보여주는 증거를 찾았다. 예를 들어 제2 언어로서의 영어 교육에서는 학생들이 yes-no 의문문을 배울 때 주어와 동사를 도치하지 않고 문말 억양을 올리는 방법부터 먼저 배우고 이후 도치법을 배운다. 그런데 도치법을 배운 이후에는 wh-로 시작하는 내포절 의문문을 만들 때에는 이를 과잉일반화 – 예를 들어 *He asked what time is it? 그는 물었다. 지금 몇 시예요?* – 하는 경향이 강하므로 '도치하지 않는 방법'을 배워야 한다.

하지만 의문문 습득 시기는 다른 문법 구조에 비해 일정하지가 않다. 그리고 실에 꿰어진 구슬처럼 학습자들은 어떤 구조를 습득한 후에 다음 구조를 습득하는 것이 아니어서 습득 순서는 앞으로도 일정한 양상을 보이지는 않을 것이다. 학습자들이 특정한 구조를 습득하는 것 같아도 새로운 구조가 소개되면 학생의 언어 수행에는 오히려 퇴행 현상(backsliding)이 일어날 수 있다. 이와 같은 언어 습득 과정의 비선형적인(nonlinear) 특성에 대해서는 8장에서 상세히 설명할 것이다.

9. 문법의 모든 양상은 같은 방식으로 학습된다.

나는 문법 구조 습득의 모든 측면을 설명할 수 있는 기제(mechanism)가 존재한다고 주장하는 사람을 본 적이 없다. 예를 들어 보편 문법(universal grammar)을 지지하는 생득주의자들도 핵심 문법(core grammar)은 선천적이어도 주변 문법(peripieral grammar)은 다른 기제를 통해 학습된다고 한다. 하지만 언어 교수 방법은 때로 배타적으로 언어 습득 과정의 한 관점에 기반을 두고 있다. 예를 들어 청각구두식 접근법(audiolingualism)과 행동주의(behaviorism) 사이에는 밀접한 관계가 있고, 인지부호 접근법(cognitive code approach)과 인지주의(cognitivism) 사이에도 밀접한 관계가 있다. 이들 관계에서 나타나는 유사성은 언어 습득에서 일반적으로 받아들여지고 있는 주장, 즉 언어 습득은 습관 형성 또는 규칙 형성의 산물이라는 주장을 이끌어냈다.

가장 최근에 이러한 주제에 대한 논의가 다시 등장했는데, 이는 언어 습득이 매개 변수의 설정/재설정(UG 보편 문법)이나 복합 신경의 네트워크 속 연결 강화(연결주의 connectionism), 또는 숙달된 화자가 덜 숙달된 화사와 상호작용을 함으로써 얻는 비계적 상호작용(scaffolded interactions)(비고츠키의 사회문화 이론 sociocultural theory)의 결과라고 하는 주장들이다. 그런데 문제는 이런 이론들이 언어 습득 과정을 설명하려는 차원에서 경쟁 관계에 있다는 것이 아니라 제2 언어 습득을 단 하나의 과정으로 설명할 수 있다는 기대감을 갖게 한다는 것이다. 언어가 이렇게 복잡한데 우리는 어떤 이유에서 하나의 설명만으로 충분할 것이라고 기대할까? 이에 대해서는 9장에서 이 모든 설명들을 바탕으로 출력 연습(output practice)을 어떻게 설계할 수 있는지 논의하면서 자세히 다루기로 한다.

문법 교육
THE TEACHING OF GRAMMAR

마지막 부분에 있는 나머지 세 개의 주장들은 문법 교육과 관련된다.

10. 학습자들은 점차 목표어로 언어 수행을 할 것이다. 그래서 오류 수정과 피드백은 필요하지 않다.

스스로 언어를 학습할 수 있는 능력을 타고난 소수의 언어 학습자들에게는 오류 수정이 불필요할지도 모른다. 보편 문법 이론의 이전 모델에서는 단지 긍정적 증거의 존재 – 입력에서 특정한 문법 구조의 실제 사례 – 가 특정 원리의 매개 변수를 설명하는 데 충분하다고 보았다. 이에 비해 부정적 증거 – 무엇인가를 용인할 수 없다는 증거 – 는 불필요하다고 생각되었다. 하지만 이런 주장은 반영 착오(reflex fallacy)를 떠올리게 한다. 습득을 하려면 최소한 긍정적 증거가 필요한데, 언어 교사로서 우리의 의무는 최적의 조건을 조성해 학습을 *극대화*(maximize learning)하는 것이다. 피드백을 받아 무엇이 적절하고 그렇지 않은지를 볼 수 있는 것이 그런 최적의 조건들 중 하나이다. 그러므로 피드백을 줄 때에는 도움을 주는 방향으로 생각해야 하며, 10장에서 이에 대해 보다 상세히 설명할 것이다.

11. 문법 (교수 그리고/또는 학습)은 지루하다.

문법은 절대로 재미없지가 않다. 단지 문법 교육에서 학생들에게 하라고 주어지는 일이 지루할 수 있다. 열한 번째 주장은 여러 이유에서 문제가 된다. 우선 학생들에게 재미있게 하는 것이 교사의 역할은 아나나 그들을 참여하도록 만드는 것은 교사의 의무라고 생각한다. 참여하는 순간 – 학생들이 집중하고, 긴장을 풀고, 주목할 때 – 학습의 대부분이 일어난다. 두 번째로 문법이 정적인 규칙으로 제시되면 학생들은 문법을 완벽하게 습득하기 위해서 그렇게 많은 시간을 소비하지 않는다. 따라서 문법 연습을 의미 있게 할 수 있는 방법을 찾을 필요가 있다. 세 번째 (몇몇) 학생들의 태도에 신경을 써야 할 것이다. 교사가 탐구하는 태도를 갖는 것이 긍정적이듯 학생들도 이러한 태도를 갖도록 교육하는 것이 바람직하다. 나는 언어에 대해 가르쳐야 할 모든 것을 내 학생들에게 가르칠 수 없으며 만약 그렇게 할 수 있다고 해도 언어는 늘 변화한다. 따라서 내가 할 수 있는 것은 그들에게 학습에 도움이 되는 도구를 제공해 주는 것이다. 이것은 11장에서 다시 다룰 것이다.

여기에서는 간단한 대조의 예를 통해 참여에 대해 정리하고자 한다. 내가 처음 영어를 가르치기 시작했을 때에는 문형 연습과 구조 반복 연습을 하라고 훈련받았다. 그래서 영어 의문문을 만들 때 사용되는 도치법을 가르칠 때 나는 아침에 한 일들을 이야기해 주고 학생들에게 이것을 의문문으로 바꾸라고 지시했다.

Diane: I got up at 7.	Students: Did you get up at 7?
I took a shower.	Did you take a shower?
I got dressed.	Did you get dressed?
I ate breakfast.	Did you eat breakfast?

다이앤: 나는 7시에 일어났어요.	학생들: 7시에 일어났어요?
나는 샤워를 했어요.	샤워를 했어요?
나는 옷을 갈아 입었어요.	옷을 갈아 입었어요?
나는 아침을 먹었어요.	아침을 먹었어요?

아마 나의 아침 풍경이 좀 특별했다면 학생들을 많이 참여시킬 수 있었을 것이다. 하지만 나의 아침은 주로 이처럼 평범한 일상생활 속의 반복된 과정일 뿐이었다. 안타깝게도 이 변형 연습에 관심을 갖고 참여하는 학생들은 거의 없었다.

하지만 학생들에게 눈을 감으라고 한 후, 몇 초 후에 계속 수업을 진행했다:

Diane: Now open your eyes. I just changed five things about my self. Can you guess what they are?
다이앤: 이제 눈을 떠 보세요. 나는 방금 다섯 가지를 바꿨어요. 그게 무엇인지 맞힐 수 있겠어요?

S1: Did you take off your watch?
학생: 시계를 풀었어요?

S2: Did you open a button?
학생: 단추를 풀었어요?

S3: Did you take off your shoe?
학생: 신발을 벗었어요?

S4: Did you comb your hair?
학생: 머리를 빗었어요?

이 연습은 학생들로부터 다양한 답변을 이끌어냈다. 나는 학생들에게 어휘적 도움을 주어야 했지만 첫 연습보다는 훨씬 더 많은 참여와 관심을 이끌어 낼 수 있었다. 무엇이 그렇게 학생들로 하여금 관심을 갖게 하고 참여하도록 만드는지를 이해하는 것이 필자의 교육에서 아주 중요했다. 이에 대해서는 11장에서 더 상세히 설명할 것이다.

12. 모든 학생들에게 문법을 가르쳐야 하는 것은 아니다. 예를 들어, 어린 아이들에게는 형식적인 문법 지도가 도움이 되지 않는다.

어떤 학습자들이 문법 공부로부터 혜택을 얻을 수 있는가에 대한 정답은 문법 정의에 좌우된다. 예를 들어 명시적인 메타-언어적 규칙을 가르치는 것이 어린 아이에게 도움이 되지 않을 수 있지만, 그렇다고 문법 교육을 허락하지 않을 이유도 없다. 어린 아이들이 언어 형태를 더 쉽게 암시적으로 습득할 수 있을지라도 반영 착오에 희생되어서는 안 된다. 우리는 언어 습득을 촉진할 수 있는 방법을 언제나 찾아야 하며, 어린이들이 그 언어 체계를 접하도록 돕는 일도 그에 포함시켜야 한다. 누구를 위해 또한 언제 문법 교육이 필요한지에 대해서는 11장에서 보다 더 상세히 설명할 것이다.

우리는 문법에 관한 기본적인 가정을 도전적인 자세로 검토하고 의문이 드는 몇몇 가정에서 벗어나게 하는 중요한 일을 시작했다. 이 장에서 논의한 12개의 진술은 부분적으로 옳다. 하지만 우리 자신과 학생들에게 도움이 되지 않는 문법 이해 방식으로부터 해방되고 싶으면 이 주제를 다른 방식으로 이해하고 받아들여야 한다. 다음 다섯 장에서는 이 장에서 소개된 문법의 다섯 특성, 즉 문법의 **역동적이고**(dynamic), **복합적이고**(complex), **합리적이고/체계적이고**(rational/systemic), **유연하고**(flexible), **광범위한**(discursive) 특성들을 상세히 설명할 것이다.

추천 자료

나는 1994년 위스콘신 주립대학에서 열린 제2 언어 습득과 언어 교육 학회에서 문법에 관한 이러한 신화(와 다른 것들)에 대한 논문을 발표한 적이 있다(라슨-프리만 Larsen-Freeman 1995). 1996년 제2 언어 혹은 외국어로서의 영어 교육(TESOL) 집담회에서 예술과 과학으로서의 교수에 관한 토론 참가자로서 교수는 과학이라는 제안을 지지해 달라는 요청을 받았다. 이를 위해 나는 과학자 또는 교사 공히 실천가들이 제 역할을 다하려면 탐구하는 태도가 필요하다고 역설하였다. 필자와 다른 토론자들의 논의를 보려면 학술지 *Journal of Imagination in Language Learning* 언어 학습에서의 상상력 2000의 라슨 프리만 Larsen-Freeman, 2000d를 참고하기 바란다.

3

언어의 역동성 (문법✓사용하기)
THE DYNAMICS OF LANGUAGE (GRAMMARING)

언어를 가르치고 배우기 위해서는, 문법을 지식의 정적인 영역으로 보기보다 기술이나 역동적 과정 – 이에 따라 문법을 *'문법✓사용하기'*로 부른다. – 으로 생각하는 것이 좋을 것 같다. 물론 '문법'이라는 용어는 여러 의미가 있는데, 이 가운데 어떤 것은 지식과 일치할 수 있다. 언어학자들은 언어의 문법적 체계를 위해 규칙을 만들어서 *기술 문법(descriptive grammars)*을 만들었다. 특히 글을 쓰는 사람들에게는 애매한 수식어 사용 자제와 같은 표준 용법의 규범, 즉 *규범 문법 (prescriptive grammars)* 규칙을 따를 것을 요구한다. 어떤 문법은 사람들이 자신의 언어에 대해서 알고 있는 것, 즉 *내재된 지적 문법(internal mental grammar)*을 모형화하기 위해 만들어지기도 한다. 교사들은 학생들에게 *교수 문법(pedagogical grammars)*의 규칙을 배우라고 한다. 하지만 우리 언어 교사들이 문법과 지식을 단순한 등식 관계로 만든다면 그 문법은 활성화되지 못하고 학생들도 이를 활용하지 못할 수도 있다.

또한 문법이 오직 지식 체계 – 규칙, 규범, 품사, 동사 활용 목록 – 로만 교육되면 많은 학생들은 당연히 문법에 대해 부정적으로 반응할 것이다. 대부분의 학생들은 언어에 대한 임의적인 사실들을 열정적으로 배우는 것 자체를 힘들어 하며 기계적으로 암기하는 것도 꺼린다. 나중에 이 책에서, 우리 학생들에게 어떠한 문법 지식이 필요하며 이들에게 문법을 어떻게 기술적으로 가르칠 수 있는지 언급하겠지만, 우선은 적어도 문법을 지식 중심이 아닌 다른 시각으로 다루어야 할 중요한 이유가 있다는 사실만을 밝혀 둔다. 그렇게 하지 않으면 문법 본질에 대한 중요한 사실뿐만 아니라 더 나아가 언어 자체를 모호하게 만든다. 이 장에서는 이러한 사실들, 특히 언어의 역동적인 본질에 대해서 논의한다.

3.1

사전은 '역동성'을 '연속적인 움직임 또는 시간에 따른 변화'로 정의한다. 어떤 점에서 언어가 역동적이라고 생각하는가?

문법을 기능으로 생각하는 것 이외에 문법 또는 언어 그 자체를 역동적으로 생각할 수 있는 이유가 적어도 네 개는 더 있다. 문법과 언어를 구별없이 사용하고 싶지는 않지만 이 장에서 내가 말하는 '역동성'은, 문법과 일반적으로 언어라고 하는 것에 모두 적용된다.

통시적 역동성
OVER-TIME DYNAMISM

문법과 언어가 역동적인 첫 번째 이유는 이들이 시간이 흐르면 변하기 때문이다. 현재 사용하는 영어는 몇 세기 전에 사용했던 영어와 동일한 언어라고 해도, 일반적으로 오늘날의 언어와 문법은 몇 세기 전의 모습과 다르다고 생각한다. 예를 들어, 예전에는 영어 2인칭 대명사인 *you*의 사용역이 그와 대립적인 *ye*(*ye*는 대명사의 주격이며, *you*는 대명사의 목적격이다.), *thee*, *thou*(*thee*와 *thou*는 단수형이고, *ye*와 *you*는 복수형이다.)와 대비되는 의미로 정의되었다. 현대 불어의 *vous*와 스페인어의 *usted*처럼, *you*도 이후에는 한 사람을 지칭하는 높임말이 되었다. 그러나 오늘날 현대 영어에서 *you*는 한 사람 또는 여러 사람을 가리키며 문장에서 주어 또는 목적어로 사용될 수 있으나 항상 높임의 의미를 내포하지는 않는다. 이와 같이 언어는 역동적이다. 이렇게 특정한 어느 시기에서 나타나는 언어의 모습은 시간이 흐르면서 변화된 결과이다.

3.2

지금까지 현대 영어에는 이전 시기에 있던 2인칭 대명사들이 없어지면서 you라는 하나의 형태만 남았다는 것을 예로 들어 언어 변화에 대해 기술하였다. 이제 you는 한 사람에게 (What are you doing! 너 뭐하는 거야!: 격양된 어조로 상대방의 부주의를 탓할 때) 또는 여러 사람에게 (Thank you. 고마워.: 단체에게 고마움을 표할 때) 쓰인다. 오늘날 영어 화자들은 더 이상 2인칭 대명사 you가 단수형과 복수형을 구분하지 않는 것을 어떻게 보충할까? 달리 말하면, 2인칭으로 여러 사람을 언급하기 위해 어떠한 형태가 만들어졌을까? 그리고 영어권 화자들은 높임의 의미를 나타내는 2인칭 대명사가 없는데 이렇게 표현하고 싶을 때 어떻게 할까?

어떤 나라에서는 언어 변화에 대한 우려를 해소하기 위해 언어 관리를 학술원에게 맡기는 것이 가장 좋다고 생각하였다. 이탈리아에서는 자국어를 순화하기 위해 아카데미아 델라 크루스카(Academia della Crusca)를 1582년에 일찍이 창립하였다.

프랑스에서는 리슐리외 추기경(Cardinal Richelieu)이 아카데미 프랑세즈(Académie française)를 1635년에 창립하였다. 이 기관들의 창립 목적은

> 언어에 정확한 규칙을 부여하고 그것을 순수하고 명백하게 하여, 인문학과 자연과학을 모두 다룰 수 있도록 만드는 데 최대한의 관심과 노력을 기울이기 위해서였다.

언어 변화는 타락을 뜻한다는 생각들을 많이 하는데, 이것은 잘못된 결과를 유도하기도 한다. 어른들은 젊은이들의 평상시 대화를 관찰하고 표준성이 많이 결여되었다고 결론지으며, 낮은 수준의 가정교육과 느슨한 학교교육 그리고 대중문화에 책임을 돌린다. 그러나 언어 변화가 피할 수 없으며 예언하고 통제하기 어렵다는 것을 깨닫는다면 그런 비판들은 많이 사라질 것이다.

3.3

요즘 영어가 어떻게 바뀌고 있는지 주의 깊게 보았는가? 그런 변화가 문어에 나타나기까지는 시간이 더 많이 걸릴 것이고 문법 체계가 재구성되려면 더 많은 시간이 요구되겠지만, 구어에서는 이미 눈에 띄는 변화가 일어나고 있다. 아래 구조들 중 하나를 골라서 우선 그것의 용법에 관한 규칙을 이야기해 보라. 그리고 그 구조가 오늘날 영어에서 어떻게 변하고 있는지 이야기해 보라. 이러한 변화를 일정한 규칙으로 문법에 반영시키는 것이 얼마나 어려운지를 알겠는가?

- 재귀대명사, 특히 myself
- 형용사를 비교할 때 사용하는 more
- 조동사같은 형태 had better
- 의문사/관계대명사 whom

때때로 이런 변화들이 언어 학습자들에게 충격적으로 다가온다. 언어가 이렇게 항상 변하니 언어를 배우는 것이 얼마나 더 어렵겠는가? 예전에 한국에서 EFL 교사였던 마이클 코즈던(Michael Kozden)에 의하면, 한국 동료들은 시간이 흐르면서 발생하는 영어의 역동성을 의식하고 그에게 무엇이 맞는지 물어보곤 했다고 한다.

마이클 코즈던
Michael Kozden

많은 동료 교사들은 영어 모국어 화자인 내가 하는 영어가 곧 정답이라고 믿었다. 그들은 자신들이 사용하는 문법 교과서 중에는 구식인 것도 있다는 것을 알고 있었다. 그들은 달라진 영어 형태에 대해 질문하곤 했는데, 나는 그 질문에 답하면서 내가 느꼈던 불확실성에 스스로 놀랐다. 나 역시 언어가 변하고 있다는 것을 인식

 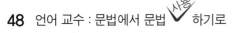

하고 있었기 때문에 직관에만 의존해서 대답하는 것이 무척 망설여졌었다. 그 당시 나는 함께 의논할 수 있는 원어민으로 구성된 커뮤니티가 있었으면 했다.

어떤 것이 기준에 맞고 안 맞는지 구분하는 것은 언제나 쉬운 일이 아니다. 새로운 형태와 오류의 차이가 무엇인가? 새로운 형태란 언어의 모든 형태를 새롭게 진화시키는 역동적이고 끊임없는 과정의 결과인 것이다. 마이클 코즈던이 본 것처럼 새로운 형태에 대한 수용은 개인에 의해 결정되는 것이 아니다. 사회적으로 규정되는 것이다.

공시적 역동성
REAL-TIME DYNAMISM

이러한 진화적 변화를 통시적 역동성(over-time dynamism)이라고 부르는 한편, 언어가 역동적일 수 있다고 생각되는 또 하나의 이유는 공시적 역동성(real-time dynamism)때문이다. 이 두 번째 유형의 역동성을 이해하기 위해 생산과 과정을 대조적으로 생각해 보는 것이 도움이 된다. 언어는 정적인 단위 또는 생산물의 집합 – 예를 들어 명사와 동사 같은 품사 – 으로 기술할 수 있지만 이것들을 사용하기 위해선 공시적 과정인 활성화가 필요하다. 언어 사용자들은 늘 소통 환경을 파악하고(구어는 즉각적으로 반응해야 하는 환경, 문어는 어느 정도 시차가 있는 환경), 대화자/독자들을 고려하고, 정확하면서 의미도 있고 적합한 방법으로 반응할지를 결정하고, 이렇게 결정한 것을 즉시 수행하기 위해서는 보고 듣는 것을 분석해야 한다. 언어 사용자들은 자신이 결정한 것을 어떻게 하든 활성화해야 한다. 이것은 분명 역동적 과정을 내포한다.

언어 기술의 정체성
STASIS IN LANGUAGE DESCRIPTION

언어는 앞서 살펴본 두 가지 측면에서 역동적이라고 할 수 있는데, 언어학적 기술에서는 왜 역동성을 반영하지 않을까? 여기서 잠깐 주제를 벗어나서, 언어학적 기술의 정체성이 의도적이라는 것을 이해할 필요가 있겠다. 현대 언어학의 창립자로 알려진 스위스 언어학자 페르디낭 드 소쉬르(Ferdinand de Saussure)는, 학습의 목적을 정확하게 규정하려면 언어의 무질서를 벗겨야 한다고 주장했다. 소쉬르는 '언어란 개별 발화를 뺀 말하기이다. Language is speech less speaking. (드 소쉬르 de Saussure, 1916, 배스킨 Baskin, 1959:17)'라면서 langue 랑그(사회가 공유하는 기호의 추상적인 체계)라는 범주를 parole 파롤(개별 발화)이라는 범주에서 분리하고, 전자의 경우가 언어학적 조사를 위해 정당하다고 공언했다. 다시 말해 그는 특정한 행동을 가능케 하는 근원적인 체계를 행위가 일어나는 실제적 환경(이 책에서 말하는 공시적 역동성)과 구분하였다.

소쉬르가 취한 또 하나의 입장은 역사적 또는 통시적 언어학의 범주를 현대적 또는 공시적인 언어학의 범주와 분리시킨 것이다. 다시 말해 그는 통시적 역동성을 배제했다. '특정한 한 시점에서 파노라마가 만들어져야 한다.(드 소쉬르 de Saussure, 1916, 배스킨(Baskin 1959:82)에서)'와, '언어는 공시적인 결속 내에서 개별적인 부분들이 고려되어야 하는 체계이다.(드 소쉬르 de Saussure, 1916, 배스킨(Baskin, 1959:87)에서)'라고 주장하며 언어학자들에게 통시적 방법을 무시하라고 충고했다. 물론 소쉬르는 언어의 역사성과 언어가 변화한다는 본질을 잘 알고 있었지만 언어학 체계에 관한 사실을 언어학적 변화에 관한 사실과 구분하는 것을 중시했다. 언어의 역동성에서 오는 소음과 무질서를 축소시키려는 목적에서, 소쉬르는 언어 연구의 용이성을 위해 언어를 이상적인 상태로 고정화하도록 장려했다(하네트 Harnett, 1995).

소쉬르가 이러한 입장을 취한 데에는 그 나름대로의 정당한 이유가 있었다. 특정 시기의 언어 체계를 이해하는 데에는 통시적 정보가 그다지 적절하지 않다. 예를 들어, 현대 영어를 설명할 때 *ye, thee, thou* 간의 관계는 모른다고 해도 *you*가 2인칭 대명사이며 단수형 또는 복수형인지만 알면 현대 영어의 대명사 체계에서 '*you*'의 기능을 설명하는 데 충분하다. 이와 유사하게, 불어에서 '걸음'을 뜻하는 명사 *pas*와 부정 부사 *pas*는 동일한 어원에서 파생되었지만, 이 사실이 현대 불어의 부정 표현과는 전혀 관련이 없다(컬러 Culler, 1976). 이러한 역사적 사실을 현대 언어학 체계의 기술에 통합하려 하는 것은 불필요한 복잡성만을 더할 뿐이다.

언어학자들이 특정 시기의 개개인이 말하는 차이를 모두 설명하려고 한다면 이 역시 부담스러운 일이다. 특정한 시기의 언어학적 체계는 상당히 많은 개인 언어(idiolect), 즉 개인 방언들에서 나타나는 공통 특성을 발췌하는 것을 의미한다. 그럼에도 불구하고 어떤 언어의 언어학적 체계에서는, 개별 구성원들은 서로를 이해할 수 있지만 다른 언어를 쓰는 구성원들은 그 언어를 이해하지 못한다든가 적어도 동일한 수준으로 이해하지는 못하는 일이 존재한다. 우리가 이런 사실을 제시하길 원하고 모어 화자들이 공유하고 있는 체계에 대해서도 말하고 싶어 한다는 면에서, 소쉬르는 특정 공시적 시점에서의 언어학 체계를 연구하라고 충고한다. 그러므로 소쉬르는 언어의 역동성을 인정했으며, 기저 체계의 탐구를 연구 목적의 동기로 삼았으며 언어학 연구 대상으로 공시적 체계가 적절하다고 규정했다.

사회적 영향력이 있는 미국의 언어학자 노엄 촘스키(Noam Chomsky)는 *언어 수행(performance)*과 *언어 능력(competence)*을 구분하여 이상적인 언어 체계를 세웠다. 언어 수행은 '구체적인 상황에서 언어의 실제적 사용'(촘스키 Chomsky, 1965:4)을 의미하고 언어학의 범위로 간주되지 않는다. 촘스키에게 언어학은, 모든 사람들이 공통직으로 갖고 있는 불변의 내직 능력 또는 특정 언어의 이상적인 화자가 갖

이후 연구에서는 E-language (externalized 외재적 언어)와 I-language (internalized 내재적 언어). (Chomsky,1986)

고 있는 언어 체계에 대한 지식을 설명하는 데 주요 목적이 있다. 촘스키의 언어 능력은 소쉬르의 랑그와는 달리, 사회적 개념이 아니고 오히려 개인의 심리학적이고 유전적인 자질이다. 그럼에도 불구하고 이 두 언어학자는 지식과 행위라는 유사한 이분법적 내용을 채택하였고, 전자(지식)의 경우가 언어학적 연구 범위에 있다고 주장했다.

언어학계의 이 두 거장과 이 분야의 다른 연구자들은 언어 과학을 진화시키기 위해서 기저 체계에 대해 설명해야 한다는 동일한 결론에 도달하게 되었다. 그들은 시간에 따른 언어 변화나 실시간적인 언어 사용이라는 복잡한 내용까지 언어 연구에 포함된다면 언어의 체계성이 드러나지 않았을 것이라고 믿었다. 게다가 문법 구성을 시도한 사람이라면 누구나 증언하듯이, 어떻게 언어의 역동성을 포착하는 문법을 사용할지도 결코 명확하지가 않다. 카메라를 어떻게 캠코더로 바꾸겠는가? 우선은 새로운 은유가 필요하다는 것을 인식한 것만으로 만족해야 한다.

역동성을 도입한 언어학 기술
INTRODUCING DYNAMISM INTO LINGUISTIC DESCRIPTION

모든 언어학자들이 문법적 능력을 지식에만 국한하는 것은 아니다. 예를 들어 로만 야콥슨(Roman Jakobson)은 공시적 음운 변동의 근원에 대한 연구를 바탕으로 공시성은 정적이면서 동시에 동적이라고 논의하면서 언어학자들이 *파롤*을 연구해야 한다고 주장하였다.(워프 Waugh, 1997). 인류 언어학자 델 하임즈(Dell Hymes 1972)는, 촘스키의 (주로 문법적) 언어 능력에 대한 개념을 의사소통적 언어 능력으로 확장함과 더불어 이 언어 능력에 지식뿐만 아니라 지식을 사용할 수 있는 능력 – 나는 이를 기능이라고 말한 바 있다. – 도 포함하였다.

마이클 할리데이(Michael Halliday 1994)도 언어와 문법에 더 역동적인 모형을 적용하는 것이 우리에게 도움이 된다는 것을 확인시켜 주었다. 할리데이 학파의 틀 안에서 데이비드 브라질(David Brazil 1995)은, 통사론의 공시적 기술 – 사람들이 어떻게 실시간으로 발화를 생산하는지에 대한 설명 – 을 하려고 시도했다. 브라질의 '점증 문법(Incremental Grammar)'은 통시적 관점에서 한 요소에 다음 요소를 점진적으로 쌓아가는, 언어의 단계적 구성에 초점을 맞추고 있다.

다른 언어학자 폴 호퍼(Paul Hopper 1988)는 문법을 화자의 생각에 늘 존재하는 정적인 것으로 표현하는 촘스키의 개념에 반대하면서, '문법의 지위는 담화에서 계속 재조정되며 원칙적으로 담화를 구성해 나가는 전략과 구분되지 않는' 현상이라고 제안하였다(호퍼 Hopper, 1988: 118). 호퍼에 따르면, '문법 형태는 고정된 원형이 존재하는 것이 아니라, 형태들에 대한 개별 화자들의 경험과 현재 맥락에 대한 화자들의 평가를 반영하는 방식으로 면대면 상호작용으로부터 일어난다. 이 때 맥락에 대한 평가에는 대화 참여자에 대한 것도 포함되며 이들의 경험과 평가는 사뭇 다를 수 있다"(1998: 156)는 것이다.

호퍼(Hopper 1998)에서 빌려온 다음 표에서, 호퍼가 '선험 문법(a priori grammar)'이라 부르는 규칙-기반의 촘스키 문법과, '발생 문법(emergent grammar)'의 명백한 대조를 볼 수 있다.

표 3.1: 선험 문법과 발생 문법의 대조

선험 문법	발생 문법
일정한 규칙들	담화 내 쓰임으로부터 규칙성이 생김; '침전되는' 유형[4]
담화로부터 논리적으로 그리고 정신적으로 분리할 수 있음	원칙적으로 담화와의 구분이 불가능함
담화 생성의 선행 조건('원인')	담화 상에서 일어남('결과')
문장이 단위임	절이 단위임
직관에 의해 제공되는 자료	실제 담화로부터 나오는 자료
정적 실체이며 화자의 머리 속에 늘 존재함	규칙성은 늘 유동적이고 일시적이며 계속해서 조정, 개선, 폐기될 수 있음
본질적으로 시간에 영향을 받지 않음	실시간 활동임
동질적	이질적(여러 가지의 규칙성)
모든 예를 규칙 체계 내에서 동등하게 분석함; 이전 텍스트와 관련을 짓지 않음	문법을 구성하는 형태들을 고정하거나 또는 침전을 야기하는 텍스트 구성 전략을 조사함

그러므로 호퍼의 발생 문법의 시각에서 보면, '언어는 실시간적 활동이고, 규칙성은 늘 순간적이며 계속해서 조정, 개선, 폐기될 수 있다.'(Hopper, 1988: 120). 호퍼의 말에서 우리는 문법과 그 실시간적 용법의 우발적이고 순간적인 무질서가 서로 통하는 것을 알 수 있다.

모든 사람들이 호퍼처럼 문법을 끊임없이 변화한다고 보지는 않는다. 탈미 기본(Talmy Givon 1999)는 촘스키의 선험 문법과 호퍼의 발생 문법이 나타내는 절대성을 반대하면서 두 시각이 모두 극단적이라고 주장하였다. 기본은 자연스러운 언어 사용 환경에서 문법적 사실들은 보통 연역 문법과 발생 문법의 중간적 위치에 있다고 설명한다. 언어는 발화 처리를 신속히 하기 위해 특별히 엄격할 필요가 있으며 이와 더불어 유연해야 한다. 이 유연성은 정보적인 측면에서 고도의 애매성과 불확실성을 가진 맥락을 다룰 때는 물론이고 변화하고 적응할 수 있는 혁신과 학습을 할 때 필요하다. 그러므로 어떠한 문법 형태이든지 간에 엄격성과 유연성을 모두 수용할 수 있어야 한다.

중도적 입장을 취하는 아델 골드버그(Adele Goldberg 1999)도, 유연적이고 발생

---

4 역자 주: 담화 맥락에서의 여러 요인에 의해 그 의미나 기능이 결정되는 유형.

적인 문법 특성은 문법 습득의 초기에만 나타난다고 주장한다. '일단 문법이 습득되면, 문법은 매우 관습화된 지위를 가지며, 체계 내에서 미세한 변화가 계속 발생한다고 해도 문법의 전반적인 체계는 상당히 안정적이다.'(Goldberg, 1999: 200). 골드버그의 주장은 사실상 합리적인 것처럼 보이지만 촘스키와 호퍼가 각각 주장했듯이, 골드버그 역시 안정성과 유동성의 이분법으로 문법 특성을 기술하고 있다는 점에 주목해야 한다. 또한 기본은 이 두 가지를 모두 수용해야 할 필요성을 인정하면서도 안정성과 유동성 사이의 본질적인 관계에 대해서는 다루지 않았다. 이를 생각해 보기 위해서는 세 번째 유형인 역동성을 살펴야 할 것이다.

유기적 역동성
ORGANIC DYNAMISM

지금까지 역동성의 두 가지 유형, 즉 시간의 흐름에 따른 변화와 실시간에서의 언어 사용에 대해 살펴보았다. 이 외에 우리가 고려할 만한 세 번째 유형인 역동성이 있는데, 이는 앞서 논의한 두 유형의 교차점에서 발생하는 역동성 간의 결합이다. 언어가 시간이 흐르면 변한다는 것은 무엇을 의미하는 것인가? 언어는 자의적으로 변하지 않는다. 그러나 언어 변화는 언어 사용자들이 부호를 전환하기 위해 계획적으로 시도하여 생산되는 결과물도 아니다. 물론 사용자가 때때로 의도적으로 언어 혁신을 이루려고 언어 변화를 시도할 수도 있다. 내가 '문법사용하기 (grammaring)'라는 신조어를 만든 것도 그러한 점에 근거한다. 요점은, 개개인들이 언어를 바꾸려는 시도를 의도적으로 하지 않아도 매일 발생하는 상호 작용을 통해 결과적으로 바꾸게 된다는 것이다. 루디 켈러(Rudy Keller 1985)는, 언어란 개인들의 미시적 차원의 행동들이 우연히 거시적인 체계의 변화를 일으키는 현상이라고 설명한다. 그러므로 체계 전체의 행동은 국소적 상호 작용의 집합적 결과이다. 이 세 번째 역동성을 유기적 역동성(organic dynamism)이라 부르겠다.

한 번에 일어난 변이와 진화적 변화 간의 밀접한 관계를 아는 생물학자들은 유기적 역동성에 대해 알고 있다. 진화 생물학자 더글라스 후투야마(Douglas Futuyama)는 이 문제에 대해 아래와 같이 이야기한다.

> ····변이는 생태계에 대한 과학적 연구에서 핵심적인 주제이다. 변이를 무시하고 고착된 본질에 초점을 맞추는 본질주의가 지속되는 한, 진화론적 변화의 가능성은 인정받기 어렵다. 변이는 진화의 산물이자 기초가 되기 때문이다.
>
> (Futuyama, 1986: 82)

언어학자들은 후투야마의 주장을 (공시적) 변이와 (통시적) 변화 사이의 연결을 증명하는 '라보프(Labov) 원리'(사회 언어학자 윌리엄 라보프 William Labov를 지칭하는)로 이해한다. 좀 쉽게 이야기하자면, '게임을 하는 행위가 규칙을 바꾼다.'(글라이크 Gleick, 1987: 24). 제임스 글라이크(James Gleick)는 날씨, 동물 종의 생성과 소멸처럼 자연발생적인 체계와 관련하여 카오스 이론이 제공하는 시사점을 설명하면서 이처럼 표현한 것이다. 나는 이런 시사점들을 언어에 많이 적용하였는데(라슨-프리만 Larsen-Freeman, 1997), 카오스/복잡성 이론이 다루는 다른 체계들처럼 언어도 자연발생적인 체계로서, 역동성·복잡성·체계성·유연성·상호연관성이 수반된다. 그러므로 이러한 관점으로 언어를 파악한다면 실시간 처리를 통시적 변화와 연결할 수 있는 장점이 있다(예를 들어 스미스와 텔렌 Smith and Thelen, 1993을 참고).

요약하면, 역동성의 세 번째 의미는 현재 사용되고 있는 개인 언어(실시간 역동성)와 진화론적인 변화(통시적 역동성)를 구분하지 않는다는 것이다. 이 둘은 단지 다른 규모로, 다른 단계에서 발생하는 것이다. 내가 지금 이 글을 쓰고 독자가 이것을 읽을 때 우리는 영어를 변화시키고 있다. 유추하자면, 다른 단계의 수준에서 우리는 영어를 변화시킬 뿐만 아니라 우리 자신의 영어도 바꾼다. 칼 딜러(Karl Diller)는, '언어를 의미있게 사용하는 행위는 그 언어 사용자의 문법도 변화시킨다.'(1995: 116)라고 말했다.

찰스 하키트(Charles Hockett)은 이에 대해 아래와 같이 논평하였다.

> 어떠한 순간이든지 한 개인의 언어 습관은, 그가 이야기하는 것과 다른 사람의 언어를 해석하는 방식의 기저에서 존재하며 그것들을 조정하는 체계를 구성한다.; 그리고 언어 사용의 모든 장면은 개인의 언어 체계를 적어도 조금은 변화시킨다. 분명히 소쉬르가 제안했던 안정된 단계의 랑그(état de langue)와 같은 것은 개인에게도, 공동체에도 존재하지 않는다. — 만약 존재한다면 1초의 몇 분의 1 정도가 될 것이다.(하키트 Hockett, 1987: 157-158n)

요약하면, 소쉬르와 촘스키가 언어를 고정화하고 동질화하려고 노력한 것은 이론적/방법론적으로 장점도 있고 그들을 따르는 지지자도 있으나, 다른 한편으로는 그들은 단점도 있고 그들을 비판하는 시각도 있다. 언어학자들이 언어의 체계성을 연구하기 위해 언어를 실체화하면 언어는 이상적이고 객관화되며 시간과 무관한 '사물'이 된다. 이를 이해하기 위해서는 이러한 것들을 각 부분들로 기술해야 한다는 느낌이 든다. 결과적으로 우리는 언어를 기계론적인 방식으로 생각하게 된다.

윌리엄 루더포트(William Rutherford 1987)는 다음과 같이 말한다.

> 언어를 기계로 생각하는 개념은 어떠한 면에서는 만족스럽지만 — 언어는 결론적으로 체계를 포함하며, 어떠한 체계의 복잡성을 면밀히 조사하자면 적어도 표면적으로 그것(체계)을 구성하는 요소들을 조사하게 된다. 하지만 언어는 전혀 기계적이지도 않고 그 경계가 모호해지거나 아예 없어지는 또 다른 특성이 있다. 언어는

계속해서 변하고 성장한다...... 성장은 물론 기계적이지 않으며 순수하게 기계적으로 이해할 수 있는 것과도 거리가 멀다. 성장을 기술할 수 있는 적합한 단어는 기계적이 아니라 유기적이다. 언어는 기계로 은유될 만한 관련성을 가지고 있지만 유기체로 은유될 수 있는 특성도 꽤 많이 내포하고 있는 것이다.(Rutherford, 1987: 36-37).

다른 언어학자들도 이와 유사한 주장을 하였다. 훔볼트(Humboldt 1949: 로빈스 Robins 1967에 인용됨)는 언어는 말하기와 쓰기라는 행위의 산물로 관찰되는 것이 아니라 화자들이 발화에서 산출하고 이해하는 것으로서, 살아있는 능력과 동일시되어야 한다고 강조했다. 그보다 앞서, 내가 통시적 역동성으로 부르는 것에 대해 슐라이허(Schleicher 1863: 로빈스 Robins 1967에 인용됨)은 더 나아가 언어는 '자연과학의 방법으로 다루어져야 할, 이 세계의 자연적 유기체 중 하나로서 화자의 의지 및 의식과는 관계없이 스스로 성장하고, 성숙하며, 쇠퇴하는 기간이 있다.'고까지 말했다. 사실 찰스 다윈 자신도, 생물의 종들처럼 언어는 진화하며 분화한다는 것을 암시적으로 표현하였다.

3.4

앞에 언급한 것을 되풀이하면, 최근에 언어는 생물학적 종으로 다뤄져야 하며 언어에 진화적 생물학자들의 분석적인 방법들이 적용되어야 한다는 주장들이 있어 왔다(피크렐 Pickrell, 2002).

언어는 생물학적 종 또는 유기체로 다뤄져야 한다는 것은 무슨 의미인가? 이런 방식으로 생각해 본 적이 있는가? 만약 생각해 본 적이 있다면 이것은 교수와 학습에 어떤 시사점을 주는가?

소수의 사람들만이 슐라이허(Schleicher)의 애니미즘(animism)[5]을 포용하겠지만 나는 언어를 이러한 시각으로 다루는 것은 매력적이라고 생각한다. 부호에 그 자체의 생명력이 있다고 보지 않도록 조심해야 하지만, 부호를 사용하는 사람들이 그 부호에 '생명력을 불어 넣으므로' 언어를 자연적 현상, 즉 역동적 유기체로 생각하는 것은 매력적이다. 실제로, 언어 구조나 나무와 같은 자연의 실재 구조가 모두 프랙탈(fractal)이라는 것을 깨달았을 때 나는 큰 감동을 받았다. 프랙탈[6]이란 각 단계의 수준에서 자기유사성(self-similar)이 있는 유형을 말한다. 예를 들어, 나무

언어를 다른 방식으로 표현한다면 프랙탈(fractal)이라고 할 수 있다. 이에 대한 자세한 내용은 라슨-프리먼(1997)을 볼 것.

---

5 역자주: 만물에 영혼을 불어 넣는 것.
6 역자 주: 부분이 전체 구조와 비슷한 형태로 되풀이 되어 궁극적으로 전체 구조를 만드는 것.

의 구조는 중심 몸통에서 가지가 갈라진다. 하나의 가지에 초점을 맞추면 같은 모양이 보이며 잔가지가 중심 줄기에서 퍼져 있는 것을 볼 수 있다. 잔가지 끝에는 나뭇잎이 있고 나뭇잎에서는 중심이 되는 잎맥과 동맥이 바깥쪽으로 퍼진다. 이와 같이 나무의 각 단계에서 유사한 기본 모양이 보인다. 언어도 마찬가지이다. 즉 각 단계의 수준에서 자기유사성을 갖는다. 예를 들어, 어떤 텍스트에서 가장 많이 나타나는 10개 단어의 빈도 순위는 규모가 더 큰 말뭉치의 단어 빈도 순위와 동일하게 나타날 것이다.

내가 정원에 관심이 많아 프랙탈의 이미지가 더 매력적이었을지도 모른다. 또한 나는 자연과 접촉하는 것을 매우 중요하게 생각하는데, 이런 내 취미와 직업이 프랙탈을 매력적으로 느끼게 한 것 같다. 데이비드 누난(David Nunan)과 함께 '문법 사용하기와 정원 가꾸기'(Grammaring and Gardening)라는 논문을 쓰게 되었는데, 이 논문에서 우리는 '문법 사용하기'를 원예의 시각에서 서술했다. 기초를 준비하는 것, 씨앗을 뿌리는 것, 물을 뿌리는 것, 잡초를 뽑는 것, 나뭇가지를 손질하는 것 등과 같이 이 두 과정에는 공통되는 점이 많이 있다.

카네기 멜론 대학교(Carnegie Mellon University)의 스페인어 선생님 김 머데이(Kim Murday)는 역동적 체계 이론과 언어/언어 습득에 대해 내가 가르치고 있었던 수업에서 논문을 썼는데, 이 논문에서 다음과 같이 말했다.

김 머데이
Kim Murday

이론적 틀

> 언어가 프랙탈이라는 생각은, 어떤 나무나 [생태계]가 그렇듯, (언어와 같은) 우리 행위의 결과가 자연의 일부라는 것을 강력히 깨닫게 한다(Murday, 2000).

중간언어의 역동성
THE DYNAMISM OF INTERLANGUAGE

독자들은 제3장의 첫 번째 〈생각해 보기〉를 되새기면서 역동성을 적용할 수 있는 다른 영역이 있다고 생각할 수 있을 것이다. 제1 언어이든지 또 다른 언어든지, 언어를 배우려는 의지를 갖고 있는 언어 학습자들의 **중간언어**(interlanguage) 발달 체계보다 더 역동적인 것이 무엇이 있겠는가?

학습자들의 중간언어에 나타나는 기술 문법을 정리하려고 시도한 제2 언어 습득 연구자들은, 학습자들의 체계 내에서 순간순간 바뀌는 변화에 당황했다. 서로 다른 언어학적 맥락에서 규칙 적용의 변이성을 포착하는 가변적 규칙(예를 들어 스타우블과 라슨-프리만 Stauble and Larsen-Freeman, 1978)과 분포 도표(휴브너 Heubner, 1979)에 의지하는 사람들도 중간언어의 변화를 포착하는 것이 어렵다고 인정한다. 그런데 이런 연구들은 언어에 대해 어느 정도 고정된 관점에 바탕을 두고 있다. 즉 제2 언어의 성공적인 습득은 학습자의 언어 수행이 목표어에 좀 더 가깝게 이끄는 규칙을 습득해야 가능하다고 가정한다. 이러한 관점은 학습의 '습득 은유(acquisition metaphor)'(스파드 Sfard, 1998)를 반영한다. 즉 인간의 학습은 규칙 또는 언어 단위와 같은 연역적 범주의 습득으로 이해할 수 있다는 것이다. 습득 은유에 따르면, 일단 규칙 또는 구조가 소유되거나 습득되면 그 규칙이나 구조가 적용되고 (다른 문맥에) 전이되며 다른 사람들과 공유될 수 있다.

나는 지금까지 언어를 보다 역동적인 시각으로 살펴보았는데, 한편으로 학습 과 관련된 또 다른 은유가 필요할 것이다. 스파드(Sfard)는 '참여 은유(participation metaphor)'를 제안하였다. 참여 은유에서는 개체, 즉 언어 요소의 습득보다는 활동 에 더 관심을 둔다. '이러한 언어학적 전환에서 나타나는 학습의 이미지에서는 소 유(having)의 영속성보다 행위(doing)의 유동성이 더 중요하다. 습득의 개념은 학 습의 끝을 명확하게 의미하는 종착점이 있다는 것을 암시하지만, 이 새로운 용어 '참여'는 그럴 여지를 주지 않는다.(스파드 Sfard, 1998: 6).'

이러한 견해는 교육적 성공과 관련하여 더욱 더 역동적인 관념으로 이어진다. 참 여 은유에 따르면 언어 학습은 특정 공동체의 구성원이 되는 과정으로 표현된다.

> 이는 무엇보다 이 공동체의 언어로 의사소통하고 그 규범에 따라 행동하는 능력을 내포한다.... 습득 은유는 개인의 정신과 '그 정신 속으로' 들어가는 것들을 강조하 는 반면 참여 은유는 개인과 타인 사이에서 발전되는 유대감에 초점을 맞춘다
>
> (스파드 Sfard, 1998: 6).

학습은 참여와 함께 전체의 일부분이 되는 것이다. 스파드가 서술하는 것은, 언 어 사용과 언어 학습을 같은 과정으로 인식하는 비고츠키의 사회문화적 언어 학 습 관점과 상당히 맥을 같이 한다. 실제 이런 시각에서는 일반적으로 사용되는 '목 표어'라는 표현이 잘못 이해될 수 있는데, 이는 완벽한 습득, 즉 학습의 종착점이 없기 때문이다. 목표는 늘 움직인다(라슨-프리만 Larsen-Freeman, 2000b; 2002d).

이제 왜 제3 장의 부제를 '문법 사용하기'라고 했는지 명확해졌으면 한다. 나는 '문 법'이라는 단어가 언어의 과정적 성격 – 그것의 역동적 성격 – 을 포착하지 못한 다고 본다. 언어를 산출된 결과물의 집합이자 과정으로 묘사할 수 있다는 것을 이 해하는 것은 중요하다. 하지만 최근에는 산출된 결과물에 대한 시각이 우세했기 때문에 제3 장에서는 다른 측면을 보다 강조했다. 그 밖에 '유기체'로 은유한 것은 인간들 사이에 발전하는 상호작용을 포착하는 데 더 적합하며 이런 은유가 전반 적으로 적용될 수 있다고 보았기 때문이다. 다음 루더포트(Rutherford 1987: 37)의 논의가 이러한 점을 잘 표현했다.

> 기계들은 조립되지만 유기체는 성장한다. 기계들에는 정밀성이 있지만 유기체에는 유연성이 있다. 기계들은 선형적으로 연결되지만 유기체는 순환적으로 상호 연결

된다. 그리고 무엇보다도 가장 중요한 것은, 기계들은 생산성이 없 – 열매를 맺지 못하 – 지만 유기체는 생산성이 있 – 열매를 잘 맺는 – 다는 점일 것이다.

추천 자료

1990년대 카오스/복잡성 이론에 대해 처음 읽히기 시작된 후 이에 대한 글이 많이 쓰였다. 글라이크(Gleick 1987) 또는 브릭스와 피트(Briggs and Peat 1989)로 시작하는 것이 좋다. 접근하기 쉬운 다른 참고 문헌으로는 월드롭(Waldrop 1992)가 있다. 이 이론에 대한 최근 논의들은 상당히 다양하다. 겔-맨(Gell-Man 1994), 카우프만(Kauffman 1995), 켈소(Kelso 1995), 홀랜드(Holland 1998)이 매우 유익하다. 제3장의 몇몇 주제들은 라슨-프리만(Larsen-Freeman 2002d), 반 리어(van Lier 2002), 크람쉬(Kramsch 2002)의 여타 기고자들이 언어의 생태 환경학적 관점에서도 논의하였다. 그리고 아직 자세하게 읽어 보지는 못했으나, 다중언어 구사 능력에 대한 역동적 모델을 논의한 허디나와 예스너(Herdina and Jessner 2002)의 새 책도 있다.

4

세 영역
THE THREE DIMENSIONS

이 장에서는 좀 더 전통적인 방식을 이용하여, 즉 언어를 구성 요소로 나누어 분석하는 것으로 시작할 것이다. 하지만 나의 언어 요소 분석 방법은 전통적 방법과 두 가지 측면에서 다르다. 첫째 대부분의 언어 분석은 언어의 구성 요소를 음소, 형태소, 단어, 통사론 등으로 이어지는 상승 체계로 배열한다. 단어는 형태소로 구성되며 형태소는 음소로 구성되는 식으로 이어진다는 측면에서 이러한 배열 방식은 합리적이다. 그럼에도 불구하고 구성 요소의 역동적 상호 작용을 강조하기 위해 여기에서는 각 요소들을 상승 체계에서 벗어난 방식으로 소개하기로 했다.

전통적 방법에서 벗어나는 두 번째 방식은 형태와 통사를 구성하는 부분을, 맥락 중심적인 의미를 형성하는 원천으로 생각할 것이라는 점이다. 이것은 문법을 가르치고 배우는 데 있어서 학생들이 정확한 문법 형태를 만들어 낼 수 있는지 혹은 없는지보다 더 중요한 것이 있다는 것과, 문법의 복잡성을 다뤄야 할 필요성을 보여 준다. 이러한 문법의 복잡성은 형태가 이후 설명할 세 가지 영역 가운데 한 가지일 뿐이며, 이 모든 영역이 문법 사용하기에서 나름의 역할을 한다는 점에서 이해될 수 있다.

의사소통 언어에 적용되는 세 영역
THE THREE DIMENSIONS APPLIED TO LANGUAGE IN COMMUNICATION)

이론적 틀

형태: 음운론/문자학/기호학, 형태론, 통사론
(FORM: Phonology/Graphology/Semiology, Morphology, Syntax)

첫 번째 영역인 언어의 형태는 눈에 보이며 들을 수 있는 단위 즉 소리(수화의 경우에는 몸짓어), 문자로 된 기호, 굴절 형태소, 기능어(예를 들어 of)와 통사 구조로 이루어진다. 언어의 소리 또는 음소는 음운론 연구에서 다루어진다. *문자학(Graphology)*은 언어 내에 문자 체계의 최소의 변별적 단위인 자소(grapheme, 字素)를 연구하는 학문이다. *기호학(Semiology)*은 몸짓어 또는 수화에 대한 과학이다. 형태론은 문법 내에 최소의 의미 단위인 형태소의 연구이다; 형태의 범주에서는, 형태론은 굴절 형태소(예를 들어, 현재 분사의 −ing)와 기능어(예를 들어, *the*)로 한정되어 있다. 통사론 연구는 어떠한 단어와 형태소 배열의 조합이 가능하며 그 것이 문장 내에 어떻게 배열되는지를 결정한다.

의미: 의미론(Meaning: Semantics)

두 번째 영역은 의미이다. *의미론(Semantics)*은 언어 내에 부호화된 의미의 연구 이다; 여기에서는 어떤 형태에 대해 사전에서 뜻을 찾으면 알게 되는 탈맥락적 형 태가 갖는 본질적인 원래의 의미로 볼 것이다. 예를 들어, 영어를 제2 언어로 사용 하는 학생이 *cousin* 사촌이라는 단어가 무슨 뜻이냐고 물어보면, "너의 사촌은 너의 이모 또는 삼촌의 아들 또는 딸이다."라고 답할 수 있다. 의미의 표현이 세 가 지의 영역 모두에 걸쳐 분포되어 있지만 그것의 원형적 단위는 단어(어휘소), *non-* 과 같은 파생 형태소, 복합단어 어휘문법적 단위 − *and so forth* 같이 의미는 완전 하지만 하나의 형태로 연합되지 않은 복합단어들의 연쇄 − 이다. 어떤 언어 학습 교수요목 개발자들은 *개념(notion)*이라고 불리는 의미의 일반적인 범주도 이 영역 에 포함시키고 싶어 한다. 개념은 예를 들어 공간(위치, 거리, 움직임, 크기)과 시간(시 간, 지속 시간, 연속의 표지)을 다룬다.

우리는 의사소통 과정에 실제로 나타나는 단어 또는 어휘−문법적 연쇄의 의 미가 사전 의미와 완전히 다를 수 있다는 것을 알기 때문에 **의미론**(semantics) 을 의미적 가능성에 대한 연구로 생각하는 것이 편리할 것이다. 예를 들어 *Good morning*은 가족 또는 다른 사람들에게 쓰는 주로 유쾌하고 적절한 아침 인사이 다. 특별한 경우에 내가 *Good morning*을 오후에 사용하면 내가 무심코 의미에 관한 실수를 했다고 할 수 있다. 즉 나는 *Good afternoon*이라고 했어야 한다. 하 지만 내가 방금 주장했듯이 단어 또는 어휘문법 연쇄의 의미는 잠재적인 것일 뿐 이다. 일부러 *Good morning*이라는 똑같은 인사를 시간을 알면서도 오후에 일어 난 10대의 아들을 놀리려고 썼을 수도 있다. 이처럼 인사를 가벼운 비아냥으로 사 용하는 것은 언어의 세 번째 영역인 화용론을 보여 준다.

화용[7]: 화용론(Use: Pragmatics)

화용론은 언어 내 부호화된 의미가 아니고 사람들이 그 언어를 사용함으로써 의도하는 바이다. 이 영역의 단위에는 사회적 기능(예를 들어 약속하기, 초대하기, 동 의하기, 반대하기 그리고 사과하기)과 담화 유형(예를 들어 텍스트의 응집성에 기여하는

---

7 역자 주: 저자는 '담화상에서의 사용'을 강조하기 위해 use(사용, 용법)를 선택했으나, 이 책에서는 형태, 의미
　와의 층위를 고려하여 '화용'으로 번역하였다.

것들)이 있다.

그림 4.1 3영역의 원형적 단위

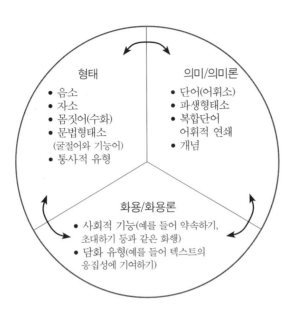

서로 다른 언어 단위에 적용되는 세 영역
THE THREE DIMENSIONS APPLIED TO DIFFERENT LINGUISTIC UNITS

서로 다른 규모의 수준(Different Levels of Scale)

세 부분으로 나누는 이와 같은 구조에서 놀라운 것은 각 영역에 관련시킬 수 있는 원형적인 단위는 있지만 각각의 단위를 완전히 이해하려면 '원형의 근원지'뿐만 아니라 세 가지 관점에서 그 영역을 기술해야 한다. 바꾸어 말하면 같은 3부 구조가 다른 규모의 수준으로 적용될 수 있다. 사실 그렇게 하지 않는 것은 언어를 빈약하게 다루는 것이다. 그러므로 문법 구조를 사용한다는 것은 형태를 정확히 사용하는 것뿐만 아니라 의미있게(의미론) 그리고 적절하게(화용론) 사용하는 것도 포함한다. 원그래프와 다음 세 개의 질문을 가지고 모든 언어 단위의 형태, 의미, 화용을 보어 줄 수 있다:

형태: 단위가 어떻게 형성되나?
의미: 의미가 무엇인가(본질적인 의미)?
화용: 언제 그리고 왜 사용되나?

의미 단위(Meaning Units)

명사 *house*라는 단어로 예를 들어 보자. 형태 분석에는, (/aw/)라는 이중모음이 있다는 것, 발음 또는 기호가 포함될 것이다. 형태를 아는 것은 철자를 아는 것도 의미한다. *house* 의 경우 묵음 e 가 주목할 만하다. *house*를 통사론적으로 정확하게 사용하려면 이것이 보통-가산명사라는 것을 필수적으로 알아야 한다. *house*는 장음 또는 음절 복수형(*houses*)을 가진다는 관찰 내용들도 정보에 포함할 수 있지만, 이 대략적인 것만으로도 우리가 형태를 고려할 때 무엇을 포함해야 하는지에 대해 아이디어를 제공할 것이다.

*house*의 의미를 사전에서 찾아보면 "인간의 주거를 위해 사용될 목적으로 만들어진 건축물"(*Webster's Third International*)라는 것을 알 수 있다. 동족어(cognate)가 없는 학생들을 위해서는 "사람들이 사는 장소"로 의미를 조절해야 할지 모른다.

형태와 의미를 아는 것도 중요하다고 하지만, *house*를 적합하게 사용하기에는 위의 지식들은 충분하지 못하다. 적절한 사용을 위해서는, *house* 와 *home* 을 구분하는 법을 알아야 한다. 의미적으로 밀접한 유의어(*dwelling, domicile, residence, habitat, abode*) 말고 *house* 를 언제 선택해야 하는가를 알아야 한다. 또한 *house* 가 어떻게 *flat, apartment, pad, digs, condominium* 등과 다른지를 알아야 한다. 물론 학습자가 *house*라는 단어를 처음 대할 때 모든 정보를 알아야 하는 것은 아니다; 사실 위에 있는 모든 단어를 알지 못하게 될 수도 있다. 그러나 머지않아 공문을 작성해야 하는 상황이 올 것이다. 이러한 상황에서는 집(*house*)의 주소보다는 거주지(*residence*)의 주소를 적게 될 가능성이 높다. 그러므로 단어를 '안다'는 것은 단순히 의미를 아는 것보다 더 많은 것을 의미한다.

이것은 일시성과 같은 의미론 개념에 대해 더 유효하다. 이 개념을 여기에서 완전히 해석하지는 않겠지만, 앞서 "의미는 모든 세 가지 영역을 통해 전달될 수 있다"고 한 내용에 대한 예시로서 사용할 것이다. 예를 들어, 일시성은 형태를 통해 즉 동사 시제-형태론을 사용하여 나타낼 수 있다. 또한 오늘 *today*, 저녁에 *in the evening* 그리고 나중에 *afterward* 와 같은 부사적 어구를 통해 어휘적으로 표시될 수 있다. 마지막으로, 텍스트의 사건을 단순히 그것이 발생한 시간 순서대로 관련시킴으로써 화용론적으로 전달될 수 있다.

화용 단위(Use Units)

마찬가지로 화용론적 영역에서도 원형 단위를 가져와 - 사소한 규칙을 위반해서 사과하기와 같은 사회적 기능 - 세 영역 모두를 이용해 설명할 수 있다. 우선 이 특정 기능을 위한 가능한 표현들이 여러 가지 있다.

I'm (terribly, very) sorry.	(몹시, 아주) 미안합니다.
Pardon me.	죄송합니다.
(Please) Excuse me.	(부디) 실례합니다.

　우리는 위 문장들에 대해 강조 부사가 있거나 없는 평서문, 억양이 있거나 없는 명령문(예시에서는 *Please* 부디를 사용해서 이루어졌다)과 같이, 그 문장들의 일반적인 형태를 기술할 수 있다. 물론 학생들은 이 표현들에 나오는 모든 음을 발음할 줄 알아야 하지만 모든 학생들에게 문제가 될 수 있는 것들을 골라 음운론에 대한 설명으로 한정할 것이다. 이 형태들의 본질적 의미는 해야 하거나 혹은 하지 말아야 하는 것에 대해, 우리가 하거나 하지 않은, 혹은 할 것이나 하지 않을 것을 사과하는 것이다. 특히 '*excuse me 실례합니다*'는 과거 또는 다가오는 자신의 실례나 가벼운 무례를 무마하는 방식이다. '*I'm sorry 미안합니다*'는 상대방이 겪은 불쾌함에 대한 당황 또는 유감의 표현이다. 보킨과 라인하트(Borkin and Reinhart 1978)은 제2 언어로서의 영어 학습자들이 이것들을 적합하게 쓰는 법을 어떻게 배워야 하는지에 대해 논의했다. 다음은 원어민 화자가 아닌 사람이 영화 구경 초대를 거절하면서 쓴 표현이다.

> Excuse me. I'd like to go but I don't have time.
> 실례합니다. 가고 싶지만 시간이 없습니다.

　보킨과 라인하트(Borkin & Reinhart)가 원어민 화자들과 논의를 한 결과, 원어민 화자들은 초대에 거절할 때는 '*I'm sorry 미안합니다*'가 더 적합하며 따라서 '*excuse me 실례합니다*'를 사용하는 것은 화용론적 오류라는 것에 대해 동의했다.
　물론 우리는 학생의 답을 완벽히 이해할 수 있으므로 심각한 오류처럼 느껴지지 않을 수 있다. 언어를 배우는 많은 학생들에게는 원어민 화자처럼 말할 수 있게 되는 것이 목표는 아니다. 이는 특히 화용의 영역에 해당되는데, 화용 영역은 적합성에 관한 것이며 적합성을 얘기하자면 '누구에게 적합한가?'에 대한 의문을 생각해야만 하기 때문이다. 적합성은 사회적으로 형성되고 맥락에 의존하므로 어떠한 상황에서는 원어민 화자의 관습을 고수하는 것이 학습자에게 적합하지 않을 수 있다.
　하지만 원어민과 원어민이 아닌 화자들이 만나는 상황에서는 화용적인 오류가 겉으로 드러나지 않아, 능숙한 화자들이 덜 능숙한 화자들의 의도를 잘못 이해하게 되기도 한다. 특히 화자가 유창하고 정확하면 청자는 화용론적 오류를 깨닫지 못하고 화자의 의도를 오해하며 그 결과 화자를 잘못 매도해 버릴 수 있다. 늘 언어와 관련된 연구를 하는 나 역시도 상대방의 의도에 대해 잘못된 추측을 하는 것에 대한 죄책감을 느낀다.

어느 여름 나는 특정 나라에서 온 교사들과 일을 하고 있었다. 여름 프로그램이 진행되는 동안 그 교사들은 원어민 화자들 사이에서 상당히 무례하다는 평판을 얻었다. 내가 그들과의 상호작용으로부터 거리를 두고 나서야 그 교사들의 특징을 평가한 근거가 그들의 '부적절한(inappropriate)' 언어 사용이었음을 깨달았다. 이 교사들은 동의할 때 'of course 물론'을 자주 사용했다. 'of course 물론'은 부탁에 대한 응답으로는 충분히 적절한 답이다. 테이블 옮기는 것을 도와달라는 부탁에 'of course 물론'이라고 답하면 협력에 대한 의지를 보이는 것이다. 하지만 'of course 물론'을 사실의 진술에 대한 응답으로 사용하면('144의 제곱근은 12이다.' 'of course 물론'), 화자는 청자가 이미 알고 있는 것만 말한다는 뜻을 암시한다. 그 외에도 몇몇 원어민 화자들이 무례하다고 생각하는 응답들이 있었다. 나중에야 이 영어 교사들의 모국어에는 모든 상황에서 동의를 표현하는 데 쓰는 형태가 있는데, 'of course 물론'을 이 형태의 직접적인 대응어로 배웠다는 것을 알았다. 여기서 중요한 것은 화용적 실수가 가혹하게 판단될 수 있으며, 고급 단계의 언어 수업에서 특정한 형태를 언제 사용할 것인가를 아는 것이 단순한 미시적 수정 대상으로 다루어져서는 안 된다는 것이다.

형태 단위(From Units)

흥미롭게도 세 영역이 모든 원형 단위에 동일하게 적용되며 형태 단위에 있어서도 앞서 언급한 것처럼 마찬가지이다. 예를 들어 원그래프의 세 가지 질문을 사용해 영어에서 존재에 관한 there의 형태, 의미, 화용에 대한 정보를 다음과 같이 정리했다.

그림 4.2 영어에서 존재에 관한 *there*의 형태, 의미, 화용

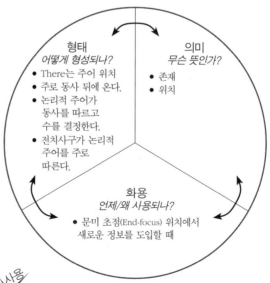

다음을 분석하고 설명하는 데 예를 사용하면 도움이 될 것이다.

There are Canada geese on the river.
강에 캐나다 거위들이 있다.

There는 형태가 변하지 않으며 문장에서 주어 위치를 차지한다. 뒤에 동사 주로 *be* 동사의 형태가 따르며 이것이 후행하는 명사구 또는 논리적 주어의 형태를 결정한다. 논리적 주어는 주로 부정(不定) 주어이다 – 예를 들어, 여기서는 *the Canada geese 그 캐나다 거위*가 아니라 *Canada geese 캐나다 거위*이다. 논리적 주어 뒤에는 전치사구 – 여기서는 *on the river 강에* – 가 온다.

존재적 *there*라는 구조의 명칭이 그것의 의미에 대한 단서를 제공한다. 이것은 어떤 것의 존재를 주장하거나 위치를 설명하는 의미론적 범주에 들어맞는다. 존재적 *there*는 새로운 정보를 도입할 때 사용된다. 새로운 정보의 위치는 절의 끝 부분에 있는 문미 초점(end-focus) 자리이며 주어 대신 *there*를 사용함으로써 새로운 정보 – 여기서는 전체 명제, *Canada geese*와 그들의 위치 – 가 문장의 끝 곧 어말 강조 자리에 놓일 수 있다.

이런 것에 대해 알고 있다면, 내가 전화 통화 중에 누군가에게 필기 도구를 달라고 부탁했을 때 왜 '*There is a pencil on the table 탁자 위에 연필이 있다*'라는 대답을 들으면 기분이 좋을지를 설명할 수 있을 것이다. 이것은 내가 필요로 한 정보를 적절한 형태로 받았기 때문이다. 그러나 '*연필이 탁자 위에 있다 a pencil is on the table*'라는 답을 듣고서는 기분이 좋지 않을 텐데, 이 응답에서는 이것이 새로운 정보가 아니며 결국 내가 들어서는 안 되는 것이라는 화용론적인 암시를 가지고 있기 때문이다. 따라서 그 대답은 도움이 되기는 하나 동시에 짜증나는 것이다.

4.1

고등학교 영어 교사 *Peter 피터*에게 영어 소유격의 형태, 의미, 화용에 대해 분석을 하라고 했다. *Diane's book*이라는 예를 주었지만 분석을 이 예에만 한정하지 말라고 요구했다. 여러분도 질문과 원그래프를 사용하여 우선 각자 해 보자. 그 후에 아래에 있는 피터의 답을 읽자.

피터는 다음과 같이 말했다.:

교사의 목소리

피터 Peter

한 번 보자. 영어 소유격의 형태는 "s"이다. 둘 이상의 소유자에 대해서는 " 's " 또는 그냥 " ' ", 예를 들어, "Chris' pen"과 같이 할 수 있다. 어떠한 경우에든 이것은 소유자에 붙는다. 발음 또한 앞선 소리에 따라 다를 수 있다. 여기서는 /z/ 로 발음된다. 그리고 통사론적으로 소유자가 소유 대상 – 여기서는 book – 을 앞선다.

이것의 의미는 분명하지 않은가? 이것은 소유권의 의미를 나타낸다. Diane은 책을 소유한다. 잠깐, "Diane's book"이 중의성을 갖는다는 것을 알 수 있다. Diane은 이 책의 저자일 수 있으며 내가 가지고 있는 Diane이 쓴 책을 이야기 할 때 "Diane's book"이라고 말할 수 있다. 그러면 " 's"는 저작권을 나타낼 수도 있다. 그 쓰임에 관한 한, 소유주 또는 저작자를 나타낼 때 사용될 수 있는 것 같다.

피터는 영어의 소유격에 대한 중요한 관찰을 했다. 형태에 대한 그의 서술은 명확했으며 소유주임 또는 저작자임을 보이는 데에 있어서 's 의 중의성을 알았다. 하지만 명백하게 설명할 것이 한 가지 남아 있다. 원그래프의 화용 부분을 채우는 것은 단지 구조가 언제 사용되는지를 열거하는 것이 아니다. 오히려 같은 의미를 가진 두 개 이상 구조를 사용할 때 각각 무엇이 다른지를 물어 본다. 앞서 우리는 *There is a pencil on the table 탁자 위에 연필이 있다*와 *A pencil is on the table 연필이 탁자 위에 있다*의 사용에 대한 차이를 알아보았다. 앞에서 말했듯이 화용은 형태의 분포와 관련이 있다.

예를 들어 우리들은 왜 *her pen* 대신 *Diane's pen*을 선택할까? 두 형태는 모두 같은 소유자의 소유임을 알린다. 당신은 아마 지시되는 대상이 누구인지 분명할 때는 소유격 형용사 또는 한정사 her를 사용할 수 있다고 말할 것이다. 이것은 맞는 말이지만 완벽한 답은 아니다. 예를 들어 소유격의 형태로 한정사 또는 's 형태 가운데 어떤 것을 선택할지에 영향을 주는 또 다른 요소는 소유자가 그 자리에 참석하고 있는지 여부이다. 내가 두 사람과 대화를 하는데 그 중 한 사람이 내가 있는 데서 *Diane's book Diane의 책*이라는 뜻으로 *I am reading her book. 나는 그녀의 책을 읽고 있다*.라고 하면 화자는 예의가 없어 보일 수 있다. 다시 말하면 내가(Diane) 그 자리에 있을 때는 *I am reading Diane's book 나는 Diane의 책을 읽고 있다*가 더 적절하다.

굴절 소유격(inflectional possessive) *the book's pages*가 아닌 *the pages of the book* 같은 *of the*를 사용한 우언 소유격(periphrastic possessive)은 어떠한가? The book's pages가 틀려 보이는 것은 인간 소유주가 주로 's 형태로 수식되어서이다. 하지만 이런 일반화가 일률적으로 적용되는 것은 아니다. 영어 화자의 대부분은 's를 무생물 명사에 쓰는 것을 용인한다. 누가 *The book's pages are torn. 책의 페이지들이 찢겨져 있어*.라고 한다고 해도 놀라지 않을 것이다. 그리고 인간 소유격에 대해 우언 소유격을 사용하는 것도 가능할 것이다. 예를 들어 *the works of*

Shakespeare 셰익스피어의 *작품들*이라고 한다면, 화자는 더 형식적으로 표현하기 위해 그러한 표현을 사용했을 수도 있다. 소유격에 대해 더 부연할 수 있지만 이 책의 목적을 고려할 때 요점은, 문법 구조를 안다고 하는 것은 그 구조를 형성하는 것 이상으로 중요하다는 것이다.

4.2

세 영역에 대해 아무리 많은 예를 들어도 자신이 직접 분석해야 이해에 도움이 된다. 그러므로 윈그래프의 질문을 사용해 this, that these, those와 같은 영어 지시사를 분석해 보라.

나의 분석은 다음과 같다.

형태: *This*와 that은 단수 형태이다; *these*와 *those*는 복수이다. 형용사 또는 명사를 앞서는 한정사 – 예를 들어 *this pen* – 로 사용될 수 있거나 명사구로서 단독 사용되는 대명사로 사용될 수도 있다: *This is the answer to that.*(이것은 저것의 답이다.) 영어를 사용하지 않는 많은 학생들이 첫 자음을 발음하는 데 힘들어 한다.

의미: 지시사들은 어떤 상황 속에 있는 무엇인가를 가리킨다. *This*와 *these*는 가까운 것을 가리키며 *that*와 *those*는 먼 것을 가리킨다. 거리는 공간적(*This pen here rather than that pen there* 저기 저 펜보다 여기 이 펜)일 수 있지만 지시사는 시간적 거리(*this week*[현재] *rather than that week*[예를 들어 미래]), 심리적 거리(*I prefer this wine to that one* 나는 그 와인보다 이 와인을 선호해) 그리고 순차적 거리(*That last point is more controversial than this one* 그 마지막 요점이 이 요점보다 논란의 여지가 더 크다)를 나타내는 데 쓰일 수 있다.

화용: 이 지시사들이 언제 지칭의 목적으로 쓰이고 언제 그렇게 쓰이지 않는지 알아야 한다. 예를 들어 언어 교사들이 가장 좋아하는 질문(*What's this?*)을 지시사로 답하는 것은 그것이 정확하며 의미에 맞다고 해도 적절하지 않다. 인칭대명사가 더 선호된다:

교사:	What is this?	What are these?
	이것이 무엇입니까?	이것들이 무엇입니까?

학생:	It's a book.	They're books.
	그건 책입니다.	그것들은 책입니다.
	(NOT: This is a book.)	(NOT: These are books.)

보다 확장된 맥락에서 언제 지시사를 사용하고 언제 관사 또는 인칭대명사를 사용하는지 아는 것도 중요하다. 다시 말해 문법적 선택은 지시사의 네 가지 형태와 같이 어형 변화표의 틀 안에 완벽하게 들어맞는 것이 아니다. 예를 들어, it과 this 둘 다 같은 명사구 – 아래의 예에서는 warranty – 를 가리키지만, it보다 this 가 더 의미에 집중시키기 때문에 첫 언급에는 this를 선택한다.

> If you buy a newly built home, you may have trouble getting a mortgage unless it has a warranty such as the Buildmark Warranty from the National Housebuiling Council(NHBC). *This* covers most defects for ten years. *It* offers valuable insurance cover if the builder goes bust while the house is being built or if major structural faults develop (example from Hughes and Mccarthy, 1998).
>
> 새로 지은 집을 구입할 때 전국 주택건설 협의회(the National Housebuilding Council: NHBC)에서 받은 빌드마크 보증서(Buildmark Warranty)와 같은 보증이 없으면 대출을 받기 힘들 수 있다. *이것(this)*은 10년 동안 발생하는 거의 모든 문제에 적용된다. *이것(it)*은 집 짓는 동안 건축자가 파산되든지 또는 큰 구조적 결점이 발생되는지 이런 사고들에 대해 충분한 보상을 받을 수 있다. (휴즈와 맥카시 Hughes and McCarthy, 1998의 예)

다시 말해 언어의 구조를 안다는 것은 그것을 언제 사용하며 언제 사용하지 않는지를 아는 것이다.

'의미와 화용' 구별하기(Distinguishing Meaning from Use)

이러한 문제들에 대해 이야기할 때, 교사들은 가끔씩 의미와 화용을 구별하는 것을 힘들어 한다. 내가 가르치던 현직 교사 연수에 참석했던 교사 에드(Ed)와 최근에 나눈 대화이다.

교사의 목소리

에드 Ed

에드: 의미와 화용을 구분하는 것이 힘듭니다.

다이앤: 당신이 왜 그렇게 생각하는지 충분히 이해할 수 있습니다. 원그래프의 부분들을 이어주는 양쪽 화살표들은 세 영역의 상호연관성을 상징합니다. 그리고 어떠한 경계들은 다른 경계들에 비해 투과 정도가 더 강합니다.

에드: 그럼 왜 구별을 해야 합니까?

다이앤: 거기에는 여러 이유가 있습니다. 우선 영역들이 모두 다르게 습득된다고 생각합니다. 그래서 이들을 각기 다르게 가르쳐야 할 것입니다. 또한 각 영역에서 학생들이 겪게 되는 학습의 어려움도 다를 수 있습니다. 따라서 특정한 문법 구조가 갖는 학습의 어려움이 무엇인지 분명하게 알고 있어야 합니다. 영어에서 예를 들어 보면, 영어의 조동사에는 논리적 확률 조동사와 사회적 상호작용 조동사라는 두 유형이 있습니다. 여러 조동사들은 모두 이 두 유형에 속하는데, 예를 들어 "may"는 논리적 확률 조동사로 사용될 수 있습니다:

It may rain tomorrow.
내일 비가 올지도 몰라.

또는 사회적 상호작용적 의미로도 사용될 수 있습니다:

You may leave now.
너는 지금 떠나는 게 좋겠다.

첫 번째 예에서 "may"는 예측하기 위해 쓰이며 두 번째 예에서는 허가해 주기 위해 쓰이고 있습니다. 논리적 확률 조동사들 중에서 자신이 예측하는 것에 대해 알맞은 확실성의 정도를 표현하는 조동사를 선택하는 것은 의미 영역과 관련되어 있어 어려운 일입니다. 허가를 요구하고 허가를 받는 올바른 방법은 의미보다는 누구에게 묻는가, 누가 묻는가, 또한 무엇을 요청하는가에 따라 다릅니다. 바로 이것이 화용 영역에서의 어려움을 나타내는 것이기도 합니다.

마지막으로, 학습의 어려움이 구조에 따라 다르게 나타난다면, 예상컨대 사람들은 그 구조들을 다르게 가르치고 싶어할 것입니다.

에드: 알겠습니다. 이러한 시각으로 언어를 보는 연습이 더 필요할 것 같네요.

다이앤: 맞습니다. 원그래프의 각 조각에 있는 wh- 질문들을 세 영역을 구분하는 도구로 사용한다면 도움이 될 수 있을 것이라 생각합니다. 어떻게 구성되나, 무슨 의미인가, 또한 같은 의미를 가진 두 가지 이상의 형태가 있을 때 언제 혹은 왜 특정한 그 맥락에만 쓰이는지 등의 질문이 이에 속하겠지요.

나는 에드의 질문에서 보이는 불안감을 인정해야 한다. 나의 분석적 성향과 언어적 훈련에서 한걸음 물러나, 언어사용에서 의미를 구별하는 것이 정말 이치에 맞는 것인지를 물어야 한다. 언어를 다루는 분석들 중에 이 구분을 하지 않는 경우가 많다. 형태 – 의미와, 형태 – 기능인 이분적인 대립은 흔하지만 내가 이야기하는 삼분법은 흔하지 않다. 그러나 학습자들이 습득해야 하는 것이 형태와 의미의 연결이라는 것은 그들이 형태-의미 연결을 언제 사용하는지도 알아야 하기 때문에 부적절하게 느껴진다. 또한 몇몇 언어학자들은 의미가 그것이 사용되는 맥락과 떨어져서 이해될 수 없기 때문에 화용론적 의미를 주장하기도 한다. 이것이 사실일 수도 있지만, 나는 학습자들이 맥락을 초월하는 언어학적 단위의 의미를 습득해야 한다고 생각한다. 하지만 그러한 삼분법적 구별을 할 수 있다고 해서, 그것이 정말 그만큼 가치가 있는 것인지를 돌이켜 봐야만 한다.

이 부분에 대한 연구가 더 필요하다는 것은 분명하다. 다행히 이러한 연구가 시작되고 있다. 예를 들어 컬럼비아 대학교 사범대학(Teacher's College, Columbia University)의 짐 퍼퍼라(Jim Purpura)의 학생들은 세 영역이 실제로 독립적인 구성 요소들인지에 대한 연구를 실시하고 있다. 그리고 그것들이 독립적인 구성 요소들이라는 결과가 나와도, 세 영역을 분리하는 것이 교육적 효율성을 강화하는지에 대한 의문은 여전히 남아있다.

세 영역은 다르게 학습된다.
(The Three Dimensions are Learned Differently)

조심스럽기는 하지만, 이 시점에서 나는 문법의 세 영역 모형이 의미를 지닌다는 것을 계속 주장하고 싶다. 나는 세 영역이 다르게 학습되며 그러므로 다르게 가르쳐야 한다고 생각한다. 예를 들어 연구 문헌의 여러 사례들에서, 특정한 현상이 습득되는 데 구체적인 사례가 거의 필요하지 않은 즉각적인 학습의 존재가 증명되었다. 의미론의 경우가 그러하다. 어휘적 단위 또는 문법 구조를 의미와 연상시키는 사례 몇 가지만으로도 가끔은 충분히 그러하다. 한번은 동료가 pear blossom의 일본어 단어를 한 번 보고 배웠다고 말했다. Pear blossom이 자주 나타나지도 않고 또 의사소통에 있어서 유용할 것 같지도 않다. 하지만 강한 의미 연결을 만들면 때때로 기억에 잘 남는다. 반면 나는 어떤 외국어를 배웠을 때 특정한 통사 순열을 계속 연습했어야 했다. 그러므로 형태에 관해서는 그것을 완벽히 습득하기 위해 여러 사례가 필요한 것 같다. 화용을 배우기 위해서 학습자들은 맥락에 대한 민감성을 길러야 하는데, 이는 연상 학습(associative learning)과는 다르다.

교수 연습 활동에서 특정한 기법들이 세 영역 중 어느 특정 한 영역만을 가르치는 데 효과적이라는 것은 이해가 된다. 역할놀이를 예로 들어 보자. 역할놀이는 화용론을 배울 때 이상적이다. 역할놀이의 변수들을 바꾸어 맥락과 대화 상대에 따른 변수들이 형태 선택에 어떻게 영향을 미치는지 학습자들이 보고 연습할 수 있기 때문이다. 이와 반대로 문법 구조의 의미와 형태를 가르치는 데에는 역할놀

참고 자료를 보려면 유뱅크와 그레그 (Eubank and Gregg, 2002)를 볼 것

이가 이상적이지 않다. 물론 특정 교수 활동을 선택하는 우리의 동기가, 학생들이 우리와 같은 목적으로 교수 활동에 참여하는 것을 보장해 주지는 않는다는 점은 항상 인정해야 할 사항이다.

마무리하기 전에, 형태를 통제하는 능력의 상당 부분이, 분석되지 않는 복합단어 연쇄나 관용어처럼 정형화된 형태들을 통제하는 것으로 구성되어 있다는 사실을 기억해야만 할 것이다. 이것들도 원그래프를 통해 분석할 수 있다 – 그리고 이제부터 나는 그렇게 해야 한다고 주장할 것이다. 예를 들어 앞에서 언급했듯이, *of course* 물론이라는 구를 아는 것은 그것의 형태, 의미, 화용을 아는 것이다.

세 영역의 중요성
THE IMPORTANCE OF ALL THREE DIMENSIONS

언어학에서(In Linguistics)

의사소통에서 사용되는 언어에 하나가 아닌 세 영역이 존재한다는 지식은 의사소통에서 언어에 대한 우리의 이해력을 증진시킨다. 이는 부르디외(Bourdieu 1991: 31–32)에서도 나타난다.

> 순수한 언어학적 질서의 자율성에 대한 환상은 언어의 적절한 사용을 위한 사회적 조건 비용에서 언어의 내적인 논리에 부여한 특권으로 주장되었다. 그런데 이에 대한 환상으로 인해 이후의 모든 연구들은 마치 기호 숙달이 적절한 사용을 숙달하기에 충분한 것처럼, 언어적 표현의 사용과 의미를 그것들의 형태적 구조에 대한 분석으로부터 유추해 낼 수 있는 것처럼, 또는 문법성이 의미 형성의 필요충분조건인 것처럼 진행되었다.

부르디외가 논의하고 있는 것처럼, 언어학자들이 최근까지 주된 관심을 두고 있던 것은 형태였다. 형태를 의미-발생적인 것으로 보는 인지언어학과 형태를 사회-기능적으로 발생한 것으로 기능언어학에 대한 관심은 최근 언어학자들이 취하고 있는, 언어를 확대된 시각으로 본다는 것을 나타내는 증거이다. 언어 형태에 있어서 연구되어야 할 것들이 많이 남아 있는 것도 분명한 사실이나 문법 구조를 형성하기 위해서 그에 대해 모든 것을 아는 것이 문법 교육의 필요성을 충족시키지는 않을 것이다.

언어 교육에서(In Language Teaching)

물론, 응용 언어학자들도 어느 한 쪽만을 선호하지 않는 것은 아니다. 언어 교육의 방법론들은 보통 이 세 영역의 하나 혹은 다른 요소를 강조하게 마련이다.

4.3

여러분에게 익숙한 언어 교수 방법론에 대해 생각해 보라. (혹은 라슨–프리만 Larsen–Freeman, 2000a를 참고하라.) 이제 각 교수 방법론에서 언어가 정의되는 방식에 대해 생각해 보자. 원그래프의 특정한 조각에만 집중하고 다른 영역들은 잠깐 언급 혹은 전혀 언급되지 않는 경우가 흔하다. 여러분들이 생각한 방법론들이 원그래프의 어느 부분을 강조하고 있는가? 또한 그것은 어느 부분을 무시하고 있는가?

세 영역에서 언어를 분석하는 것이, 교사들에게 이 모든 정보를 학생들에게 한 번의 수업으로 제공하도록 강요하는 것은 결코 아님을 분명히 밝혀 두는 것도 중요하다. 우리는 우리가 가르치는 언어에 대하여 모든 것을 가르칠 수 없으며 또 그렇게 해서도 안 된다. 이 장의 뒷부분에서 다시 언급하겠지만, 선택을 하는 것이 중요하다. 그러나 나는 어느 한 영역을 완전히 무시하면서 선택적으로 가르쳐야 한다고는 생각하지 않는다. 교사들은 무엇을 선택할지 알 수 있도록, 가르칠 내용 전반에 대해 알고 있을 필요가 있으며 앞의 원그래프가 그 전체를 시각화하는 좋은 도구가 될 수 있다고 생각한다.

언어학적 발견 원칙
A LINGUISTIC HEURISTIC PRINCIPLE

내가 언어학에서의 중요한 발견 원칙 중 연습 활동으로 사용했던 한 가지를 분명히 밝힐 때가 된 것 같다. 그것은 형태의 차이가 항상 의미나 화용에서 그 차이를 발생시킨다는 것이다. 이에 따르면, 공시적 사용에서 혹은 통시적 변화에 따라 원그래프의 형태 부분이 어떠한 방향으로 변화하면, 이는 남아 있는 두 개의 부분 중 하나 혹은 다른 하나의 변화에 영향을 미칠 것이다. 반대로, 의미 혹은 화용 부분이 변화할 경우, 그 변화는 형태 부분에 영향을 미칠 것이다. 이 체계는 **총체적인(holistic)** 것이다. 이것이 원그래프에서 각 부분들을 연결하는 양쪽 화살표가 나타내려고 하는 바이다. 문법이 역동적인 체계 – 내가 이 책에서 다루는 관점 – 라면, 이 체계의 각 부분은 서로 상호작용을 한다. 상호작용은 그것들이 시간에 따른 서로의 변화에 대해 영향을 미치며 이는 상호 결정적이라는 것을 의미한다 (반 기어트 van Geert, 1994). 예를 들어 *Nan*에 대한 두 가지 다른 형태의 문장을 생각해 보자.

I can't imagine Nan's doing such a thing.
나는 Nan이 그런 일을 한다는 게 상상이 안 돼.

I can't imagine Nan doing such a thing.
나는 그런 일을 하는 Nan이 상상이 안 돼.

첫 번째 문장에서, 's는 Nan이 동명사 *doing such a thing* 그런 일을 하-의 주어임을 나타낸다. 's 가 없는 두 번째 문장에서 Nan은 단순히 현재 진행 표현인 *doing such a thing* 그런 일을 하-로 한정된 문장의 목적어일 뿐이다. 몇몇 규범 문법학자들은 두 번째 문장을 동명사를 잘못 사용한 틀린 문장으로 생각할 것이다. 그러나 요즘의 많은 영어 화자들은 이 형태들을 완벽히 용인되는 것으로 생각한다.

우리의 원칙이 우리에게 보여 주는 것은 형태의 차이와 함께 의미의 차이도 동반된다는 것이다. 첫 번째 문장에서의 동명사는 이야기를 전체적으로 상상하게 하는 반면, 두 번째 문장에서는 분사가 따라오는 목적어를 이용해 초점이 이야기 전체가 아닌 Nan에게 먼저 맞추어져 있다. 둘의 차이점은 미묘하지만, 이것은 문법이 의미의 섬세한 빛깔을 표현하기 위해 형태들을 형성하는 것을 가능하게 하는, 매우 높은 수준의 정교한 도구라는 것을 보여 준다.

양과 고(Yang and Ko 1998)의 연구에서 대학의 ESL 교사인 팸(Pam)은 내가 방금 논의했던 구조인, 서법 조동사(modal)를 써서 의미의 빛깔을 나타내는 것에 대해 아래와 같이 말했다. 이 수업에서는 *You should get a call from him tonight* 너는 오늘 그에게 전화를 받아야 해. 라는 문장에 대해 논의하면서 서법 조동사에 대한 과제를 살펴보고 있었다. 팸의 학생인 리(Lee)가 "이 문장에서의 *should*의 사용은 흔한가요?"라고 물었다.

교사의 목소리

팸 Pam

팸이 대답했다: 맞아요. 나는 토플 수업을 듣는 학생들에게 'Oh, don't worry. You should do well in the test. You studied really hard, you should do a good job. 아, 걱정하지 말아요. 당신은 시험을 잘 볼 거예요. 열심히 공부했으니까, 잘할 거예요.'라고 말할 수 있어요. 'Or, you can say, You shouldn't have any problems finding a hotel. 혹은, 여러분은 호텔을 찾는 것이 어렵지 않을 거예요.' 라고 말할 수도 있죠.

그러자 리가 물었다: 'So the meaning of 'should' is similar to the meaning of 'must'? 그렇다면 'should'의 뜻이 'must'의 뜻과 비슷하다는 이야기인가요?' 'I know the 'must' can also be used to express certainty 저는 'must'도 확신의 정도를 나타낼 수 있다고 알고 있는데요.'

다음은 이 대화 이후의 팸의 반응이다.

기본적으로, 이 질문은 'should'와 'must'의 의미에 관한 것이다. 나에게 흥미로운 것은 리가 'must' 또한 확실성을 나타낼 수 있다고 말한 것이다. 왜 그가 'should'를 확실성을 나타내는 것으로 이해했을까? 'should'는 확실성과는 약간 다른 것이다. 가능성이 높거나 낮거나 하는 확실성의 정도 차이로 오해할 수 있다. 교사는 학생들이 이미 이끌어 낸 결론이 있다는 점에 주의를 기울이고 그러한 혼동을 언급하는 데 있어 조심스러울 필요가 있다. 'also'라는 단어 역시 나를 두렵게 한다. "음, (나는 혼자 생각한다) 좀 이상한 결론을 내렸네요."

양과 고(Yang and Ko)가 언급한 것처럼, 팸의 생각에는 중요한 점이 두 가지 있다. 먼저 팸은 영어 서법 조동사 *must* 와 *should* 의 의미에 대한 명시적 지식을 보여 준다. 덧붙여 팸은 질문을 통해 학생이 정확히 무엇을 혼동하는지를 짚어내면서, 그녀가 학생의 사고 과정을 이해하고 있다는 것을 보여 준다. 다르게 말하자면 팸은 리의 혼동을 이해하고 리의 학습상의 어려움을 정의할 수 있는, 리와의 상호 주관성(intersubjectivity)[8] 단계에 도달했다는 것이다.

학습 난관에 대해 정의하기
DEFINING THE LEARNING CHALLENGE

교사들이 중요시 해야 할 책임에는 학생들에게 제시하고 싶은 것들을 선택하는 것이 있다. 모든 것을 보여 주는 것은 불가능하며, 교사들에게 무제한의 시간과 해당 언어에 관한 모든 지식이 주어졌다고 해도 우리가 앞선 장에서 살펴본 바와 같이 언어는 계속 변화하기 때문에 여전히 모든 것을 가르칠 수는 없다. 그 대신에 우리는 학생들과 함께 공부하려는 것들을 선택하는 데 신중해야만 한다. 이것과 관련하여 원그래프와 더불어 적용되어야 하는 중요한 원칙을 제시하려고 한다. 나는 이것을 난관 원리(challenge principle)이라고 부른다.

이 난관 원리에 따르면 세 영역 중 하나는 거의 항상 언어 학습자들에게 장기적으로 큰 난관이 된다는 것이다. 어떠한 언어에서든 언어의 세 영역 모두가 존재한다는 것을 기억하는 것이 중요하다. 언어를 형태와 의미와 화용으로부터 분리하는 것은 불가능하다. 그러나 교수법적인 이유 때문에 학생에게 전체 안에서 하나의 영역에 집중하도록 하는 것은 가능하다. 물론 모국어나 목표 언어의 숙달도와 같은 학습자의 특성에 따라 즉각적으로 나타나는 학습 난관은 전체적인 장기적 학습 난관과 다를 수 있다. 그러나 모든 학생들을 대상으로 어떠한 영역이 그들에게

---

8 역자 주: 내가 보는 견해와 타인이 보는 견해의 일치 정도를 말하는 것으로, 서로 간의 이해도가 높으면 상호 주관성이 높은 것이다.

 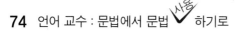

가장 큰 장기적 난관이 될 것인가를 예측할 수 있으며, 난관을 대체적으로 잘 이해하고 있으면 어디에서 시작할지를 알 수 있고 장기적인 난관에 대해서도 일관된 접근법을 취할 수 있기 때문에 중요하다.

이러한 원칙과 그 중요성을 보이기 위해 영어의 피동태를 생각해 보자. 먼저 우리는 피동태에 대한 원그래프 분석을 실시해야 한다. 그것은 다음과 같은 것이 될 것이다.

그림 4.3 영어 피동태의 형태, 의미, 화용

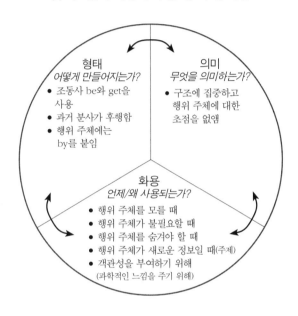

다음 단계는 장기적 학습 난관이 어떠한 영역에 존재하는지를 우리 자신에게 묻는 것이다. 그것은 피동형을 어떻게 만드는지, 그것이 무엇을 의미하는지, 혹은 그것을 언제 사용하는지를 배우는 것인가? (물론 우리가 반드시 세 영역을 모두 가르칠 필요는 없다고 해도, 학생들은 이 세 가지를 모두 배워야만 할 것이다.) 각각의 부분이 제시하는 학습 난관을 살펴보자.

내가 앞에서 말한 것처럼 학생들은 피동형을 어떻게 만들어야 하는가를 배워야 하지만 이것은 그렇게 어렵지는 않을 것이다. 영어에서 피동형은 아주 흔한 *be*와 *get* 동사로 만들어지며 피동형을 배울 때쯤에는 학생들이 그것들을 올바르게 활용하는 법을 배웠을 것이기 때문이다. 마찬가지로 피동형을 만드는 것은 학생들이 이미 이전에 접한 적이 있을 형태인 과거분사의 사용을 요한다. 이런 것들이 학생들이 다양한 시제와 동사의 형태 조합을 가진 피동형으로 인해 고생하지 않을 것이라는 의미는 아니다. 다만 그 조합이 규칙적이기 때문에 대처할 수는 있다는 것이다.

또한 피동형의 의미는 배우기가 그리 어렵지는 않을 것이다. 모든 언어는 발화에서 초점을 바꾸는 방법을 가지고 있으며, 피동형은 영어에서 이러한 초점을 행위의 주체에서 객체로 바꾸는 역할을 하기 위해 존재한다.

이제 화용의 영역이 남았다. 사실, 내 경험에서 가장 큰 난관은 보통 피동형을 적절하게 사용하는 것을 배우는 것이었다. 거의 비슷한 뜻을 가진 문장에서 언제 능동태 혹은 피동태를 사용할 것인가를 학습하는 것은 어마어마한 난관이다. 예를 들어, 다음의 짧은 지문을 완성하는 데에 있어서 능동태(a)와 피동태(b) 중 어느 것을 사용하는 것이 더 좋을까?

Some of the Olympic athletes from the smaller countries such as Korea and Romania, were truly remarkable. In fact,
한국이나 루마니아와 같이 작은 나라에서 출전한 몇몇 올림픽 선수들은 정말 주목할 만하다. 사실상,

(a) the Romanians won three gold medals in gymnastics.
이 루마니아 선수들이 체조 부문에서 세 개의 금메달을 획득했다.

(b) Three gold medals in gymnastics were won by Romanians.
체조 부문에서 세 개의 금메달이 루마니아 선수들에게 돌아갔다.

athletes from Romania 루마니아 선수라는 개념은 이미 제시되었다. 따라서 이미 알려진 행위의 주체들을 그 다음 문장에서 주어로 자연스럽게 사용된 (a)가 더 좋은 답이라고 할 것이다.

그러나 첫 번째 문장이 금메달에 관한 것이었다면 *the Romanians*는 알려지지 않은 행위 주체이며, 두 번째 선택인 (b)로 지문을 완성하면 더 나을 것이다.

Many medals were awarded to athletes from smaller countries. In fact, three gold medals in gymnastics were won by the Romanians.
많은 금메달이 작은 나라에서 온 선수들에게 수여되었다. 실제로, 체조 부문에서 세 개의 금메달이 루마니아 선수들에게 돌아갔다.

피동형에 관한 학습 난관이 실제 화용의 측면에서 나타나는 것이라면, 교육 현장에 흔히 이루어지는 교수 방식으로 피동태를 능동태 문장의 변형으로써 학생들에게 제시하는 것은 어떤 문제가 있을까?

Romanian athletes won three gold medals.
루마니아 선수들이 세 개의 금메달을 획득했다.

Three gold medals were won by Romanian athletes.
세 개의 금메달이 루마니아 선수에 의해 획득되었다.

문제는 많다. 먼저, 능동형의 변형으로 피동형을 제시하는 것은 능동형에서 피동형이 파생되는 것이라는 것을 암시한다. 이것은 사실이 아니다. 더 심각한 것은 그것들이 상호 교환될 수 있다는 것을 암시한다는 것이다. 이것은 절대 사실이 아니다. 이 둘의 사용은 완전히 다른 이유들에 의해 발생하며 각각을 언제 사용해야 하는가가 학생들에게 학습 난관인데, 이처럼 그들을 오해하게 만드는 것은 도움이 되지 않는다. 마지막으로, 이러한 접근은 피동형 문장에서 by 뒤에 행위 주체가 오는 것이 매우 흔하다는 인상을 준다. 이것은 사실이 아니다. 사실 피동형 문장의 15% 정도만이 주체를 포함한다.

따라서 우리가 학생들에게 피동형을 처음으로 소개한다고 하더라도 그들이 처하게 되는 궁극적인 학습 난관이 무엇이 될 것인가 하는 것은 우리에게 나아가야 할 방향을 제시하므로 언제나 이를 기억하는 것이 중요하다. 피동형을 능동형의 변형으로 제시하는 것이 암시하듯이 피동형이 갖는 궁극적인 난관은 형태가 아니다. 그것이 문법적 형태이기는 하지만, 학습 난관이 되는 것은 형태가 아니다. 피동형에 관한 예는 우리가 학습자들이 처하는 학습 난관에 대해 충분히 이해하고 있어야 함을 잘 보여 준다고 믿는다. 그리고 물론 우리가 학생들을 특정 활동에 참여시켰을 때 그들이 겪을 난관을 잘못 예측한 경우에는 다른 것으로 대체할 수 있도록 준비해야만 한다.

4.4

다음의 영어 문법 구조들을 생각해 보자. 어떻게 형성되는지, 무엇을 의미하는지, 혹은 비슷한 의미를 가진 다른 구조를 언제 또 왜 사용하는지 중에서 어느 영역이 가장 큰 난관이 될 것이라고 생각하는가?

    (a) 현재완료 "시제"
    (b) 구동사
    (c) 간접화법
    (d) 강조어로서의 too와 very

요점은 분명하다. 우리가 형태를 다루기는 하지만, 우리에게 가장 장기적인 난관이 되는 것이 언제나 형태는 아니라는 것이다.

전문성 발달을 목표로 원그래프 사용하기
USING THE PIE CHART FOR PROFESSIONAL DEVELOPMENT PURPOSES

세 영역 모두를 다루기에 자신의 지식이 부족하다는 것을 깨닫게 되면 처음에는 실망스러울 수 있다. 그러나 독자들이 너무 부담스럽게 느끼는 것은 내 의도와는 분명히 반대되는 것이다. 그 대신 우리가 언어를 가르칠 때에는 항상 세 영역 모두를 채울 수 있어야 한다는 것이 중요하다고 인식하는 것만으로 충분하다. 원그래프의 특정한 부분을 채울 수 없다는 것은 우리가 우리 자신의 이해의 빈틈을 채우기 위해 무엇에 힘을 기울여야 하는가에 대한 방향을 제시하는 데 도움이 될 수 있다. 나는 이것이 나의 전문성 발달에 분명히 적용된다는 것을 알았다. 나는 특정한 구조에 대해 내가 아는 것을 원그래프의 각 부분에 배치하려고 시도했는데, 그 결과 내가 말할 수 있는 것이 거의 없는 부분도 있다는 것을 발견했다. 이것은 내가 나 자신의 지식 공백을 채우기 위하여 해야 할 연구들이 있다는 것을 깨닫게 했다.

가끔 모국어가 아닌 언어를 가르치는 비원어민 교사들에게 원그래프에 대해 이야기하면 그들은 대부분 원그래프의 화용 부분에 대해 절망감을 느낀다. 그들은 원어민들이 가지는 직관이 부족하고 또 그들 자신도 반드시 문법의 화용론에 대해 배운 것이 아니기 때문에 그들은 그들이 자신들의 학생들을 잘 지도할 수 없을 것이라고 생각한다. 물론 그러한 기분은 이해할 수 있다. 그러나 그들이 실제로는 구조를 지배하는 화용론적 관습들에 대해 암시적으로라도 많이 배웠다는 사실을 알게 된다면 마음이 좀 편안해질 것이다. 게다가 일단 문법 사용하기가 구조를 어떻게 만들며 그것이 무엇을 의미하는지에 덧붙여, 언제 그것을 사용하는가를 아는 것까지 포함한다는 사실을 받아들인다면 더 이상의 방법은 없다. 이제는 각자의 주제에 대해 항상 배워야 할 것이 있음을 받아 들여야만 한다.

다음은 일본에서 외국어로서의 영어를 가르치고 있던 브리티시 컬럼비아(British Columbia) 출신의 교사 신디 건(Cindy Gunn 1997: 60)이 언급한 것이다.

교사의 목소리

신디 건
Cindy Gunn

이 보고서는 내가 외국어로서의 영어를 배우는 학생들을 가르칠 때 회화 수업에서 문법 교수 목표를 실현하기 위해 준비한 작업 중 실제로 도움이 되었던 방법에 대한 것이다. 이 방법은 다이앤 라슨-프리만(Diane Larsen-Freeman)이 제시한 것처럼 원그래프를 통해 문법을 살펴보고 학생들이 가지는 학습 난관들을 정의하는 것이었다. 원그래프는 내가 학생들을 돕기 위해 준비한 것이나 교사인 나 스스로도 배울 수 있는 계기가 되었다. 나와 아마 다른 교사들을 위해서도 이것은 원그래프가 가진 가장 유용한 부분일 것이다. 존 카튼 다나(John Cotton Dana)는 이를 다음과 같이 표현하였다. "가르치고자 하는 자들이 배우는 것을 감히 멈추어서는 안 된다."

내 생각에는 Dana의 말은 경고인 동시에 다짐인 것 같다.

추천 자료

인지주의 언어학자와 기능주의 언어학자들은 문법 구조의 의미와 화용 영역에 관심을 갖는다. 인지적, 기능적 접근에 대한 좋은 입문서로는 토마셀로(Tomasello 1998)에서 찾을 수 있다. 이것은 몇몇 선구자적인 인지 언어학자들이 쓴 논문들을 엮은 것이다. 할리데이(Halliday 1994)와 랑애커(Langacker 1987; 1991) 역시 이 범주에 적합하다. 또한 셀체-무르시아(Celce-Murcia)와 라슨-프리만(Larsen-Freeman 1991)에서는 형태, 의미, 화용의 관점에서 영어의 주요 문법 구조들을 분석했다. 라슨-프리만(Larsen-Freeman 2001)은 이 세 영역에 관한 추가적인 교육적 제언들을 포함하고 있다.

5

규칙과 이유
RULES AND REASONS

문법 규칙과 이유
GRAMMAR RULES AND REASONS

문법과 규칙은 학습자와 교사에게 모두 의심의 여지가 없는 동의어다. 사실 대부분의 사람들에게도 마찬가지이다. 물론 이것은 새삼스러울 것이 없다. 언어학자들은 규칙에 관해 가설을 세우고, 이론가들은 규칙을 강조하고, 응용 언어학자들은 규칙을 기록하거나 해석하며, 교재에서는 규칙을 동원하고, 교사들은 규칙을 제시하고, 학생들은 규칙을 외우기 때문이다. 문법과 규칙의 조합이 지금까지 효과를 거두었으므로 이 둘 간의 관계는 강력하다고 말할 수 있는 것이다.

규칙은 한 언어 내에 있는 형태−통사적 규칙성에 대한 일반화를 이끌어 냄으로써 언어 학습에 기여를 해 왔다. 이를테면 독일어 종속절에서 한정동사(finite verb)는 절의 끝에 온다는 규칙과 같은 것이다. 그런 규칙들은 학습자에게 도움이 되는 일반화를 대표한다. 예를 들어, 스페인어 학습자들에게 남성 명사는 −o로 끝나고 여성 명사는 −a로 끝난다고 알려 주는 것과 같다. 규칙은 또한 교재 개발자들이 언어의 "적당한−범위"의 분량을 가지고 작업을 할 수 있도록 하여, 학생들이 해당 목표 언어의 문법을 순서에 맞게 체계적으로 다룰 수 있도록 도와준다. 규칙은 언어 학습자에게 약간의 안정감을 제공한다. 즉 낯선 언어라는 거대한 소음의 홍수 속에서 붙들고 의지할 수 있는 무언가를 학습자들에게 주는 것이다. 마지막으로, 규칙의 제공자 즉 교재와 교사에게 일정한 정도의 권위도 부여한다.

5.1

규칙은 여러분의 언어 학습이나 교수에서 유용했습니까? 언어 교수에서 규칙을 어떻게 다루고 있습니까? 규칙을 학생들에게 그냥 제시합니까, 아니면 학생들이 규칙을 알아내도록 합니까? 당신은 규칙을 명시적으로 설명합니까, 아니면 학생들이 규칙을 명시적으로 설명하도록 만듭니까? 학생들에게 명시적 규칙을 외우게 합니까? 학생들이 규칙을 가지고 연

대부분의 언어 교사들이 어떤 방식으로든 문법을 다룬다, 설사 그 규칙이 형식적인 메타언어적 용어로 기술되지 않더라도. 그리고 대부분의 학습자들은 규칙을 배우는 학습에 대해 만족스러워한다. 매사추세츠에 있는 한 고등학교에서 영어를 가르치고 있는 제니퍼 모나한 로카가 규칙에 대해 자신이 경험한 사례를 다음과 같이 전했는데, 이는 많은 교사와 학습자들에게 해당되는 이야기이다.

교사의 목소리

제니퍼
모나한 로카
Jennifer
Monahan Roca

> 한번은 어떤 학생이 나에게 "왜 'more easy'라고 쓸 수 없나요?"라고 물었어요. 내 대답은 특정 형용사들은 "more" 대신에 "-er"를 붙여야 된다는 것이었지요. 그 학생은 이 말을 이해했지만, 그 이유를 알고 싶어 했어요. 나는 그 학생에게 이유는 모른다고 말해야 했어요. 나는 문법책을 찾아보고 단음절 형용사와 -y로 끝나는 2음절 형용사는 모두 "-er"를 취하거나 "-ier"로 끝난다는 것을 알아냈어요. 그 외의 2음절 이상 형용사들은 모두 "more"를 취한다는 것도 알았어요. 내가 이것을 그 반 다른 학생들에게 설명해 주었더니 학생들이 모두 놀라워 했어요. 나는 학생들의 머리 속에 전등이 켜지는 것처럼 순간적으로 무언가를 깨우쳤다는 것을 알수 있었어요. 그래서 나는 규칙에 대해 그 이유를 알려 주면 학생들이 그 언어에 대해 자신감을 더 갖게 된다고 진심으로 느끼고 있어요.

나도 제니퍼의 경험에 공감한다. 나도 내 학생들의 머리에 전등이 켜지는 것을 보았다. 내 학생들이 깨우치는 것을 지켜보는 일은 가르치는 데서 겪을 수 있는 가장 고무적인 순간들 중 하나이다. 그리고 학생들에게 규칙을 제공하는 것은 실제로 언어적 현상에 대한 일종의 해답을 제공하는 것이며, 이는 머리 속 전등을 켤 수 있는 것이다. 그러나 이 장의 제목에서 그랬듯이, 내가 '규칙'과 연관해 '이유'라는 단어를 사용할 때 나는 언어에 대한 일반화보다 좀 더 깊은 어떤 것을 염두에 두고 있다. 영어 형용사의 -er 과 more에 대한 규칙은, 그 언어가 작동하는 방식에 대한 중요한 그러나 변하고 있는 일반화를 포착하지만, 그 언어가 왜 이런 방식으로 되는지는 설명하지 못한다.

규칙의 이유
THE REASON FOR THE RULE

어쩌면 내가 성격상 호기심이 많아서인지도 모르겠지만, 나는 언어에 대해 항상 궁금한 점이 있었다. 결국 언어를 이해하는 것을 내 평생의 작업으로 만들었다. 그러나 내가 생각하기에, 학습자들은 단순히 규칙을 아는 것뿐만 아니라 그 규칙이 왜 존재하는지를 아는 것도 중요하다. 어떻게 언어가 존재하게 되었는지를 말하는 것이 아니라 규칙에 내재하고 있는 "이유"를 말하는 것이다. 규칙은 *어떻게*에 관한 이야기이고 이유는 *왜*에 관한 이야기이다. *어떻게*에 내재하고 있는 *왜*를 이해한다면 문법이 현재 인정받고 있는 것보다 훨씬 더 합리적이라는 것을 이해하게 될 것이다. 학습자들이 이유를 아는 것이 중요하다고 생각하는 것은, 그러한 지식이 힘을 발휘하기 때문이다. 그것은 언어 습득을 덜 기계적이게 도와준다. 결국 우리 학습자들은 생각하는 인간이다. 왜 그들의 인지 능력을 일깨워서 그들이 상대하고 있는 언어에 더 몰입하게 하고 호기심 어린 태도를 계발하게 도와주지 않는가?

더구나 규칙은 언어 형식에 대한 일반화에 제한되기도 하지만 문법 형태는 의미와 용법을 가지고 있어서 학생들은 이것도 역시 배워야 한다. 그리고 언어에 유창한 화자들은 특정한 의미를 표현하려고 할 때 형태에 대한 규칙을 뛰어넘기도 하고 화용상의 특정한 제약에 영향을 받기도 한다. 만약 제2 언어 학습자가 어떤 규칙이 존재하는 이유를 안다면, 그 언어에 유창한 화자들과 마찬가지로 의미와 용법을 살리기 위해 그 규칙을 언제 "위반"해도 되는지 역시 알 것이다. 예를 들어, 앞에서 보았듯이 영어에서 상태 동사에 현재 진행형을 쓰면 안 된다는 규칙이 있지만, 실제로 써도 된다는 것을 학습자들은 알 것이다. 영어 문법의 한 규칙은 상태 동사에 진행형을 쓰는 것을 금지한다. 그 규칙의 '이유'는, 진행형이 나타내는 과정은 보통 변화를 동반하는데 상태 동사에 내재되어 있는 불변성이 이와 의미적으로 충돌하기 때문이다. 따라서 영어에서는 다음의 문장을 허용하지 않는다.

  * He is owning a car.

이 문장이 허용되지 않는 이유는 영어에서 소유권은 불변의 상태로 여겨지기 때문이다. 물론 그는 자기 차를 팔 수도 있고, 그럴 경우 그는 더 이상 그 차를 소유하지 않게 된다. 그러나 위 문장을 말하는 순간에 소유권은 상태로 인식된다.

그러나 어떤 상태들은 현재진행형으로 해석될 수 있는데 특히 동사의 주어와 목적어 사이의 관련성 정도에 변화가 있을 수 있음을 가정할 경우에 그렇다. 따라서 *'love* 사랑하다'도 영어에서 상태 동사로 분류되나 영어 화자들이 나음과 같이 말할 수 있다.

I am loving this class.

이것이 가능한 이유는 화자들이 주어−목적어 관계의 변화하는, 그리고 강화되는 의미의 본질을 전달하려고 했기 때문이다. 변화를 가정한다면 진행형과 상태동사 사이의 의미적 충돌은 사라진다.

규칙의 이유를 알면 언어 학습자들은 다른 언어 화자가 사용하는 논리에 대해서도 이해할 수 있게 된다. 규칙의 이유를 아는 것은 학습자들이 그 화자들이 보는 방식으로 세계를 볼 수 있게 도와준다. 이는 학생들이 언어를 내재화하는 것을 용이하게 할 뿐 아니라 세계 속의 차이를 이해하는 데 기여한다. 다시 말해, 학생들이 다양한 세계관, 다른 언어 화자들이 그 세계에서 경험을 쌓아가는 다양한 방식을 이해하게 도와준다. 어떤 학습자들에게는 문화적 이해를 강화할 기회를 제공할 것이며, 이는 그 학습자들이 언어를 배우는 목적이자 보상이 될 수도 있다.

언어 교수와 학습에서 규칙이 차지하는 위상을 인정하는 데에 나는 신중한 태도를 취하는 한편, 문법을 엄격하게 규칙과만 연관시킬 경우에도 문제점이 있다고 생각한다. 규칙은 언어 형식에 대한 정적인 기술, 즉 언어 형식에 대한 규정(prescriptions)/금지(proscriptions)이지만, 사실 문법은 결코 정적이지 않다. 게다가 규칙이 포착하고자 하는 일반화들은 예외를 방지할 수 있을 만큼 광범위하지 않다. 이는 반드시 규칙이 잘못 만들어졌다는 사실 때문이 아니다. 오히려 문법이 유동적이어서 새로운 의미 표현을 허용하기 때문일 것이다. 인간이 의미를 만들어내는 존재이므로 이는 문법이 갖는 필수불가결한 특성이기도 하다.

언어학자 존 하이만(John Haiman 1985: 260)은 아래와 같이 지적하였다.

> 물리학 규칙(laws of physics)과 언어 규칙(law of language) 사이의 근본적인 차이에 주목한다. 중력 법칙(law of gravity)은 용법에 의해 수정되지 않는다. 공을 공중에 아무리 많이 던진다고 해도 그 공은 같은 가속력으로 땅에 떨어질 것이다. 반면에 문법 규칙(rules)은 용법에 의해 수정된다 (즉, 언어 변화) …

마지막 문제는 언어학적 문제가 아니다. 그것은 권력의 분배와 억제와 관련이 있는 정치적인 문제이다. "누가 규칙을 소유하고 있는가?", "누가 규칙을 만드는가?"라고 물을 수 있다. 이 질문에 대한 답은 "언어 학습자"가 아니다. 우리가 우리 학생들이 그 언어를 소유하고 있다고 느끼기를 진심으로 원한다면 이는 문제가 된다. 이 문제에 대한 한 가지 해결책은, 언어 학습자들이 자신들이 공부하고 있는 언어의 내적 논리를 이해해서 그들이 표현하고 싶어 하는 의미를 정확하고 적절한 방식으로 자유롭게 표현할 수 있도록 도와주는 것이다.

이유를 통해 규칙의 자의성에 맞서기
COUNTERING THE ARBITRARINESS RULES THROUGH REASONS

형태 규칙은 종종 학생들에게 무미건조하고 자의적으로 느껴지곤 한다. 영어 규칙의 한 예로 존재의 *there*가 문장의 주어 자리를 차지할 때 동사 뒤에 나오는 명사구(논리적 주어)의 한정사(determiner)는 다음과 같이 반드시 비한정적이어야 한다.

> There is a snowstorm coming.
> 눈보라가 오고 있어.

달리 말해, 이 규칙에 따르면 존재의 *there*는 대리 주어 역할을 하고 있기 때문에 이 문장에서 *snowstorm*은 비한정사 *a*를 필요로 한다.

5.2

'snowstorm 눈보라' 앞에 a를 써야 한다고 하는, 언뜻 보기에 자의적인 이 규칙이 내재되어 있는 이유를 알아낼 수 있겠는가?

자, 언뜻 생각하면 이 문장에서 비한정 관사를 쓰도록 하는 규칙은 무미건조하고 자의적으로 보일 수 있다. 마치 복잡한 조건들이 뒤얽힌 결과처럼 보인다. 그러나 해답은 전혀 자의적이지 않다. 앞 장에서 내가 지적했듯이, *there*의 기능은 새로운 정보, 즉 담화에 최초로 소개되는 정보를 소개하는 데 있다. 이 경우에는, 눈보라가 온다는 것이 새로운 정보이다. 그리고 영어에서 새로운 정보는 비한정사로 표시한다. 누군가가,

> There is the snowstorm coming.
> 그 눈보라가 오고 있어.

이라고 말한다면, 그 사람은 듣는 이에게 특정한 눈보라(즉, 우리는 덴버에 차로 갈 계획을 세우지 않는 게 좋을 거야. 눈보라가 오고 있다는 걸 잊지 말라고)를 상기시키고 있을 것이며 이 눈보라는 새로운 정보가 아닐 것이다. 또는 멀리서 눈보라가 몰려오고 있는 것을 지각할 수 있다면 누군가가 다음과 같이 말할 수도 있을 것이다.

There is the snowstorm coming.
저기 그 눈보라가 온다.

그러나 이 경우에 *there*는 강세를 받으므로 그 형식의 변화로 인해 그 의미가 달라졌다는 점에 주의해야 한다. 이 문장에서 *there*는 존재의 *there*가 아니라 장소 부사 *there*이다. 우리가 이를 알 수 있는 것은 이 문장에서 *there*가 강세를 받았을 뿐 아니라 이 문장은 눈앞에 다가오는 눈보라를 가리키는 동작을 틀림없이 수반할 것이기 때문이다.

나는 형태에 기초한 규칙의 이유를 이해하는 것이 영어 학습자들에게 도움이 될 것이라고 확신한다. 이 경우에는 *there*의 기능이 담화에 새 정보를 소개하는 것이고, 이 기능 때문에 영어에서는 술어 속 정보가 새로운 정보로 표시되어야 한다는 점을 이해하는 것이 도움이 될 것이다. 그러나 모두가 나의 주장에 동의하지는 않을 것이다. 매사추세츠에서 초급 ESL를 가르치고 있는 모니카 플로이드가 규칙과 이유에 대해 이야기하는 것을 들어 보자.

교실에서의 내 경험과 내 자신의 L2 습득 과정에 비추어 볼 때, 문법 규칙과 그 예외를 인식하는 것은 언어 이해와 산출의 핵심이다. 규칙에는 이유가 있고 그 언어에 논리가 있다는 점은 확실히 인정한다. 그러나 현재 시제에 삼인칭 단수 "s"가 있다는 사실을 확장시키는 것에 무슨 의미가 있을까? 초급자들은 규칙만 알게 하고, 이유는 고급자들을 위해 남겨 두라.

모니카 플로이드
Monica Floyd

나는 모니카의 입장을 이해한다. 미 중서부의 한 대학교에서 고급 영어를 가르치는 캐스린 Kathryn도 비슷한 논지를 펴고 있다. 그녀는, "문법에 대해 이야기할 때 학생들에게는 그것을 어떻게 사용하느냐보다는 왜 그것을 사용하느냐가 중요하다고 생각한다. 적어도 이 단계에서는 그렇다"(존스톤과 괏슈 Johnston and Goettsch 2000: 456).

언어 교수에서 이유 사용하기
USING REASONS IN LANGUAGE TEACHING

그럼에도 불구하고 나는 학생들이 어떤 사물이 왜 그 상태가 되었는지 그 이유를 이해하도록 도와주는 것이 사물이 어떻게 그 상태가 되었는지를 보여 주는 것만큼이나 문법 교수의 중요한 일부라고 생각한다. 물론 초급반과 고급반에 들어가 강의를 하듯이 규칙에 대해 그 이유를 강의하려는 것이 아니다. 그러나 그 이유가 내가 교사로서 고를 수 있는 선택 사항에 어떤 것들이 있는지 알려 줄 뿐이기는 하나 모든 단계의 언어 교수에 포함될 자격은 된다고 본다.

예를 들어 내가 초급자들에게 *there*를 가르친다면 나는 *there*의 기능이 분명하게 드러나도록 활동을 선택하거나 만들 것이다. 따라서 there가 새로운 정보를 소개하고 이 새로운 정보는 비한정 관사로 표시된다는 것을 아는 것은 잘못된 방식으로 *there*를 가르치지 않게 도와줄 것이다. 잘못된 방식은 이를테면 그림을 가지고 가서 교실 앞에 붙여 놓고 학생들에게 그림 속에서 찾을 수 있는 것에 대해 *there*를 가지고 문장을 만들라고 하는 식이다. 이 활동이 잘못된 것은, 교사와 학생들이 동일한 그림을 보고 있지만 *there*의 기능 즉 새로운 정보를 소개하는 기능은 나타나지 않기 때문이다. 나는 학생들로 하여금 이 활동을 통해 *there*가 있는 문장 형식을 연습하게 할 수 있지만, 그 구조의 용법을 잘못 보여 주고 있는 것이다. 반면, 비슷하지만 똑같지는 않은 그림 2장을 사용해서 학생들이 한 쪽 그림을, 교사로서 내가 다른 쪽 그림을 보게 한다면, 우리는 그림을 묘사하고 그 둘 사이의 차이를 발견하려고 하면서 *there*가 들어간 문장을 사용해 적절히 새로운 정보를 소개할 수 있을 것이다.

이 활동에 대한 후속 활동으로, 학생들로 하여금 두 명씩 짝지어서 두 개의 다른 그림을 비슷한 방식으로 대조해 보도록 할 수 있다. 나는 이 두 활동을 끝마칠 때 의식 상승(conscious-raising) 활동을 할 수 있다. *there*의 기능이 새로운 정보, 즉 청자와 독자가 모르고 있던 정보를 소개하는 것이며 이 구조와 연계되어 쓰이는 모든 문법 형태들이 이 기능을 뒷받침한다는 점을 지적하거나 학생들 스스로를 이끌어낼 수 있게 하는 것이다. 내가 볼 때는 이런 방식을 통해서 *there*를 더 만족스럽게 가르칠 수 있고 *be* 동사 뒤에 오는 명사구의 형식을 지배하는 규칙의 자의성을 약화시킬 수 있는 것 같다.

형태에 기초한 규칙의 "위반"을 설명하기
ACCOUNTING FOR "VIOLATIONS" OF FORM-BASED RULES

나는 모니카의 논지를 받아들이기는 하나 분명한 것은 영어에는 주먹구구식이기는 하나 경험에 근거한 규칙으로서 특히 초급자들에게 유용한, 형태에 기초한 일반화를 포착하는 규칙들이 있다는 것이다. 그녀가 말했듯이 영어 학습자들이 교수 초기에 배우는 단순하고 유용한 규칙으로 주어-동사 일치 규칙이 있다. 많은 다른 언어에서처럼 영어에서는, 동사의 수와 인칭이 주어와 일치해야 한다. 물론 영어에서 이 규칙은 be 동사를 제외하면 현재 시제에만 적용된다. 그러나 be 동사를 초급자들에게 보통 가르치기 때문에 주어-동사 일치 규칙을, 평서문이나 동사 어형변화표 같은 형식으로 학생들에게 제공하는 것이 일반적이다.

I am here.   내가 여기 있다.
He/She/The cat is here.   그/그녀/그 고양이가 여기 있다.
We/You/They/The cats are here.   우리/너/그들/그 고양이들이 여기 있다.

다시 말하지만 나는 이 연습의 현명함에 의문을 제기하지 않는다. 나 자신도 언젠가 했던 방식일 것이다. 그러나 나는 학생들에게 형태에 기초한 결정론적인 규칙 또는 어형변화표만 제공할 경우의 결과를 보여 주고 싶다. 학생들은 언젠가 다음과 같은 문장을 듣거나 읽게 될 것이기 때문이다.

Ten miles is a long way to hike.   10마일은 하이킹하기에 먼 거리이다.

이 문장에서 단수 동사 앞에는 명백히 복수인 주어가 나온다. 그리고,

My family are all coming for dinner.   우리 가족이 모두 저녁 먹으러 온다.

이 문장에서는 명백히 단수인 주어 다음에 복수 동사가 따라 나온다.

이런 문장들을 통해 형태에 기초한 절대적 규칙이 암시하는 것보다 단복수 체계가 더 유동적임을 알 수 있다. 물론 위의 두 문장은 모두 완벽하게 맞는 것이다. 그 문장들을 이런 형식으로 쓴 것은 화자가 '10 miles 10마일'은 한 번의 하이킹에 포함되는 것으로 봐서 단수 개체로 보았으며, 반대로 가족은 개인의 집합으로 보았다는 것을 말해 준다. 그러므로 이렇게 의미적인 이유가 형태 제약을 종종 뛰어넘을 수 있다.

5.3

영어의 보고 화법이나 간접 화법에는, 목적어절의 동사가 주절의 동사와 같은 시제를 갖도록 하는 시제 조화나 시제 일치의 규칙이 있다.

The man **said** that the weather **was** going to be good.
그 남자는 날씨가 좋아질 거라고 말하였다.

이 규칙은 대체로 지켜지지만 특정 목적을 위해서 "위반"되기도 한다. 다음 문장을 산출한 영어 화자의 의도가 무엇이라고 생각하는가?

He said that you divide the numerator by the denominator.
그는 분자를 분모로 나누라고 말했다.

He said that his name is Paul.
그는 자기 이름이 폴이라고 말했다.

She mentioned that she will be taking the day off today.
그녀는 오늘 하루 쉬겠다고 말했다.

많은 교사들이 자기 학생들에게 마지막 예문을 들어 다음과 같이 영어에서는 형용사가 명사 앞에 온다고 말한다.

The yellow field   노란 들판

다시 말하면 이것은 주먹구구식이기는 하나 경험상 유용한 법칙으로, 다음과 같이 모국어에서 형용사가 수식하는 명사 뒤에 오는 학생들에게 특별히 유용한 법칙이다.

*The field yellow   *들판 노란

그러나 영어에서도 형용사가 수식하는 명사 뒤에 올 수 있다.

The field yellow with goldenrod   미역취로 노랗게 물든 들판

우리는, 명사 앞에 오는 형용사가 들판의 특징적이고 영구적인 특성을 가리키는 반면, 명사의 뒷자리는 특정한 원인에 의해 야기된 보다 일시적인 특성을 묘사하는 형용사를 위해 마련된다고 이해한다.

물론 이 모든 논지의 핵심은, 규칙이 결정론적 방식으로 기술되고 이해되는 경향이 있으나 모든 경우에 실제로 적용되는 것은 아니더라도 많은 규칙들이 의미를 표현할 때 좀 더 개연적이고 유동적이라는 점이다.

자의성 다루기
DEALING WITH THE ARBITRARINESS

앞서 언급했던 규칙의 또 다른 한계는 자의성이다. 이것은 영어에서 부정사와 동명사를 목적어로 취하는 동사들을 학생들에게 제시하는 일반적인 방식에서 가장 확실하게 나타난다. 종종 학생들에게 부정사 보어를 목적어로 취하는 동사와, 동명사 보어를 목적어로 취하는 동사, 그리고 두 가지 유형의 보어 모두를 취하는 동사들의 긴 목록을 주고 외우라고 시킨다. 예를 들면 다음과 같다.

표 5.1 부정사 보어와 동명사 보어를 취하는 동사들

부정사를 취하는 동사	동명사를 취하는 동사	둘 다 취하는 동사
aim	dare	expect
hope	intend	admit
appreciate	defend	deny
enjoy	begin	continue
forget	hate	try

그러나 이 접근법은 영어 학습자들에게 상당한 학습 부담을 안겨주며, 세 번째 열에 있는 동사들은 부정사를 쓸지 동명사를 쓸지를 결정해야 되는 상황에서는 학생들에게 전혀 도움이 되지 않는다. 각 동사들이 취하는 보어 유형을 고려한 분류 방식보다 동사 범주를 구별한 이유를 학생에게 이해시키는 것이 더 낫다. 언어학자 드와잇 볼린저(Dwight Bolinger 1968)는 의미적 설명을 제시했다. 부정사는 가설적, 미래의, 미수행된 사건들과 어울리는 경향이 있고 반대로 동명사는 실제적, 생생한, 수행된 사건들과 어울린다. 달리 말하면 사람이 'aim to go (갈 작정이다)'라고 말할 때는 발화의 순간에 '가는' 일이 아직 일어나지 않았기 때문에 그렇게 밖에 말할 수 없다. 반면에 admit going (간 것을 인정한다)라고 말할 때는 동명사를 취하는 동사와 함께 '가는' 일이 이미 발생했기 때문에 그렇게 말할 수 있다.

부정사와 동명사 둘 다를 취하는 동사들의 경우에는 어떤 보어가 동사 뒤에 오느냐에 따라 의미 차이를 나타낸다. 예를 들어 가는 일에 성공하지 못했음을 암시하는 He tried to go (그는 가려고 했다)와 실제로 갔지만 어떤 이유가 있어서 일찍 자리를 떴음을 암시하는 He tried going (그는 가기는 했다)를 비교해 보자. 감정동사를 쓸 때도 약간의 의미 차이가 감지된다. 예를 들어, 화자가 발화 시점에 어떤 활동 – 이를테면, 춤 – 에 참여하고 있다면 그는 I hate to dance (나는 춤추기 싫어)라기 보다 I hate dancing (나는 춤추는 것이 싫어)이라고 말할 가능성이 크다. 이 차이는 미묘해서 항상 분명하지 않다고는 인정하지만, 학생들 스스로가 의도하는 의미를 전달하려면 어느 형태를 써야 하고 누군가가 한 말을 어떻게 해석해야 할지를 결정할 때 도움이 될 수 있다.

고급 ESL 수업을 가르치는 제인은 이러한 요지를 다음과 같이 보여주었다.

그래서 나는 학생들이 이 모든 것에 대해 일정 수준은 알고 있지만 잊어 버렸거나 처음 그것을 배울 때부터 이해를 하지 못한 것이라고 가정한다. 아마 학생들은 그 규칙들을 단순히 외우고 시험을 위해 공부해서 시험을 보고 그랬을 것이다… 그들은 어쩌면 왜 소유격 동명사가 있는지, 왜 그것이 그런 것인지 전혀 이해하지 못했을지도 모른다(존스톤과 굇슈 Johnston & Goettsch 2000: 455).

교사의 목소리

제인 Jane

우리 학생들의 기계적 학습 부담을 덜어주기 위해서 나는 학생들이 '왜'를 알았으면 한다. 결국 문법에는 상당한 체계성이 있는 것이다.

이유는 규칙보다 기초가 광범위하다.
REASONS ARE BROADER BASED THAN RULES

문법의 체계성 때문에 이유는 규칙보다 광범위한 기초를 가진다. 이유는 단일 통사 구조보다 더 많은 현상들에 적용된다. 예를 들어 영어에는 직접 목적어가 어휘적 명사(lexical noun)이고 동사가 타동사구라면, 화자는 직접 목적어를 구 동사의 전치사 앞에 둘지, 뒤에 둘지를 선택할 수 있는 규칙이 있다.

> She looked the word up in the dictionary.
> She looked up the word in the dictionary.
> 그녀는 사전에서 그 단어를 찾아보았다.

그러나 직접 목적어가 대명사이면 반드시 동사와 전치사 사이에 와야 하고 전치사 뒤에는 올 수 없다.

> She looked it up in the dictionary.
> *She looked up it in the dictionary.

이 조건은 자의적으로 보인다. 하지만 기저에 이유가 있다는 가설로부터 출발하면 이 조건은 결코 자의적이지 않으며 명사구의 정보 지위와 관계가 있음을 알게 된다. 앞 장에서 보았듯이, 근본적으로 영어의 단어 순서는 새로운 정보를 절의 끝에 두려는 경향이 있다는 것이다. 다시 말하자면, 이는 *문미 초점(end focus)* 혹은 *문미 비중(end weight)*이라 부른다. 어떤 부가적인 의미 뉘앙스를 의도하지 않는 한 가능하면 영어 화자들은 대명사를 절의 끝에 두지 않으려고 할 것이다. 대명사는 정의상 새로운 정보가 아니기 때문이다. 대명사를 쓰려면 그 지시 대상(referent)이 맥락상, 이를테면 앞서 언급한 내용을 통해 분명하게 드러나야 한다. 따라서 대명사 *it*은 구정보(prior mention)이므로 절의 끝자리를 차지해서는 안 된다.

5.4

영어 학습자들에게 종종 주어지는 규칙 중에, 직접 목적어가 대명사이고 간접 목적어가 명사일 경우 간접 목적어는 동사 바로 뒤에 나올 수 없다는 규칙이 있다.

> *We sent John it.

반대로, 간접 목적어가 대명사이고 직접 목적어가 명사이면 간접 목적어는 직접 목적어 앞에 올 가능성이 높다.

> We sent him a package.

이 규칙의 이유를 찾을 수 있겠는가?

〈생각해 보기 5.4〉에 나오는 현상은 앞에서 살펴본 것처럼 대명사가 구정보를 가리키므로 문미 초점 자리에 놓일 수 없다는 점을 생각하면 설명할 수 있다. 이는 대명사인 간접 목적어가 절의 끝자리에 절대 올 수 없다고 하는 것은 아니지만 절의 끝자리에 놓일 경우, 다른 해석, 이를테면 대조의 해석이 도출된다.

> We sent a package to him. (not her)
> 우리는 소포를 그에게 (그녀가 아니라) 보냈다.

게다가 다음과 같이 간접 목적어와 직접 목적어의 순서를 두 가지 다르게 할 수 있는 동사들의 경우,

Meredith gave Jack advice.	메리디스가 잭에게 조언을 해 주었다.
Meredith gave advice to Jack.	메리디스가 잭에게 조언을 해 주었다.

예상되는 바대로 그 선택은 화자가 어느 목적어에 문미 초점을 주고 싶어하느냐에 따라 결정된다. '메리디스가 잭에게 무엇을 주었습니까? *What did Meredith give Jack?*'라는 물음에 대해 온전한 문장으로 대답한다면 첫 번째 문장이 적합할 것이다. '메리디스가 누구한테 조언을 해 주었습니까? *To whom did Meredith give advice?*'라는 물음은 두 번째 문장으로 대답할 것이다.

그러므로 영어 화자들이 절의 끝에 신정보를 두려고 하는 경향은 광범위한 통사 구조에 나타나는 어순 현상으로 설명된다. 이 사실은 통사 구조 1개에 적용되

는 규칙보다 훨씬 광범위하며, 이는 문법의 체계성을 보여 주는 증거가 된다. 더구나 여기에는 화용론적인 설명이 요구된다. 정보를 절 안에서 구정보에서 신정보의 순서로 배열함으로써 화자나 작가는 청자나 독자로 하여금 그 문장에서 제시되고 있는 신정보에 주목하게 만든다.

한편, 현재(공시적) 관점으로 보면 give와 같은 특정 동사들은 직접 목적어와 간접 목적어의 교체를 허용하는데 explain과 같은 동사들은 허용하지 않는다는 점도 자의적으로 보일 수 있다.

> Meredith explained the situation to Jack.
> 메리디스는 잭에게 그 상황을 설명해 주었다.
> *Meredith explained Jack the situation.

그러나 이는 실제 보이는 것보다 덜 자의적이다. 솔직히 어느 동사가 두 가지 형식을 모두 허용하고 어느 동사는 허용하지 않는지를 알기는 어렵지만, 그 차이는 그 동사들이 어느 언어로부터 영어로 차용되었는지와 관계가 있다. 일반적으로 게르만어 계통 동사들은 둘 다를 허용하고 로망스어 계통 동사들은 그렇지 않다.

학습자의 안정감과 교사의 권위 그리고 정치적 문제
LEARNER SECURITY, TEATHER AUTHORITY, AND THE POLITICAL QUESTION

언어 학습자들이 규칙에 매력을 느끼는 이유 중 하나가 학습자가 안정감을 얻으려고 하기 때문이라는 점을 강조하는 것은 중요하다. 주어-동사 일치와 같이 우리가 예외가 존재하는 주먹구구식 규칙이라고 불렀던 결정론적 규칙들에는 그만한 이유가 있다. 그러나 학생들이 그 규칙이 위반되는 경우를 처음으로 접하게 되면 그 안정감의 상당 부분이 약화된다. 반면에, 학생들 스스로가 그 체계의 일부가 어떻게 작동하는지를 스스로 알아낼 수 있으면 상당한 자신감을 키울 수 있다.

이 문제에 대해 앞에서 소개한 고급 ESL 교사 캐스린이 하는 말을 들어 보자.

교사의 목소리

캐스린
Kathyn

학생들은 전치사처럼 보이는 것은 무엇이든지 전치사라고 생각하고 전치사 일반을 다루는 것이 너무 벅차다고 느끼는 경향이 있다. 따라서 어느 것이 전치사이고 어느 것이 동사에 붙어 있는 접사인지를 구분해 주어, 학생들이 이 전체 체계 어딘가에 약간의 논리가 담겨 있다는 느낌을 갖도록 해 주는 것이, 그들에게 다소 안정감을 준다는 것을 알게 되었다. 바로 여기에 학생들에게 안정감을 주는 요소가 있는 것이다. 학기가 끝날 무렵이면 학생들은 이전에는 전혀 감당할 수 없을 것이라고 느꼈던 단어들에 대해 이제는 감당할 수 있다는 자신감을 조금 더 느끼기 시작하고 있다고들 말한다. 실제로 학생들은 접사, 전치사, 온갖 종류의 부사들이 그들의 눈에는 모두 똑같아 보이기 때문에 어떻게 해야 할지 모른다. 그것이 바로 이 문제에 대해 내가 관심을 두고 연구하는 부분이다(존스톤과 굇슈 Johnston and Goettsch 2000: 460-461).

　캐스린과 같은 교사들은 학생들이 스스로 문법 형식에 내재되어 있는 이유를 알아내는 법을 배울 때 느끼는 힘에 대해 알고 있다. 학생들 스스로가 배우고 있는 언어에 논리가 있음을 알 수 있도록 호기심을 갖도록 장려하고 그 논리를 이해해서 그들의 것으로 만들 도구를 주는 것, 이런 것이 내가 가르칠 때 하고 싶은 것들이다. 나는 교실을 떠난 지 한참 되었지만 이런 연습이 학생들의 학습을 잘 도와줄 것이라고, 그리고 그 효과가 있을 것이라고 믿는다. 그것으로 *충분히* 이유가 될 수 있다.

추천 자료

　기본(Givón 1993)의 두 책이 영어 문법 구조를 의미와 화용의 관점으로 통찰하는데 좋은 자료이다. 셀체-무르시아와 라슨-프리만(Celce-Murcia and Larsen-Freeman 1999)도 마찬가지이다. 읽기와 쓰기에 적용되는 구정보와 신정보의 구분에 관한 논의는 밀러(Miller 1997)가 편집한 책에서 실린 반더 코플(Vande Kopple)과 프라이스(Fries)의 장을 참고하기 바란다. 또한 규칙과 이유가 공동으로 작용하는 주제에 대한 다른 논의로는 라슨-프리만(Larsen-Freeman 2000c)을 참고하기 바란다.

6

선택의 문법
THE GRAMMAR OF CHOICE

언어 화자들은 자신이 표현하고자 하는 의미에 맞추어 특정 문법 구조를 선택한다. 그러나 화자들에게 특정 구조를 사용하도록 만드는 것은 특정한 의미를 표현하고자 하는 의도만은 아니다. 사실 의미가 어느 정도 일정하게 유지되면 화자들은 사회적 혹은 추론적인 동기에 의해 문법을 선택하게 된다. 이런 선택에 대한 논의는 화용의 영역에서 이루어진다.

화용의 영역은 종종 교재나 교수에서 무시된다. 나는 이것이 가장 안타까운 일이라고 생각한다. 나는 언어 사용의 문제에 대해 이 책의 두 장을 할애함으로써 이러한 상황을 보상하고자 한다. 두 장 중 한 장에서는 사회적 요소에, 그리고 그 다음 장은 담화 요소에 할애할 생각이다.

이론적 틀

"한 개의 정답" 신화
THE "ONE RIGHT ANSWER" MYTH

문법에 대해 지속적으로 이어지고 있는 신화들 중 하나는 특정한 의미를 전달하는 데 언제나 단 하나의 올바른 방법이 있다고 하는 것이다. 이 신화는 규범 문법과 개별 문법 시험의 맥락에서 생겼을 것이다. 그런데, 이 신화와는 달리 교사들은 문법 문제에 대해 종종 하나 이상의 정답이 있다는 것을 알고 있다. 사실 학생들이 어떤 특정한 방식으로 이야기하는 것이 "맞냐"고 물어오면 교사들은 종종 답답함을 느낀다. 이런 물음에 대해 교사들은 대개 "경우에 따라 다르다"고 답변한다.

멕은 미국의 한 지역 전문대학에서 영어를 가르친다. 학생들의 맞느냐는 질문에 대해 교사들이 "경우에 따라 다르다"라고 대답하는 경우가 흔하다고 내가 말하자, 멕이 끼어들었다.

교사의 목소리

멕 Meg

네. 사실이에요. 어제만 해도 베네수엘라에서 온 학생이 나한테 "If I *were* rich" 대신에 "If I *was* rich"라고 말해도 되냐고 물어 왔어요. 나는 사람들이 가끔 그렇게 말한다는 것을 알고 있어서 "글쎄요, 사람들이 'was'라고 하는 걸 들은 적은 있지만, 'were'라고 하는 것이 더 좋아요."라고 말했지요. 그런데, 이 학생은 만족하지 못하고 "네. 그러니까 어느 쪽이 맞는 거예요?"하고 물었어요. 그래서 나는 그런 상황에서 보통 늘 하는 말을 하게 되더라구요. "글쎄, 그건 경우에 따라 달라요. 비공식적인 자리에서 이야기를 하는 거라면 'was'를 쓸 수도 있지만, 만약 TOFEL 시험을 치고 있는 중이라면 'were'라고 쓰는 게 좋을 거예요." 그게 내가 할 수 있는 최선의 답이었지만, 나는 그것이 그리 만족스러운 대답이 아니었다는 걸 알아요. 나는 너무 많이 말을 한 것 같아 걱정이 됐고요. "학생들이 도대체 어느 정도까지 알아야 될까? 하고 종종 의문이 생겨요.

우리 모두가 멕처럼 권위있게 대답해 주고 싶은 열망을 느낀 적이 있지만, 멕이 문법과 맥락 사이에 존재하는 불확실성과 복잡성을 이해하고 대답했다는 것을 간과해서는 안 된다. 어떤 문법 구조를 선택할지는 그 언어가 쓰이고 있는 맥락과 목적에 달려 있다. 그렇지만 우리는 학생들이 놀라워하는 것도, 맞게 쓰고 싶은 마음에서 나오는 그들의 걱정도 이해해야 한다. "맞게 쓰는 것"이 사실은 언제나 단하나의 해답만을 필요로 하지 않는다는 것이다. 그러나 불확실성을 줄이기 위해서 교사들 역시 학생들만큼이나 절대적인 답을 원하기도 한다.

교사 양성 과정을 듣고 있는 바브에게 "학생들에게 질문을 받았는데 어떻게 대답해야 할지 모를 때 어떻게 합니까?"라는 질문을 하자, 바브는 다음과 같이 말했다.

> 바브: 내 전공 과목에 관한 한 내가 다 알고 있을 거라고 기대하는 아시아인들이 많이 수강하는 수업에서는 "모른다"고 말하기가 어렵지요. 학생들로부터의 존경이나 신뢰를 잃을 수 있거든요. 그래서 학생이 질문을 했을 때 내가 답을 모르면 굉장히 긴장하게 될 거라고 생각해요. 내가 답을 모른다면, 어쩌면 나는 교사가 되지 말았어야 하는지도 모르겠네요(양과 고 1998).

그리고 여기 "정답"을 항상 알지는 못한다는 문제에 대해 경험이 있는 교사 팸이 하는 이야기를 들어 보자.

> 팸: 나한테 도움이 된 것이 뭔 줄 아세요? "많은 문화권에서 질문에 답을 하지 못하는 것은 창피한 일이라고 알고 있어요."라고 말하고, "그런데 우리 문화에서는 답을 모른다고 인정하는 것이 더 낫습니다. '나중에 답을 찾아 줄게요.'라고 말하는 편이 오답을 주는 것보다 덜 창피할 거예요."라고 말하지요. 나는 문화권마다 이 문제를 다르게 본다는 사실을 직접적으로 이야기해요. 가끔은 그 문제에 대해서 이야기하는 것만으로도 분위기를 바꾸고 학생들 역시 나를 무시하지 않게 되지요 (양과 고 1998).

학생들은 정답을 알고 싶어하고 교사는 정답을 주고 싶어한다는 것은 이해할 수 있다. 바브의 고민, 어떻게 대응해야 할지 모를 때 학생들의 질문을 다루는 팸의 전략, 이 모두가 나름대로의 의미가 있다. 그러나 교사와 학생들은 문법이 언어학적 구속이 아니라는 점을 알아야 한다. 문법은 훨씬 더 유동적이다. 문법 질문에 단 하나의 정답이 있는 경우는 드물다. 우리가 쓰는 형태는 허용 범위가 넓으며, 이것이 바로 이 장의 제목을 '*선택의 문법*'이라고 정한 이유이다.

선택의 기초를 사회−상호작용적 요소에 두기
BASING CHOICES IN SOCIAL−INTERACTIONAL FACTORS

더욱이 선택은 개연적이지 않다. 우리의 선택에는 이유가 있다. 우리는 종종 선택을 할 때 사회−상호작용적 요소를 염두하곤 한다. 이 요소들은 우리가 형성하고 키우는 대인관계와 관련이 있다.

우리 학생들은 그들이 쓰는 형태나 표현하는 의미 내용을 통해서 평가되듯이, 무엇인가를 말하는 방식을 통해서도 평가를 받는다. 가끔 그 평가는 평가하는 사람이 자신의 평가가 성격이 아닌 언어학적 요소에 기반하고 있다는 사실을 인식하지 못해서 더 가혹할 수도 있다. 내가 어느 학과에서 일할 때 그곳 비서가 외국에서 온 학생들의 무례함에 대해 불만을 표시하곤 했던 것을 기억한다. 한 연구에 따르면 그 학생들은 종종 요청을 할 때 '일정을 알고 싶어요. *I want a schedule.*'라거나 '강의 요람이 필요해요. *I need a catalogue.*'와 같은 평서문의 형식을 쓴다. 그 학생들은 자기들의 요청을 전달해서 목적을 달성할 수 있었지만, 그런 언어적 행위 때문에 무례해 보인다. 조동사 형태 would like를 please와 같이 쓰는 방법에 대한 간단한 수업만 들었다면 그들이 보이는 인상에 아주 큰 차이를 주었을 것이다.

무례함에 관한 레슬리 비비(Leslie Beebe 1995)의 논문을 염두에 두면서, 나는 가끔 언어 학습자들이 무례할, 적어도 자기 주장을 강하게 표현할 필요가 있음을 인식하고 있다. 따라서 나는 내 학생들이 로봇처럼 공손하고 예의바른 순응주의자가 되도록 장려하고 싶지 않다. 비비(Beebe 1995: 167)가 제시했듯이, "학생들은 힘/통제력을 가져야 하며 부정적인 느낌도 표현해야 한다. 다만 적합한 방법으로 말이다." 나아가 나는 우리 학생들의 언어 수행을 원어민의 표준에 맞추어 판단하는 것을 추천하지 않으며, 모든 학생들이 그런 표준에 순응하고 싶어 하지도 않을 것이다. 주어진 언어의 화자로서 스스로를 어떤 위치에 둘 것인지 결정해야 하며 결정할 사람 또한 바로 학생들이다. 학생들은 자신의 의도를 존중해 주는 방식으로 그 언어를 사용하는 법을 배울 수 있도록, 자신들이 말하는 이나 글쓰는 이로서 선택을 해야 하며 그 선택에는 결과가 따른다는 것을 이해해야 한다. 게다가 학생들은 다른 사람들의 의도에 대해서도 유추할 수 있어야 한다. 따라서 우리의 능력이 닿는 만큼 우리가 쓸 수 있는 언어적 선택 사항들을 학생들이 이해하도록 도와주어야 한다. 따라서 언제 또는 왜 특정한 문법 형태를 써야 하는지를 이해하는 것이 교사가 이해하고 있어야 할 문법의 일부이며, 이것은 이후 학생들이 겪게 될 혼란에 대해 쉬운 답을 알려 주는 일을 피하게 할 것이다.

화용적으로 적절한 선택 사항들을 가르치는 것에 관한 조건
CAVEATS TO TEACHING PRAGMATICALLY APPROPRIATE CHOICES

이 모든 것에는 몇 가지 중요한 조건이 있다. 첫째 교사로서 나는 내 학생들의 행동에 대해 규범적이고 싶지 않다. 나는 내 학생들에게 적절하게 행동하는 법에 대한 지침을 내리는 일을 하지 않는다. 그럼에도 불구하고 내 학생들에게 그들이 특정 맥락에서 특정 언어적 선택을 행사할 경우, 다른 사람들에게 어떻게 인식될지에 대한 정보는 주어야 한다고 생각한다. 나는 내 학생들이 그런 맥락에서 무엇이 정상이고 무엇이 관습적인지에 대한 지식을 갖도록 해야 한다고 생각한다. 그러나 사회적 규약에 대한 지식 외에 학생들은 또

> 그런 규약이 개인의 의지에 따라 피하게 되거나 약화되는 방식도 알 필요가 있다. 언어의 화용 영역은 한편으로는 반드시 순응의 결과여야 한다. 그러나 언어의 화용 영역은 단순히 그렇지만은 않아서 사람들이 자기 주장을 표현하고 다른 사람의 주장을 조정하는 정체성의 결과로서 나타나기도 한다. 화용은 사람들이 의미를 어떻게 협상하는지에 관한 것이기도 하지만 또 한편으로는 사람들이 사회적 관계를 어떻게 조정하는지에 대한 것이기도 하다(위도우슨 Widdowson, 1996: 68).

이것은 내가 말하고자 하는 두 번째 조건과 연결된다. 누군가가 그 순간에 다른 사람들에게 어떻게 인식될지를 예상하는 것은 불가능하다. 분명한 것은 인식이 언어 수행에 의해서만 영향을 받지는 않는다는 것이다. 우리가 할 수 있는 최선의 일은 우리 학생들의 관심을 언어적 표준 용법으로 돌리는 것이다. 우리는 이 표준이 모든 대화 상황에서 효과가 있을지 확신할 수 없으며 표준은 사용하기 편하게 일정하게 유지되는 것이 아니기 때문에 우리가 따르는 규약을 모든 사람들이 동의할 것이라고 확신할 수도 없다. 그러나 우리는 선택 사항들이 갖는 가능성 있는, 함축 내용을 인식하게 하는 방법으로서 일반적으로 나타나는 형태들 간의 차이에 대한 감각을 학생들이 가질 수 있게 도와줄 수 있다. 학생들이 자신이 처한 환경의 언어가 아닌 다른 외국어를 공부하고 있더라도 화용은 중요한 문제이다. 결국 학생들은 다른 사람들이 하는 말을 문자 그대로의 의미를 넘어서 해석하는 법을 이해해야 한다.

문법적 선택의 적합성에 대해 가르치는 것과 관련된 마지막 조건은 억양이나 강세와 같은 부차언어적 수단(paralinguistic means)이나 표정이나 몸짓, 시선 접촉과 같은 언어 외적인 수단(extralinguistic means)을 통해 의미나 화용을 언제든지 바꿀 수 있음을 인정하는 것이다. 화자는 가장 공손한 어휘문법적 형식을 사용할 수 있지만, 그의 목소리에 비아냥대는 뉘앙스가 있으면(이를테면 please를 과장해서 puhleeze로 발음하는 것처럼), 그 공손함은 반의적이라는 것을 알고 있다. 또는 학생이 어떤 언어에 유창하고 정확하지만 자신과 대화하는 이와 눈을 맞추는 일의 상호작용적 표준을 익히지 못했다면, 그도 똑같은 방법으로 잘못된 판단을 받을 수 있다.

물론 학습자는 그가 손님으로 와 있는 사회의 사회문화적 관습을 이해하고 연습하려고 해야 한다고 주장할 수 있지만, 학습자들은 그들이 처하게 되는 대부분의 상황에서 해당 언어를 사용하기 위해 그 언어 화자가 갖는 상호작용적 표준을 차용할 이유는 없다. 외국어 학습자들은 "단 하나의 정답"을 요구하기도 하는 개별 문법 시험에 통과해야 한다. 그런 상황에서도, 영어 – 그 문화권에서 벗어난 세계어 – 의 경우, 영어 화자의 상호작용적 표준을 엄격히 따라야 하는지에 의문을 품을 더 많은 이유가 있다. 예를 들어, 영어는 비영어권 유럽인들이 서로 의사소통하는 데에서도 점점 더 많이 쓰이고 있다. 그 사람들이 영어 화자들의 상호작용 유형에 대해 궁금해 할 수도 있지만, 그것을 아는 것은 프랑스 사람이 이탈리아 사람을 만날 때 별로 도움이 되지 않을 것이다. 그런 경우에, 아마도 영어 원어민 화자들의 표준과 다른 적절성 표준이 필요할 것이다. 따라서, 우리가 할 수 있는 일은 표준에 대해 이야기해 주고 어떤 화용적 요소가 관련이 되어 있는지에 대해 우리 학생들의 의식을 높여주는 것이다.

이 장에서 나는 형태 변화로 나타나는 모든 화용적 요소들의 완벽한 목록을 보여 주려고 하지는 않을 것이다. 내가 보다 주력하는 것은, 화용 영역은 해당 언어를 맥락에 따라 선택하는 적극적인 과정을 수반한다는 점을 상기시키는 것이다. 내가 여기서 할 수 있는 것은, 인용문 즉 탈맥락화된 언어의 단편들을 살펴보고 그 형식들의 용법에 사회적 함의를 할당하는 것이다. 문법적 선택이 대인관계에 미치는 영향을 보여 주기 위해 태도, 권력, 정체성의 매개 변수들을 간단히 다룰 것이다. 문법적 선택이라는 이 중요한 주제는 다음 장에서도 다룰 것인데, 텍스트 구성 시 선택의 활동이 가져오는 결과에 대해 서로 논의할 것이다.

형태 변화로 나타나는 화용적 요소
PRACTICAL FACTORS SIGNALED BY A CHANGE IN FORM

태도(Attitude)

6.1

리들(Riddle 1986)에서 가져온 다음의 짧은 대화를 살펴보자.

> Anne: Jane just bought a Volvo.
> 앤: 제인이 볼보를 샀대.
> John: Moureen has one.
> 존: 모린도 볼보 갖고 있는데.
> Anne: John, you've got to quit talking about Maureen as if you were still going together. you broke up three months ago.
> 앤: 존, 마치 아직도 모린하고 사귀는 것처럼 모린 얘기 좀 하지 마. 너희는 석 달 전에 헤어졌잖아.

앤이 존을 야단치는 이유는 무엇일까? 존은 어떻게 야단맞을 상황을 피할 수 있었을까?

　문법적 선택이 갖는 한 가지 화용적 효과는 (다른 문법 형태들이 아닌) 우리가 쓰기로 선택한 문법 형태에 따라 특정한 태도를 전달한다는 것이다. 〈생각해 보기 6.1〉에서, 존은 모린이 여전히 볼보를 소유하고 있더라도 과거형을 사용해서 동일한 명제적 내용을 언급할 수 있었다. 만약 그가 그랬다면, 앤으로부터의 질책을 피할 수 있었을지도 모른다. 그가 과거형을 사용하면 모린과의 관계를 심리적으로 더 멀게 만들었을 것이기 때문이다. 여기서는 과거형이나 현재형 둘 다 "맞"는데, 어느 것을 쓸지 결정하는 것은 반드시 의식적으로 선택하는 것은 아니지만 분명히 듣는 사람에게 영향력이 줄 수 있다. 모두 상황에 따라 다른 것이다!

　태도를 나타내는 데 시제를 사용한 다른 예가 있다. 이 예는 뱃스톤(Batstone 1995: 197)에서 가져왔다.

> Smith(1980) argued that Britain was no longer a country in which freedom of speech was seriously maintained. Johnson(1983), though, argues that Britain remains a citadel of liberty.
> 스미스(Smith 1980)는, 영국(Britain)은 더 이상 언론의 자유가 엄숙하게 유지되는 나라가 아니라고 주장하였다. 그러나 존슨(Johnson 1983)은 영국이 여전히 자유의 요새로 남아 있다고 주장한다.

뱃스톤은, 스미스가 과거형을 쓰고 존슨이 현재형을 쓰는 것은 그 시간적 순서와는 무관하다고 지적한다. 이것은 오히려 글쓴이가, 스미스의 주장은 현재 관심을 가질 가치가 없는 반면 존슨의 주장은 여전히 지속될 만한 적절성이 있다는 것을 나타내고 있다는 것이다. 물론 글쓴이의 어휘적 선택이 이와 같은 해석을 강화한다. 다시 말해 문법 때문에 모두 그런 것은 아니라는 것이다. 예를 들어 글쓴이가 스미스의 입장을 기술하기 위해 '주장했다'는 말보다 '설명했다'는 말을 썼다면 스미스에 대한 글쓴이의 태도를 우리가 다르게 인식했을지도 모른다.

미국 수화를 사용해서 농아 청소년들에게 언어 예술을 가르치고 있는 사라 킵-맥고언 (Sarah Kipp-McGowan)은 언어 사용과 태도 간의 연계성, 그리고 자기 학생들에게 무엇이 적절한가를 인식할 수 있도록 지도하는 것이 얼마나 중요한 일인지 알고 있다.

사라
킵-맥고언
Sarah
Kipp-McGowan

나는 내 수업에서 "구어" (수화로) 언어와 그 사용의 문제를 다루려고 한다. 우리 학생들은 두 세계의 문화, 즉 농아 공동체의 문화와 비농아 세계의 문화를 적절하게 잘 처리해야 한다. 이런 이유 때문에, 그리고 청소년기에 있는 우리 학생들은 태어날 때부터 언어의 적절한 사용법을 배우기 위해 애쓰는 동시에 도전하고 있기 때문에, 나는 수업 중에 적절한 언어 사용법의 유형을 학생들에게 피드백을 많이 해주고 있다. 그들에게 교직원들이 동료들과 (내 기준에서) "적절하게" 대응하는 방법을 가끔씩 상기시켜 주어야 한다. 동료 담화 내에서 쓰이는 용어와 태도들이 공식적인 교실 상황에서는 종종 적절하지 않다. 따라서 언어의 이러한 측면은 교수에서 일상적이고 부차적인 요소가 된다.

위의 사례에서 중요한 것은 사라가 학생들에게 그녀 자신의 기준에 따라 정의된 대로 적절성의 문제를 상기시킨다는 점이다. 4장에서 언급했듯이 자기의 모어가 아닌 외국어를 가르치는 교사들은 가끔 무엇이 적절한지에 대한 자신들의 직관이 믿을 만하지 않을까 걱정한다. 그런 느낌을 갖는 것은 매우 당연해 보인다. 내가 인도네시아어를 가르치고 있었을 때, 나는 내 학생들에게 문법 구조의 적절한 용법에 대한 정보를 주어야 할 때 나의 한계를 깨닫게 됐다. 그러나 우리는 우리가 아는 것만 가르칠 수 있다. 물론 우리의 지식을 확장시키는 것을 우리의 직업적 책임으로 돌릴 수도 있다. 외국어를 가르치는 교사들이 자신들의 학생들과 같은 모어를 쓰면 그 언어의 사회적 표준 사용법이라는 측면에서 학생들의 기대를 더 잘 이해할 수 있다는 사실에 편안함을 느낄 수도 있다.

힘(Power)

나는 앞서 언어를 안다는 것으로서 힘을 부여할 수 있으며, 언어 숙달도에 정치적 차원이 있음을 언급한 바 있다. 좀 더 구체적으로 이야기하자면 문법 코드의 잠재성을 최대한 이용할 때 화자들이 지속적으로 직면하게 되는 선택은 힘의 문제에 따라 달라질 수도 있다. 이것은 선택의 문법에 있어서 지극히 중요하게 인식될 수 있는 문제인데, 용법이 갖는 사회적 측면들을 가르칠 때 적절성은 시간, 장소, 대화 참여자들의 사회적 지위와 관계 등에 따라 달라지기 때문이다. 이런 사실성(reality)을 가르치는 일을 게을리하면 순응의 행위로서만 언어 용법을 가르치게 될 것이다. 이 때 순응의 행위란 우리가 가르치는 언어에서 여성은 남성을 존경해야 한다고 학생들에게 설명하는 것처럼, 의도하지 않게 언어 용법에서 불평등을 지속화하는 것과 같다(노튼 퍼스 Norton Peirce 1989).

비판적 담화 분석은 사회 내 존재하는 힘의 불균형 문제를 다루는 것인데, 이를 분석하는 사람들은, 다른 사람들을 희생하여 특정 대화 참여자들에게 이전되는 미묘하지만 영향력 있는 힘의 방식을 알기 위해 언어를 조사한다. 예를 들어, 스터브스(Stubbs 1990, 뱃스톤 1995에서 인용)는 넬슨 만델라의 석방을 둘러싼 사건들을 다루는 남아프리카 신문기사에서, 폭력 행위를 보도할 때 해당 절의 주어를 흑인 남아프리카인으로 삼음으로써 행위주를 흑인 남아프리카인에게로 돌리는 흔한 일이 중요한 의미가 있다고 본다. 한 뉴스 기사에서 온 다음의 예를 보자.

> Jubilant Blacks clashed with police…
> 기쁨에 찬 흑인들이 경찰과 충돌하여…… .

주어와 목적어의 역할을 뒤집어도 동일한 명제적 내용이 전달될 수 있다(이를테면, 경찰이 기쁨에 찬 흑인들과 충돌하여… Police clashed with jubilant Blacks…). 그런 텍스트들은 이념적으로 중립적이지 않기 때문에 위의 문장에서 선택한 순서를 통해 흑인 남아프리카인들에게 책임을 돌리려고 한 것이다.

요지는, 언어 교사로서 우리는 힘과 언어의 문제가 밀접하게 연결되어 있음을 잊어서는 안 된다는 것이다. 예를 들어 언어의 원어민 화자들이, 내가 *문법사용하기*라고 한 것처럼 신조어를 만들 수 있다는 것은 부당한 일이지만 그럼에도 실제 이렇게 한다. 그러나 그런 신조어를 만일 영어의 비원어민 화자가 만들었다면 고쳐줘야 했을지도 모른다. 물론 누가 원어민 화자냐의 문제 자체는 사회적으로 형성된다. 그리고 영어에 관한 한, 원어민 화자의 지위는 세계 영어들(World Englishes)이 진화함에 따라 좀 더 미묘해지고 있다. 영어 교사들은 어느 표준을 가르치고 받아들일지를 결정해야 한다.

정체성(Identity)

문법적 선택에서 화용적으로 고려해야 할 사항들을 알아보는 이 제한된 지면에서 마지막으로 살펴볼 분야는 정체성이라는 다소 큰 분야이다. 헨리 위도우슨 (Henry Widdowson 1996: 20-21)은 "비록 개인들은 코드와 그 사용법의 규약에 제약을 받지만 그 잠재성은 다른 상황에서, 다른 목적으로, 다르게 이용한다. ··· 한 사람의 유형화된 언어 사용은 지문처럼 자연스럽게 변별적이"라고 언급하였다. 위도우슨이 발견한 바는, 우리가 개인적 정체성을 수립하고 유지하기 위해 언어를 어떻게 사용하는지와 관계된다. 문법 사용의 유형에 영향을 미칠 수 있는 정체성 발달에 기여하는 요소들은 많다.

예를 들어, 로저 풋젤(Roger Putzel 1976)은 UCLA 남자 대학원생들을 상대로 마이어스-브릭스(Myers-Briggs) 성격 유형 테스트를 실시하고 인터뷰도 하였다. 그는 인터뷰를 전사하고 언어 사용의 유형과 성격 테스트의 결과 간에 상관관계가 있는지 살펴보았다. 풋젤은 학생들이 사용한 문법과 그 성격 유형 사이에 많은 유의미한 상관관계가 있음을 발견하였다. 예를 하나만 들면, 풋젤은 외향적인 학생들이 내성적인 학생들보다 *I am going to*와 같은 조동사 형태를 더 자주 쓰고, 내성적인 학생들은 *I should*를 더 선호하는 것을 발견하였다.

다른 요소 하나를 더 인용하자면, 언어의 용법은 나이에 따라 정도의 차이가 있다는 것은 잘 알려져 있다. 청소년들은 특히 자신들이 아직 이르지 못한 성인들과 자신들을 구분하기 위해 특별한 은어(argot)를 쓴다고 알려져 있다. 최근에 잘 쓰이는 용법 한 가지는 다음과 같이 전치사 like를 쓰는 것이다.

> Emily: He told me like...
> 에밀리: 그가 말하기를 그러니까 ······.

이것은 어느 성인이 듣더라도 전혀 이해할 수 없는 전치사의 용법은 아니다. 사실 like는 여러 가지 기능이 있다. 여기서 제시된 것은 화자를 그가 보고하려는 내용과 거리를 두는 기능적인 용법이다.

다른 많은 정체성 요소들이 우리가 사용하는 형태에 영향을 미친다. 우리의 출신, 사회적 지위, 소속 단체 등이 그것들이다. 분명한 것은 대부분의 언어 교사들이 해당 언어의 어느 방언을 가르치려고 하는지에 대한 물음과 씨름해야 한다는 것이다. 어떤 경우에서는 선택이 분명하다. 즉 교사들은 표준 방언을 가르칠 것으로 기대된다. 이탈리아의 상황을 한 예로 들면 이곳에서는 서로 다른 지역에서 온 서로 다른 사람들이 서로 다른 방언을 쓰지만 학교에서는 표준 이탈리아어를 배우는데 이 표준 이탈리아어는 국민적 의사소통의 목적을 위해서 그리고 국민적 정체성을 함양하기 위해 쓰이고 있다. 북미의 일부 교사들은 자기 학생들이 이중 방언 화자가 되기를 원해서 문법을 아이들의 방언과 표준방언의 관점에서 골고루, 다만 약간 다른 것으로 다루려고 많은 애를 쓰고 있다. 학생들의 방언은 표준어가 그렇듯 어떤 사회적 상황에서는 더 유용하기도 하고 다른 상황에서는 덜 유용하다. 많은 언어 교사들이 증언하듯, 오류와 방언적 특징을 구분하는 것은 늘 쉽지는 않지만 중요하다.

그리고 우리가 항상 깨닫듯이, 언어는 그 자체로 끊임없는 변화의 상태에 있다. 심지어 아카데미 프랑세즈(Académie française)와 같은 강력한 정부 기관들도 사전에 그들이 결정한 방향으로 언어를 흐르게 만들 수 없다. "예를 들어, 1994년에 프랑스의 국회는 투봉법(Loi Toubon)이라고 하는 것을 제정했는데, 이 법은 그 법의 옹호자이자 프랑스 문화부 장관이던 쟈크 투봉(Jacques Toubon)의 이름을 딴 것이었다. 이 법은 업계나 정부의 의사소통과, 방송, 광고에서 "적당한 대응어(suitable equivalents)"가 프랑스어에 있을 경우 외국어를 사용하는 것을 금지하며, 어길 경우 미화 1800달러까지의 벌금과 징역형을 받게 하였다. (처음에는 프랑스어에 적당한 대응어가 없을 경우에 대응어를 만들도록 위원회도 구성했다. 이 위원회의 활동으로 차용어의 대부분인 영어를 대체하기 위해 3,500개의 새 불어 단어가 만들어지기도 했다.) [그러나, 결국에] 프랑스의 최고 사법 기관인 헌법위원회(Constitutional Council)가 이 법을 약화시켜서 정부의 문서에만 적용시키게 되었다"(머피 Murphy 1997). 언어 사용을 규범화하려는 시도는 거의 언제나 흐지부지 끝난다.

이 장의 처음에서 밝힌 대로, 나는 사회적 문제가 문법 사용에 영향을 끼치는 방식의 일부만을 선택하였다. 언어의 많은 체계들이 맡은 역할이 있음을 지적하기도 했다. 틀림없는 것은, 한 사람의 말투는 보통 그 사람의 출신 지역을 잘 나타내주고, 어휘적 선택은 다양한 담화 공동체에 소속되어 있음을 나타내 준다는 것이다. 게다가, 말하여지지 않은 것이 말하여지는 것만큼 분명하게 태도를 나타내주기도 한다. 침묵은 이런 면에서 애매하다. 그것은 목소리를 내지 않고 싶은 사람들의 침묵일 수도 있고, 목소리를 내고 싶은 사람들의 의도적인 정보 억제나 참여 거부일 수도 있다. 예를 들어, 어떤 교사가 학생에게 추천서를 써 줄 때, 최고의 칭찬을 학생의 글씨나 근면 성실한 출석률에 할애한다면 그 추천서를 받는 사람은 그 학생에 대해서 상당한 암시를 받을 수 있다. 즉, 모든 면이 호의적이지는 않다는 뜻이다.

물론 여기에서 논의된 차이 모두를 가르칠 수는 없다. 이 중 많은 부분은 교수 요목에 명시적으로 포함되지 않고 학생들이 알아서 습득해야 한다. 학생들이 교실 밖 언어를 쓰는 환경에서 그 언어를 공부한다면 아마 이미 많은 언어적 다양성을 경험했을지도 모른다. 그리고 그들은 자신이 동일시하고 싶거나 이질화하고 싶은 특정한 언어 화자 그룹을 이미 선택했을지도 모른다. 교수할 필요성이 제기되면,

의식 상승 활동에 관한
논의는 8장을 참고

교사들은 학생들에게 이를테면 특정 형태는 특정 지역방언과 연계되어있다는 것을 군이 산출을 위해 따로 형태를 가르치지 않고도 알려줄 수 있다. 그러나 내가 제시한 차이들 중에 학생들이 원하는 방식으로 의미를 표현할 수 있게 하고 따라서 교수 대상이 될 만한 차이들도 있다. 처음 교수하는 내용의 상당 부분은 의식-상승을 위한 교수로서 학생들이 자기들이 하게 되는 선택들을 인식하도록 만들 것이다.

결론적으로, 문법은 언어적 구속이 아니라 능숙한 화자들이 맥락에 따라 자신을 어떤 식으로 드러낼지 어떤 관점을 제시하고자 하는지에 대해 적절하게 의미를 표현할 수 있게 하는, 유동적이면서 믿을 수 없을 정도로 풍부한 체계이다. 정확성이 문법에서 중요한 문제이기는 하지만, 용법의 의미와 적절성 역시 중요하다. 그래서 교육적 목적을 위해 문법을 인식하는 더 나은 방식은 문법 구조를 선택하는, 선택의 문법일 것이다.

추천 자료

태도, 힘, 정체성에 대한 자세한 논의와 기타 유형의 화용적 차이에 대한 논의를 보고 싶으면 포토스와 힌켈이 엮은 『새로운 시각으로 논의하는 제2 언어 교실에서의 문법 교육 New Perspectives in Grammar Teaching』에서 내가 쓴 장(라슨-프리만 Larsen-Freeman 2002a)를 참고하라. 클로스(Close 1992)는 문법의 의미와 화용 차원을 지배하는 문법적 선택에 대한 논의를 한다. 다만 그는 그 사이의 차이를 구분하지는 않는다. 쿡(Cook 1999)은 비원어민 학습자들이 원어민 화자의 표준을 따라서는 안 되는 이유를 설명한다. 조프리 눈버그(Geoffrey Nunberg)가 쓰고 1983년 12월 『월간 애틀란틱 Atlantic Monthly』에 출판된 "문법의 쇠퇴(The decline of grammar)"라는 글은 독자들로부터 사상 최대의 반응을 이끌어냈다. 1997년 3월 같은 잡지에 실린 "언어: 끝나지 않는 전쟁(Language: A war that never ends)"이라는 마크 할편(Mark Halpern)의 기사는 규범 문법학자와 기술 문법학자들 간의 논쟁에 더욱 불을 지피고 있다.

7

담화의 문법
THE GRAMMAR OF DISCOURSE

우리에게 문법적 선택 사항들이 있다는 사실은 우리가 사회적 관계를 조정하는 데 도움이 된다. 우리는 특정한 문법 구조를 선택하여 태도를 표현하고, 힘을 분배하며 정체성을 수립 및 유지하는 등의 일을 할 수 있다. 사람들이 행사하는 선택을 이해하면 다른 사람들의 의도를 해석하는 데 도움이 된다. 이러한 선택만큼 중요하면서도 간과된 것들에는, 화용 영역에서 적절성을 완전하게 확보하기 위해 고려해야 할 문법적 선택의 다른 영역들이 다양하게 있다는 것이다. 이러한 영역들은 *담화의 문법(grammar of discourse)*을 동원하여 하나로 묶을 수 있다.

담화의 문법에 대해 알기 위해서 우리는 추론 과정의 일관적 산물인 **텍스트**(Text)를 살펴볼 것이다. 텍스트란 하나의 온전한 단위로 기능하며 다양한 길이로 나타나는 언어 확장으로서, '금연*(No smoking)*'처럼 언제나 단순하고 짧은가는 상관이 없다. 그러나 이 장에서 우리는 복수의 문장이나 발화문 길이의 텍스트들만 다룰 것인데, 이러한 텍스트들에서 언어 사용법의 역동성이 잘 확인될 수 있는 것이다.

제2장 참고

영어의 관사 체계를 완전하게 설명하기 위해 우리는 초문장(suprasentential) 수준에서 관사의 용법을 고려해야 했다. 이러한 범주에 들어갈 다른 구조를 생각하기는 어렵지 않다. 인칭 대명사, 지시 한정사, 대명사, 그리고 존재의 'there'를 언제 쓸지에 대한 것은 개별 절이나 문장의 경계를 넘어 **맥락**(context)과 **보충적 언어 환경**(co-text, 언어적 맥락)에 의존한다. 그러나 텍스트 내 문장들과 발화문들 사이에 존재하는, 확산되고 있지만 아직 보편적으로 인식되고 있지는 않은, 다른 언어적 의존 관계가 많이 존재한다.

텍스트에서 문법의 역할
THE ROLE OF GRAMMAR IN TEXTS

이 장에서 우리는 텍스트의 처리가능성(processability)을 강화하도록 만들어진 선택 사항들 즉 청자나 독자가 표현되고 있는 내용을 해석할 때 도움을 주기 위해 사용하는 선택에 초점을 맞출 것이다. 여기에는 보충적 언어 환경, 즉 검토 대상인 구조를 둘러싼 언어 환경을 조사하는 일이 동원될 것이다. 문법이 자의적으로 보이는 이유들 중 하나는 우리가 문장 수준에서만 문법을 보기 때문이다. 더 넓은 관점으로 보면, 좁은 관점에서는 자의적으로 보였던 것이 훨씬 덜 자의적이라는 것을 인식하게 된다. 공중에서 찍은 사진이나 위성 발신을 통해 지상의 관점에서는 관측할 수 없었던 기상 유형을 살피는 것과 같은 방식으로 우리는 텍스트 속의 유형을 보기 시작한다.

우리의 관점을 담화의 수준으로 끌어올림으로써 다음과 같이 문법이 갖고 있는 다섯 가지 추가적 역할을 알 수 있을 것이다. 즉

1. 문법 구조들이 어떻게 작용하여 텍스트를 구성하고 그것을 응집성 있게 만드는지,
2. 문법 구조들이 어떻게 생각들을 연결함으로써 텍스트의 긴말성을 향상시키는지,
3. 문법 구조들이 어떻게 짜임새(texture)를 불어 넣어 텍스트를 온전하게 만드는지,
4. 문법 구조들이 어떻게 같이 작용해서 담화 유형을 만들어 내는지,
5. 문법 구조들이 어떻게 담화 기능을 수행하는지

를 확인할 수 있을 것이다.

7.1

다음의 일곱 개 문장들은 하나의 단락을 해체해 순서를 뒤섞어 제시한 것이다. 이 문장들의 순서를 재조정해서 원래 형태의 단락으로 복구하라. 그리고 왜 그 문장들을 그 순서로 배열했는지 살펴보라. 어떤 언어적 단서가 도움이 되었는가?

1. When all friends were applying for college admission, my sister went job-hunting.
   내 여동생의 모든 친구들이 대학교 입학시험에 지원하고 있었을 때, 내 여동생은 직장을 구하러 다녔다.

2. thus, her grades weren't the reason.
   그러므로 그녀의 성적이 이유는 아니었다.

3. You know, she may never go to college, and I guess that's OK.
   알다시피 그녀는 대학에 안 갈 수도 있으며 나는 그것이 괜찮다고 생각한다.

4. My sister has never wanted to go college.
   내 여동생은 대학에 가고 싶어 한 적이 없었다.

 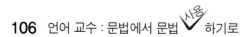

5. She did so well that she had many offers.

그녀는 일이 아주 잘돼서 여러 곳에서 제의를 받았다.

6. When she was in high school, she was always a good student.

고등학교에 다닐 때 그녀는 항상 우수한 학생이었다.

7. She accepted one of them and has been happy ever since.

그녀는 그 중 하나를 수락했고 그 이후로 줄곧 행복했다.

문법과 담화 구성
GRAMMAR AND THE ORGANIZATION OF DISCOURSE

여러분이 재배열한 단락이 다음과 같은가?

내 여동생은 대학에 가고 싶어 한 적이 없었다. 고등학교에 다닐 때 그녀는 항상 우수한 학생이었다. 그러므로 그녀의 성적이 이유는 아니었다. 그녀의 모든 친구들이 대학교 입학 시험에 지원하고 있었을 때, 내 여동생은 직장을 구하러 다녔다. 그녀는 일이 아주 잘돼서 여러 곳에서 제의를 받았다. 그녀는 그 중 하나를 수락했고 그 이후로 줄곧 행복했다. 알다시피 그녀는 대학에 안 갈 수도 있으며 나는 그것이 괜찮다고 생각한다.

이 단락을 내가 한 것과 똑같이 재구성하지 않았더라도 아마 매우 비슷하게 했을 것이다. 이것은 쉬운 과제처럼 보였을지 모르지만 쉽다고 그냥 넘어가서는 안 된다. 잠깐 멈춰서 이 단락의 일곱 문장으로부터 나올 수 있는 문장 연쇄는 5,040 가지($7 \times 6 \times 5 \times 4 \times 3 \times 2 \times 1$)라는 사실을 생각해 보라. 자, 이제 우리가 이 단락을 똑같이 혹은 적어도 비슷하게 재구성해냈다는 사실에 놀랐는가? 그 명제들 사이에 우리가 만들 수 있었던 연결 관계와 더불어 우리는, 이 단락에 있는 많은 언어적 장치들 즉 텍스트를 조직하는 데 목적이 있는 장치들을 통해서 이렇게 구성할 수 있었다.

구어체나 문어체 언어의 단위들은 그들만의 조직적 구성을 가지고 있다. 이 단락의 두 번째나 세 번째 문장을 맨 앞 자리에 두었으면 이상했을 것이다. 우리는 다른 수정을 하지 않고서는, 문장 내에서 단어를 이동시킬 수 없는 것 이상으로 단락 내에서 문장들을 이동시킬 수 없다(어떤 방식으로 문장을 바꾸지 않는 한). 그래서 담화의 문법이 있는 것이다.

내가 대학원생일 때 저명한 언어학자 케네스 파이크(Kenneth Pike)가 가르치는 실험 통사론이라는 수업을 들었다. 파이크 교수가 이 수업에서 사용한 발견적 방법들 중 하나로 단락을 다시 쓰게 하는 것이 있었는데, 이 때 우리는 원문 텍스트의 의미를 유지하기 위해서 문장들의 통사 구조에 필요한 수정을 몇 가지 해야 했다. 이 방법은 담화의 문법에 관한 여러 가지 문제를 드러내 주었다. 각자 해 보기 바란다. 〈생각해 보기 7.1〉에 있는 단락의 문장들을 재배열하되 그 단락의 원래 의미를 유지하도록 하기 위해서 어떤 수정을 가해야 할지 살펴보라.

응집성(Cohesion)

할리데이와 하산(Halliday and Hasan 1976: 1989)은 텍스트에 응집성이나 구조를 부여하는 많은 언어적 장치를 지적하였다. 다음의 각각 항목들이 〈생각해 보기 7.1〉에서 적어도 한 번씩은 나타났었다.

- 지시(Reference)

  ⋯ My sister has never wanted to go to college. When she ⋯

  ⋯ 내 여동생은 대학에 가고 싶어 한 적이 없었다. '그녀'가 ⋯

  ('그녀'는 '내 여동생'을 지시하고 문장 간의 응집성을 높이는 데 기여하고 있다.)

- 접속어(Conjunction)

  ⋯ she was always a good student. Thus

  ⋯ 그녀는 항상 우수한 학생이었다. 그러므로

  ('그러므로'는 두 번째와 세 번째 문장들 간의 절 관계를 분명하게 만든다)

- 대체(Substitution)

  ⋯ my sister went job-hunting. She did so well ⋯

  ⋯ 내 여동생은 직장을 구하러 다녔다. 그녀는 일이 아주 잘돼서 ⋯

  ('잘돼'는 '직장을 구하'는 일의 대체어이다.)

- 어휘적 응집성(Lexical Cohesion)

  ⋯ job hunting. ⋯ offers.

  ⋯ 직장을 구하러 다녔다. ⋯ 제의를 받았다.

  (우리는 '제의'의 의미를 직장 구하기의 맥락에서 이해한다)

이 단락에 나타나지 않은 기타 일반적인 장치에는 다음과 같은 것들이 있다.

- **생략(Ellipsis)**

  A: Who didn't want to go to college?

  누가 대학에 가고 싶어 하지 않았지?

  B: My sister.

  내 여동생이.

  ('내 여동생'은 생략을 통해 '내 여동생이 대학에 가고 싶어 하지 않았어'를 나타내고 있다.)

- **연결어(Continuatives)**

  Still, my sister never wanted to go to college.

  그래도 내 여동생은 결코 대학에 가고 싶어 하지 않았다.

- **인접쌍(Adjacency pairs)**

  A: Why didn't your sister want to go to college?

  왜 네 여동생은 대학에 가고 싶어 하지 않았지?

  B: She wanted to be independent.

  그녀는 독립하고 싶어 했어.

  (인접 쌍은 단순히 나란히 쓰이는 두 개의 대화 차례를 말한다. 예를 들면, 질문 뒤에 대답이 오는 경우나 제안 뒤에 수락이나 거절이 오는 것과 같은 것이다.)

- **병렬(Parallism)**

  My sister didn't want to go to college. Her friends didn't want to get jobs.

  내 여동생은 대학에 가고 싶어 하지 않았다. 그녀의 친구들은 직업을 구하고 싶어하지 않았다.

위의 응집성 장치들 외에, 할리데이와 하산은 주제-평언(theme-rheme, 무엇에 관한 것인가? - 무엇에 대해 어떻게 이야기하는가?) 전개와 구-신 정보(given-new information)에 대해서도 논의하였는데, 지금부터 나는 이 주제들에 대해 좀 더 자세히 이야기하려고 한다.

아마 이제는 이 장을 "담화의 문법"이라고 부르기로 한 이유가 분명할 것 같다. 문법 구조는 텍스트의 처리 가능성에 크게 기여하며, 화자나 필자가 과도하게 잉여적인 장치를 사용하지 않아도 말하거나 쓰는 바를 다른 사람들이 알아듣고 해석할 수 있게 있게 한다. 그러나 담화 문법이 촉진하는 것은 문장들 간의 응집성만이 아니다. 생각들 사이의 응집성도 촉진시킨다.

긴밀성(Coherence)

영어는 문장 내에 대체로 정해진 어순이 있다. 그래도 변이는 가능하다. 다음 예처럼 단일 명제에 대해 세 가지 가능한 어순이 있을 수 있다.

> The Yankees beat the Red Sox despite the fact that Pedtro Martinez struck out a record number of Yankee batters.
> 양키즈는, 페드로 마르티네즈가 기록적인 수의 양키즈 타자들을 삼진아웃 시켰음에도 불구하고 레드 삭스를 이겼다.

> Despite the fact that Pedtro Martinez struck out a record number of Yankee batters, the Yankees beat the Red Sox.
> 페드로 마르티네즈가 기록적인 수의 양키즈 타자들을 삼진아웃 시켰음에도 불구하고, 양키즈는 레드 삭스를 이겼다.

> The Red Sox were beaten by the Yankees despite the fact that Pedtro Martinez struck out a record number of Yankee batters.
> 레드삭스는, 페드로 마르티네즈가 기록적인 수의 양키즈 타자들을 삼진아웃 시켰음에도 불구하고 양키즈에 패했다.

자, 다시 우리는 선택의 문제를 다루고 있음을 알 수 있다. 물론 나는 이것이 자유 선택이라고 말하는 것은 아니다. 이들 중 하나는 다른 두 개보다 특정한 보충적 언어 환경(co-text)에 더 잘 맞을 것이기 때문이다.

> What happened to the Red Sox yesterday?
> 어제 레드삭스는 어떻게 됐어?

대화를 시작하는 질문으로 위와 같이 물으면, 세 번째 수동태 문장이 가장 잘 맞을 것이라고 말할 것이다. 비록 주어 자리에 동일 지시 대명사 they를 쓰면 응집성이 훨씬 향상되겠지만.

이 예문은 텍스트 조직을 이해하는 데 도움이 될 또다른 개념을 보여 준다. 이 개념은 프라하 언어학파의 영향을 받은 할리데이식 체계-기능(systemic-functional) 언어학이 나누는 주제와 평언의 구분이다. 텍스트 전개의 흔한 유형은 한 문장의 평언으로 새로운 정보를 먼저 소개하고 그 다음 절/문장에서는 그것을 구정보로 다루는 방식이다. 구정보는 청자나 독자가 알고 있을 것이라고, 말하는 이나 글쓰는 이가 가정하는 정보이다. 이런 가정은 *구정보*가 앞에서 언급이 되었기 때문에 혹은 필자/화자와 독자/청자 사이에 어떤 식으로 공유되어 있기 때문에 수립된다. 반면에 *신정보*는 "보도 가치가 있는" 것으로서 독자/청자가 알고 있지 않다고 필자/화자가 가정하는 것이다.

다음의 인접쌍을 보자.

What happened to the Red Sox yesterday?
어제 레드삭스는 어떻게 됐어?

They were beaten by the Yankees despite the fact that Pedtro Martinez struck out a record number of Yankee batters.
페드로 마티네즈가 기록적인 수의 양키즈 타자들을 삼진아웃시켰음에도 불구하고 그들은 양키즈에 패했다.

두 번째 문장에서 they는 구정보로서 질문자에 의해 보충 언어 환경에 이미 소개된 정보이다. 그것은 수동태 용법을 통해 대답의 주제가 되었다. 여기서 신정보는 레드삭스가 어떻게 됐는지이다. 우리는 이것을 수동태 문장의 평언을 통해 알게 된다.

7.3

〈생각해 보기 7.1〉의 단락 재배열하기에서 당신이 재배열한 방식으로 돌아가 보자. 문장들 사이에 주제–평언이 갖는 다양성의 언어적 의존 관계를 볼 수 있는지 확인해 보자.

*이 단락의 이와 같은 전개 양상은 **Z–형 담화형**이라고 흔히 부른다. 왜 이런 이름을 갖게 되었다고 생각하는가?*

나는 이미 절의 끝에 신정보를 두려는 경향에 대해 여러 번 설명한 바 있다. 이런 경향은 *문미 초점(end–focus)*이라고 부르며 청자/독자가 그들의 관심을 신정보로 돌리는 데 도움을 준다고 보고 있다. 일부 비공식적인 대화문(휴즈와 맥카시 Hughes and McCarthy 1998: 272에서 가져온 자료)에서, 정보는 평언 앞 자리에서도 제공되는데, 이는 아마도 청자가 모르는 것에 대해 민감해 하는 태도에서 비롯된 것 같다.

It was strange cos one of the lads I live with, Dave, his parents were looking into buying that pub.
나와 같이 사는 친구들 중 하나인 데이브, 그 애 부모님이 그 술집을 사려고 했기 때문에 좀 이상했다.

This friend of ours, his son's gone to Loughborough University.
우리의 친구, 그의 아들이 러프버러 대학교에 갔다.

이런 문장은 "비문법적"으로 보이지만, 새로운 주제에 약간의 소개를 덧붙이는 것은 많은 언어의 구어체에서 보이는 특징적인 유형이다. 휴즈와 맥카시에 따르면 이는 "아마도 면대면 상호작용과 대화의 실시간적 본질의 요건을 반영한 것"이다.

짜임새(Texture)

짜임새 즉 텍스트가 긴밀성이 있는 하나의 덩어리라는 느낌을 만들 수 있는 한 가지 방법은 동사 시제를 사용하는 것이다. 베테랑 언어 교사들은 동사 시제 학습의 어려움은 시제를 만드는 방법(학생들이 그 방법을 알기는 해야 하겠지만)도 아니고 그 시제의 의미(학생들이 이것도 알아야 하겠지만)도 아니라는 것을 알고 있다. 문제가 되는 것은 언제 그 시제를 사용해야 할지, 특히 특정한 보충적 언어 환경에서 다른 시제가 아닌 그 시제를 사용할 때가 언제인지 아는 것이다. 이 문제는 학생들에게 각 시제가 전체 체계에 어떻게 맞아들어 가는지 보여 주지 않은 채 시제를 하나씩 따로 제시하는 교수 전략 때문에 더 악화된다. 종종 문장 수준에서 새로운 시제가 등장하면서 초문장 수준에서 작동하고 있는 전체 체계를 생각하기 힘들게 해서 이 문제가 더 복잡해진다.

7.4

아래 작문은 포트랜드 주립대학교 ESL 교사인 톰 쿠언(Tom Kuehn)이 교육적 목적으로 쓴 것이다. 여러분은 글쓴이의 동사 시제 사용을 어떻게 평가하겠는가?

I don't know what to do for my vacation. It will start in three weeks. I saved enough money for a really nice trip. I already went to Hawaii. It will be too early to go to the mountains. I worked hard all year. I really need a break.

나는 휴가 때 무엇을 할지 모른다. 휴가는 삼 주 후에 시작될 것이다. 나는 아주 훌륭한 여행을 위해 돈을 충분히 모았다. 하와이에는 이미 갔다. 산에 가기는 너무 이를 것 같다. 나는 일 년 내내 열심히 일했다. 나는 정말 휴식이 필요하다.

자, 이 작문은 많은 사람들이 문법적이라고 생각할 것이며 많은 영어 교사들은 자기 학생들이 이렇게 잘 쓴다면 기뻐할 것이다. 역시 각 개별 문장의 형식은 잘 갖추어져 있고 시제 사용도 시간상 일관성을 보이면서 의미가 있다. 그러나 톰은 이 작문을 흐트러진 텍스트의 예로 보여 주기 위해 만들었다. 이 텍스트의 짜임새가 부족한 것은 다음과 같은 몇 가 지 이유에서이다. 그 중 하나는 특정한 관점으로 사건을 기술할 때 그 관점을 벗어나기 전까지는 그 특정 관점을 고수해야 짜임새가 강화된다는 격률을 시제 사용에서 위반하고 있다는 것이다. 이 단락을 쓴 이가 한 방향, 즉 이를테면 현재 시제 내에 머물렀다면 이 담화는 덜 흐트러졌을 것이고 더 일관성 있게 되었을 것이다. 톰이 현재 시제로 고정시켜 다시 쓴 글을 보자.

> I don't know what to do for my vacation. It starts in three weeks. I have saved enough money for a really nice trip. I have already been to Hawaii. It is too early to go to the mountains. I have worked hard all year. I really need a break.

> 나는 내 휴가 때 무엇을 할지 모른다. 휴가는 삼 주 후에 시작된다. 나는 아주 훌륭한 여행을 위해 돈을 충분히 모아 놓았다. 하와이에는 이미 다녀왔다. 산에 가기에는 너무 이르다. 나는 일년 내내 열심히 일해 왔다. 나는 정말 휴식이 필요하다.

여전히 몇 가지 문체상의 어색함이 있긴 하지만 두 가지 버전을 비교해 보면 학생들이 시제 용법에 대해 지속적으로 갖고 있는 많은 의문들이 해결될 수 있음을 확인할 수 있을 것이다. 예를 들어 언제 현재완료를 쓰고 언제 과거를 써야 하는지에 대한 의문은, 글쓴이가 현재 시제틀을 기준 시점으로 썼을 때는 하와이 여행이 이미 완료되었더라도 현재완료가 적합한 시제라고 말을 해 줌으로써 적어도 부분적으로 해결될 수 있다.

그러면 또 영어에서 미래 시간을 표현할 때 언제 단순 현재 시제를 쓰고 언제 단순 미래를 쓸지에 대한 의문이 생긴다. 두 번째 버전에서는 미래 사건을 지시하기 위해 단순 현재가 쓰이고 있는데, 이는 글쓴이가 그 사건을 현재 시점에서 바라보고 있기 때문이다. 이와 같이 시제 용법에 관한 의문은 시제/상을 순수하게 문장 수준의 현상으로 생각하면 답하기가 어렵다.

담화 내 동시발생 구조(Co-occurring structures in discourse)

때로 담화 차원의 관점이 다른 문법적 수수께끼를 해결하기도 한다. 예를 들어 영어의 *used to*와 *would*의 차이를 생각해 보라. 다시 말하지만, 우리가 우리의 시각을 문장 수준에 한정시키면 이 둘을 구분하기가 어렵다. 이 둘 다 조동사 형태이고 둘 다 과거 습관이라는 공통된 의미를 가지고 있다. 그러나 형태의 변화가 의미나 용법의 변화를 가져온다는 발견적 원칙을 지킨다면 우리는 용법상의 차이를 찾아보게 될 것이다. 비록 아래와 같이 그 차이가 문장 수준에서는 잘 잡히지 않지만,

> I used to worry a lot when I was younger.
> I would worry a lot when I was younger.
> 지금보다 더 젊었을 때 나는 걱정을 많이 하곤 했다.

텍스트 수준에서는 분간하기가 더 쉽다.

서(Suh 1992)의 설명에 따르면, 시간상 더 명시성을 띠는 *used to*가 에피소드의 경계를 표시하거나 과거 습관적 사건을 위한 틀(frame)을 세우는 경향이 있는 반면, 좀 더 우연성을 띠는 would 또는 'd는 세부적인 것을 표현하거나 화제를 정교하게 설명해서 때로는 would 대신 단순 과거 시제가 나타나기도 한다. 셀체-무르시아와 라슨-프리만(Celce-Murcia and Larsen-Freeman 1999)에 인용된 바 있는 터클(Terkel 1974: 32)의 다음의 예문에서는 화자가 미국에서 아동으로서 겪었던 차별에 대한 불만을 이야기하고 있다. 여기에서 *used to*는 틀을 설정하고 세부 사항은 *would*로 전달되는 것을 확인하라.

> The bad thing was they **used to** laugh at us, the Anglo kids. They **would** laugh because we'**d** bring tortillas and frijoles to lunch. They **would** have their nice little compact lunch boxes with cold milk in their thermos and they'**d** laugh at us because all we had was dried tortillas. Not only **would** they laugh at us, but the kids **would** pick fights.

> 나쁜 점은 그들이, 앵글로계 아이들이 우리를 비웃곤 했다는 것이었다. 그들은 우리가 점심으로 토르티야와 프리홀을 가져와서 우리를 비웃었다. 그들은 보온 도시락에 찬 우유를 넣은 멋있고 아담한 도시락을 가져왔지만 우리는 기껏해야 마른 토르티야만 가져왔기 때문에 우리를 보고 웃었다. 우리를 보고 웃기만 한 것이 아니라 싸움을 걸기도 했다.

담화 기능(Discourse function)

시간성[9](temporality)을 표시하는 것 이상으로 담화에서 시제가 갖는 또 다른 기능은 주요 줄거리와 덜 중요한 정보를 구분하는 것이다. 담화 이야기에서 특정 문장들은 배경 정보(background)를 공급하고 다른 문장들은 주요 줄거리를 전달하는

---

9 역자 주: 어떤 것이 가지는 근원적인 시간.

전경(foreground)으로 기능한다는 점이 확인되었다. 이 문장들은 종종 동사 시제에 의해서 서로 구분된다. 예를 들어 다음 (그다지 고무되지는 않은) 이야기에서 전경 정보를 위해서는 과거 시제가, 배경을 위해서는 현재 시제가 쓰이고 있다.

Yesterday I went to the market. It has lots of fruit that I like. I bought several different kinds of apples. I also found that plums were in season, so I bought two pounds of them.

어제 나는 시장에 갔다. 거기에는 내가 좋아하는 과일이 많이 있다. 나는 몇 가지 종류가 다른 사과를 샀다. 나는 자두가 제철이라는 것을 알았고, 그래서 자두를 두 파운드 샀다.

이 짧은 텍스트에서 전경의 과거 이야기에 현재 시제 동사를 가진 두 번째 문장이 끼어들었다. 이 두 번째 문장은 전체 이야기의 일반적 배경 정보가 되는 정보, 즉 시장에 대해 진술하고 있다.

담화 기능의 또 다른 예는 담화 "가교(bridge)"로 현재완료를 쓴 경우에서 드러난다. 신문 기사에서 빌췌한 다음 예에서, 십년 전 차타누가(Chattanooga)의 모습과 현재의 모습 사이에 어떻게 현재완료 시제(*All that has changed now*)가 가교로서의 역할을 하는지 확인해 보자.

"Downtown was basically a ghost town," said Rich Bailey, director of the local chamber of commerce's news bureau. "That was a result of economic changes all across the country. Historically, Chattanooga was manufacturing town, and many of the manufacturers left the city. We had entire blocks with almost empty building and parking lots. It was scary."

All that has changed now. The air is much cleaner, the warehouses have either been torn down or renovated to accommodate the new businesses, and the Tennessee River waterfront that had once been used for slag heaps and empty coke furnaces is today lush, green and vibrant. (The Brattleboro Reformer, July 7, 1999).

"시내는 근본적으로 유령 도시였어요."라고 상업 뉴스국의 지역 사무실 실장인 리치 베일리가 말했다. "그것은 전국적인 경제 변화의 결과였어요. 역사적으로 차타누가는 제조업 도시였는데, 많은 제조업자들이 도시를 떠나버렸어요. 구역 전체가 빈 건물과 주차장 밖에 없게 되었지요. 무서웠어요."

그 모든 것이 이제 달라졌다. 공기는 훨씬 더 깨끗하고 창고들은 헐리거나 새 기업들을 수용하기 위해 개조되었으며, 한때 잿더미와 빈 코크스 용광로로 쓰였던 테

네시 강변은 이제 싱싱하고 푸르고 활기에 넘치고 있다. (브래틀보로 리포머 1999년 7월 7일자)

담화 문법을 살펴보면 텍스트의 모양을 갖추고 그 처리 가능성을 향상시키는 기능을 확인할 수 있다. 게다가 문장 수준에서는 잡기 어려운 문법에 관한 사실들, 이를테면 현재완료의 용법 같은 것이 텍스트의 수준에서 더 잘 이해가 되고 가르치기도 더 쉽다는 것을 암시한다. 이 점을 드러내는 또 다른 예로, 휴즈와 맥카시(Hughes and McCarthy 1998)는 위의 발췌문의 마지막 문장에 나오는 과거완료 시제(that had once been used)가 담화 수준의 배경에 자주 쓰여서 주요 사건에 대한 설명을 제공한다고 지적하는데, 실제로 이 예문에서는 재건 이전의 차타누가에 대한 기술을 하면서 그 방식이 쓰이고 있다.

담화 기능을 갖는 문법 구조의 마지막 예는 actually의 용법과 관련되어 있다. 이것은 형식상 단일 부사이며, 사전을 찾아보면 '사실'이나 '현실'을 의미한다는 것을 알 수 있다. 그러나 다음 전화 대화문의 시작 부분에서 쓰인 actually의 예를 보자. 이 인용문은 클리프트(Clift 2001)에서 가져와 수정한 것이다.

Ida: Hello
아이다: 여보세요.

Jenny: Hello, Ida. It's Jenny
제니: 여보세요, 아이다야. 나 제니야.

Ida: Hello Jenny. How are things? All right?
아이다: 여보세요, 제니야. 어떻게 지내? 잘 지내?

Jenny: Yes. Fine. Yes. I am ringing up about tomorrow actually. I'll do coffee
    tomorrow morning.
제니: 응. 잘 지내. 응. 그런데 실은 내일 일때문에 전화 걸었어. 내일 아침에 커피로
    할 거거든.

이 예문에서 *actually*는 주제 즉 전화를 건 이유를 처음 말하는 데 쓰이고 있다. 그 기능은 대화 구조를 조직하는 대화 순서 연속체 중 하나로 이해하면 가장 좋을 것이다.

구어 문법 대 문어 문법
SPOKEN GRAMMAR VERSUS WRITTEN GRAMMAR

  마지막 예문은 대화에서 인용한 것인데 이 시점에서 문어체 텍스트의 문법이 구어체 텍스트의 문법과 어느 정도 다른지 생각해 볼 필요가 있다. 구어 문법은 종종 문어 문법을 기준으로 보곤 한다. 그러나 구어 문법을 문어 문법보다 못한 것이라기보다 그 자체로 보는 것이 뜻이 더 잘 통할 것 같다. 구어 언어 말뭉치의 새로운 전자 버전들이 나오면서 전에는 포착하기 어려웠던 구어 언어의 본질을 더 쉽게 조사할 수 있게 되었다. 그러면서 구어 텍스트의 특정 자질들이 분명하게 드러났다. 예를 들어, 맥락이 공유되는 면대면 상호작용은 상당한 생략을 허용하는데, 이 때 문장의 일부들이 맥락을 통해 복구될 수 있기 때문에 "생략(omitted)"이 되는 것이다. 다음의 짧은 대화에서 생략된 부분은 괄호로 표시하였다.

> Joe: (Do you) Wanna go to the movies?
>   (너) 영화 보러 갈래?
>
> Jim: Sure. (I want to go to the movies)
>   그래. (나 영화 보러 갈래)
>
> Joe: Which one? (do you want to see)
>   어느 거? (너는 보고 싶어)
>
> Jim: (It) Doesn't matter.
>   (그건) 상관없어.

  이 단순한 대화에서 볼 수 있듯이, 대부분의 대화문의 기본 조직 단위는 짧으며, 평균 여섯 단어로 구성되어 아마도 기억하기의 부담을 덜어 줄 것이다. 이는 화자의 대화 차례가 훨씬 더 길더라도 마찬가지인데, 이런 경우에는 짧은 토막들이 용이한 처리를 위해 단순 점증적으로 이어져 나온다. 이러한 일은 특히 이야기에서 자주 나타나는데 이 때 토막들은 다음과 같이 억양 단위와 일치한다(차페 Chafe 1987).

You know	I was on my way here	when I ran into Dan.
있잖아	내가 여기 오는 길에	댄하고 마주쳤어.

  이 장 앞에서 휴즈와 맥카시(Hughes and McCarthy)의 자료를 들어, 화자들은 말하는 내용을 청자가 처리하는 데 도움을 주기 위해 절 내에서 정보를 주제(theme)

앞에 두는 경향이 있다고 언급한 바 있다. 절 끝에 나타나는 "꼬리(tail)"(카터와 맥카시 Carter and McCarthy 1995)도 아마 동일한 이유에서 자주 쓰이는 것으로 보인다. 예를 들면 아래와 같다.

Do I stir it first, the tea?
먼저 저어요, 그 차?

맥카시 1998
McCarthy 1998와
리치 2000
Leech 2000 참고
구어 텍스트의 이런 그리고 다른 특징들이 매력적이고 중요한 만큼, 그것들은 구어 문법과 문어 문법이 두 개의 서로 다른 체계를 구성하며, 이 둘을 언어 학습자들에게 가르쳐야 한다는 걱정어린 생각을 불러 일으킨다. 그러나 나는 리치(Leech 2000)이 있어 안심이 된다. 일단 리치는 구어 문법과 문어 문법은 동일한 문법적 레퍼토리를 가지고 있되 빈도가 다른 것이라는 입장을 취하고 있다. 게다가 리치가 지적하듯이 구어 문법의 비슷한 특징이 서로 다른 언어들에서 발견되는 경향이 있으므로 학생들은 목표 언어에 적용할 수 있는, 언어를 다루는 전략을 이미 가지고 있을지도 모른다.

맥락적 분석과 말뭉치 언어학
Contextual Analysis and Corpus Linguistics

잠시 옆으로 빠져서 내가 어떻게 담화 문법에 관심을 갖게 되었는지 설명하면 좋을 것 같다. 내가 처음 관심을 갖게 된 계기는 ESL 학생들을 가르치면서 반복해서 겪은 경험이었다. 학생들은 뭔가 좀 맞지 않는 텍스트를 산출하곤 했는데, 뭐가 잘못되었는지 딱 꼬집어 말하기도, 그것을 개선할 방법을 알아내기도 힘들 때가 있었다. 후에 UCLA의 내 동료 마리앤 셀체-무르시아(Marianne Celce-Murcia)와 같이 작업을 하면서 맥락 내 문법 사용을 연구하는 방법론인 맥락적 분석에 관심을 갖게 되었다. 마리앤과 우리 학생들 그리고 나는 뉴스 잡지들을 열심히 살펴보고 라디오 토크쇼에 귀를 기울이고 소설을 훑으면서 특정 문법 구조가 어떤 기능을 하는지 보여줄 충분한 예시들을 찾곤 했다. 말할 필요도 없이 그것은 지루한, 그러나 대부분은 보람이 있는 작업이었다.

요즘은 보상을 훨씬 덜 지루한 방법으로 얻을 수 있다. 다양한 언어의 구어와 문어 텍스트의 거대 말뭉치들이 연구 목적으로 쓰일 수 있게 컴퓨터 데이터베이스로 축적되어 왔다. 말뭉치 혁명은 연구자들이 언어의 검증된 예들에 쉽게 접근할 수 있어서 다른 무엇보다도 수행 문법(performance grammar)을 구축할 수 있게 되었음을 의미하였다. 말뭉치 언어학자들은 자기가 연구하고 싶은 특정 유형이나 어휘 항목, 문법 구조의 많은 예들을 찾아서 보여 주는 용어 색인 소프트웨어를 사용할 수 있다. 언어 학습자 텍스트 말뭉치도 나와 있어 중간언어

(interlanguage) 대조 연구를 할 수 있다.

예를 들어, 린(Lin 2002)은 그녀가 가르치는 홍콩 중국인 학생들이 다음과 같은 단락을 쓰는 것을 발견하였다.

> That's means more graduate students feels hopeless. A lot of graduate students are difficult to find job from 1997–1998. A lot of graduate students need about three months to find first job. Then, some graduate students cannot find first job after?

> 그것은 많은 대학원생들이 절망을 느낀다는 것을 의미한다. 1997~1998년에 많은 대학원 학생들은 직장을 구하기 어렵다. 많은 대학원 학생들이 첫 직장을 찾는데 약 석 달이 필요하다. 그럼, 어떤 대학원 학생들이 나중에 첫 직장을 찾을 수 없나?

린은 두 번째 문장과 같은 문장에 초점을 맞추었다. 그녀는 이 문제를 선행 주어 *it*[10]을 쓰지 못하는 학생들의 공통된 문제로 진단하였다. 그런 후 린은 홍콩 폴리테크닉 대학교(Hong Kong Polytechnic University)에 있는 학습자 말뭉치를 찾았다. 이 말뭉치는 160,000 단어로 구성되어 있었는데, 주로 논쟁적 에세이와 학생들 글에 대한 보고서로 구성되어 있었다. 그녀는 이것을 영어 원어민 화자들의 산출로 구성된 말뭉치인 LOCNESS(Louvain Corpus of Native English Essays 루베인 원어민 영어 에세이 말뭉치)와 비교하였다. 이 비교를 통해서 그녀는 홍콩 학생들이 원어민 영어 화자들에 비해 *it*을 충분히 쓰지 않았으며 그 차이가 유의미함을 발견하였다. 그녀는 용어색인 소프트웨어 프로그램을 써서 학생들의 에세이에서 가져온 문장들로 구성된 세 묶음의 색인을 다음과 같이 만들었다.

> sults show that graduates are **hard** to seek their "perfect job"
> s in the black market will be **hard** to control as those criminals
> nal factor makes the disabled **hard** to find a job is the economic

> ed into the community becomes **difficult** from social public to the ind
> lous society. This makes them **difficult** to integrate into the communi
> refore, the disabled are very **difficult** to find a job is the dconomic

> her practices the skills were **easy** to be forgotten. Tabl
> d that the graduates were not **easy** to have a job which I mush
> of the disables, they are not **easy** to do some daily works in the

---

10 역자 주: 앞의 단어, 구, 절 등을 대신하는 용법.

이들 색인을 통해 린은 *it*을 충분히 사용하지 못하는 것과 관련된 많은 오류가 학생들이 흔히 쓰이는 특정 형용사와 선행 주어 *it*를 같이 쓰지 못하는 데서 비롯된다는 것을 알게 되었다. 예를 들어, 앞서 보여 준 학생의 글 두 번째 문장을 다시 써서 고치면 다음과 같이 될 것이다.

It was difficult for graduate students to find jobs from 1997–1998.
1997–1998년 까지 대학원 학생들이 일자리를 찾기가 어려웠다.

린은 선행 주어 *it* 을 사용하지 않는 이유를 중국어 담화 구조가 주제를 반복함으로써 주제 연속성을 유지(주제 연쇄)해야 한다는 것에서 기인한다고 보았다. 단락 내 생각의 흐름을 유지하기 위해서 글쓴이들은 중국어의 유형학적(typological) 자질을 영어 중간언어로 전이시켜 각 문장의 시작 부분에 그 단락의 주제를 반복한 것이다.

린과 그녀의 중국인 학생들의 예는 *상호주관성(inter-subjectivity)*의 문제이다. 이 경우에는 학생이 표현하고자 하는 것이 무엇인지와 왜 그런 것인지를 교사가 확립해 주는 일의 중요성을 부각시킨다. 린의 중국어 지식이 이런 면에서 그녀에게 도움이 되었다. "학생이 어디에서 왔는지"를 이해하는 것이 학생들로 하여금 자신들이 의도하는 방식으로 그리고 청자나 독자가 그 의도를 해석할 수 있게 돕는 방식으로 의사를 표현하도록 돕는 열쇠이다.

이 장에서 논의한 용법 선택은 중요한 선택이다. 나는 담화 문법이 문장 수준 문법을 대체해야 한다고 주장하고 있는 것이 절대 아니다. 문장 수준의 시각도 문법에 대한 통찰을 가지고 있기 때문이다. 그러나 그것은 불완전하며 가끔 더 높은 수준에서는 모순된다. 더 높은 수준 즉 내가 앞서 문법의 공중 촬영한 사진적 관점이라고 지칭한 바 있는 것은, 의사를 표현하는 것과 그 표현이 청자나 독자에 의해 해석되는 방식을 고려하는 것 사이의 역동적인 상호작용임을 보여 준다. 이런 식으로 보면 담화 문법은 구성적(constitutive)이라 할 수 있으며, 이는 텍스트 구성과 텍스트 해석 모두에 핵심적인 특징이기도 하다. 그러므로 담화 문법은 시냇물의 소용돌이가 흐르는 물에서만 보이는 것처럼 오솔길 전체를 봄으로써 오솔길의 유형을 알게 해 준다.

추천 자료

셀체–무르시아(Celce-Murcia)의 업적은 담화 수준에서 문법의 역할에 대한 우리의 이해를 진전시키는 데 큰 기여를 하였다. 초기에 그녀는 문법 사용의 이해에 대한 맥락 분석적 접근 방법에 대해 글을 썼다(셀체–무르시아 1980). 그 이후로 문법과 담화에 대한 글을 많이 썼다. 예를 들면 셀체-무르시아(1991)과 (1992)가 그것들이다. 휴즈와 맥카시(Hughes and McCarthy 1998)도 이런 측면에서 훌륭한 자료이다. 라슨-프리만, 쿠언과 하시어스(Larsen-Freeman, Kuehn and Haccius 2002)는 영어 동사 시제/상 체계와 담화 수준에서 그 체계의 작용에 대해 논의한다. 근래에 말뭉치 언어학에 관한 많은 논문이 쓰여지고 있다(신클레어 Sinclair 1991). 교사를 위한 좋은 자료로는 파팅톤(Partington 1998)과 맥카시(McCarthy 2001), 그리고 탠(Tan 2002)이 있다. 바이버, 콘래드 그리고 레펀(Biber, Conrad and Reppen 1998)은 말뭉치 언어학을 소개하고 있다. 헌스톤과 프랜시스(Hunston and Francis 2000)는 말뭉치를 이용한 "어휘적 문법(lexical grammar)"에 대해 쓰고 있다.

많은 전자 말뭉치가 나와 있어서 저렴한 사용료만으로 이용할 수 있다. 자연 구어체 영어 담화 말뭉치 목록을 보고 싶으면 리치(Leech 2000)를 참고하기 바란다. 나에게 가장 익숙한 말뭉치는 미시건 구어 학술 영어 말뭉치(Michigan Corpus of Spoken Academic English, MICASE)로, 미시건 대학교 영어 연구소(English Language Institute)의 연구자들이 웹을 통해 무료로 사용할 수 있도록 만든 자료이다(www.hti.umich.edu/m/micase). 국제 영어 말뭉치에 대한 논의를 보고 싶으면 사이들호퍼(Seidlhofer 2001)를 참고하고, 학습자 영어 말뭉치에 대한 논의를 보고 싶으면 그랜저(Granger 1998)와 그랜저, 헝 그리고 페치-타이슨(Granger, Hung and Petch-Tyson 2002)를 참고하기 바란다.

8

문법 학습: SLA 연구와 의식 상승에서 얻는 깨달음
LEARNING GRAMMAR: INSIGHTS
FROM SLA RESEARCH AND CONSCIOUSNESS-RAISING

나는 앞의 다섯 개의 장을 통해서 문법을 다소 파격적인 관점으로 보았다. 문법을 역동적이고 복잡하고 이성적이고 유동적이며 발견적인 상호연계성을 가진 체계로 보는 것이 아무리 기발하다고 해도 우리는 여전히 "그래서 어쨌다는 거지?"라는 질문에 답을 해야 한다. 즉 그런 식으로 문법을 보는 것이 우리 학생들이 학습하는 데에 조금이라도 더 도움이 되는가 하는 것이다. 우리 학생들이 언어를 공부하는 목적이 무엇이든, 모든 교사들이 입을 모을 수 있는 한 가지 사실이 있다. 그것은 학생들을 지도하기 위해 할 수 있는 혹은 해야 하는 모든 것을 할 시간이 결코 충분하지 않다는 것이다. 물론, 내 학생들의 목표와 내 목표는 내 학생들이 언어를 배우는 것 그 이상의 많은 것을 포함한다. 예를 들면 내 목표들 중 하나는 내 학생들이 목표 언어 화자들에 대한 좀 더 적극적인 태도를 기르는 것을 돕는 일일 것이다. 또 하나는 내 학생들이 더 높은 수준의 숙달도를 성취할 수 있도록 계속 공부하고 싶게 동기를 부여하는 것일 것이다. 나는 내 학생들이 자기 자신의 언어에 대한 인식을 증가시키거나 목표 언어로 쓰인 문학을 즐겁게 감상하도록 도우려고 노력할 수도 있다. 그 목표가 무엇이든지 우리는 여전히 동일한 기준으로 묶여 있다. 그것은 우리에게 주어진 시간에 우리가 원하는 수준으로 우리의 목표를 성취했는가이다.

이것이 바로 내가, 문법은 스스로 학습될 수 있고 굳이 가르칠 필요가 없다는 말을 신화라고 믿는 이유이다. 어떤 사람들은 스스로 언어의 문법을 습득할 수 있지만 효율적으로 이것을 할 수 있는 사람은 드물다. 특히 사춘기가 지난 사람들이거나 외국어를 습득하는 것이 대체로 그렇듯 목표 언어에 대한 노출이 제한되어 있는 경우에는 더욱 그렇다. 게다가 목표 언어가 쓰이고 있는 공동체에 살 기회를 가지고 있다 하더라도 교실 내에서처럼 교실 밖에서 문법을 효율적으로 배울 수 있는 사람은 극히 드물 것이다. 교육의 요지는 언어 습득 과정을 촉진하는 것이지 학습자들이 스스로 할 수 있는 것에 만족하거나 더 잘하려고 노력하는 것이 아니다. 따라서 교육받지 않은 언어를 습득하는 데 효율적인 방법이 모든 학습자들을 대상으로 하는 교수 실제에서 사전 처방과 사후 처방으로서 자동적으로 전환될 수는 없다.

이러한 조심스러운 생각은 모어 습득이나 심지어 우리가 알고 있는 어린 학습자들의 제2 언어 습득에도 적용된다. 모든 언어 학습에는 공통적인 특징들이 있기는 하지만, 한편으로는 제1 언어(L1)/초기 제2 언어(L2)/이중언어 습득, 다른 한편으로는 나이든 학습자나 성인의 L2습득 사이의 근본적인 차이를 지지할 사례를 찾는 것은 어렵지 않다(블레이-브로만 Bley-Vroman 1988). 예를 들어 성인은 제2 언어 습득에서 어린 언어 습득자들이 가진 것으로 설정된 특정 언어 습득 능력보다 문제 해결 전략에 더 의존한다는 주장은 타당성이 있다.

이와 함께, 나는 어떻게 학습이 전개되는지를 더 잘 이해하기 위해서 자연적인, 교육받지 않은 – 교육받은 것과 마찬가지로 – 언어 습득에 대해 가능한 많이 아는 것이 우리에게 도움이 될 것이라는 점을 덧붙이고 싶다. 실제로, 내가 *문법* 사용 *하기(grammaring)*라고 할 때는 문법의 역동적인 시각 – 통시적 진화와 공시적 처리, 구조를 정확하고 의미있고 적절하게 쓸 수 있는 능력 – 뿐만 아니라 문법 발달의 역동적 과정도 반영한다는 것을 의미한다. 그러므로 다음 세 장의 초점은 "3대 중요 쟁점", 즉 의식 상승 consciousness-raising(문법 특징에 대한 학생들의 인식(student's awareness)을 높이는 것), 연습, 피드백에 맞추어질 것이다. 이 장에서 나는 제2 언어 습득(SLA) 연구가 학습자 문법 발달에 대해 일반적으로 어떤 시사점을 주는지를 간단하게 정리할 것이다. 이어서 문법을 배우는 학습자들의 의식을 상승시키는 방법에 대해 연구 모임에서 다루어졌던 다양한 제안들을 논의할 것이다. 다음 장에서는 다른 분야의 연구에서 출력 연습(output practice)에 대한 문제들을 통해 우리가 얻을 수 있는 시사점에 대해 살펴볼 것이다. 학습에 관한 시리즈의 세 번째 장에 속하는 제10 장에서는 피드백에 대해 논의할 것이다.

논의를 시작하기 전에 먼저 한 가지를 언급하고자 한다. 이 세 장에서 내가 논의할 언어 습득 연구는 여러분이 수업을 하는 맥락과는 다른 맥락에서 이루어지는 것이다. 궁극적으로 여러분의 교육적 실천을 의미있게 구체화해 주는 것은 여러분과 함께 공부하게 될 학생들의 구체적인 요구와 반응, 그리고 매일 일하는 근무 조건들이다. 따라서 나는 이 연구들이 학생들의 요구와 반응을 해석해 줄 한 가지 방법을 우리에게 주는 것으로 볼지언정 교육적 실제의 궁극적인 중개자로 보지는 않는다. 어떤 경우에는 연구 결과가 우리가 경험을 통해 알게 되는 것들을 확인시켜 준다. 또 다른 경우에는 연구 결과가 그에 모순되어, 우리가 너무 안도하지도 않게 하고 우리의 교수 실제가 지나치게 틀에 박히도록 놓아두지도 않는다.

문법 습득에 관한 것은 그 자체가 가지는 이론적 함의로 인해 수년 동안 SLA 연구 주제로 주목을 받아 왔다. 따라서 문법 습득에 관한 모든 문헌을 정리하는 것은 불가능하다. 따라서 나는 SLA 연구 문헌에서 몇 가지 적당한 주제만을 선별해

다른 문헌을 보려면
피카 1994,
다우티와 윌리엄스 1998,
라이트바운 2000을 참고

서 부각시켜 봤다. 마지막으로 교사들이 종종 SLA 연구에서 얻은 교훈이 있으면 알려 달라는 요청이 있어 그동안 교사들이 나에게 문의한 질문들로 내용을 조직하였다.

1. SLA 연구에서는 일반적으로 문법 습득 과정에 대해 무엇을 말하고 있는가? WHAT DOES SLA RESEARCH SAY ABOUT THE PROCESS OF GRAMMAR AQUISITION IN GENERAL?

일반적으로 대부분의 언어 습득 연구자들은 학습자가 목표 언어의 특징에 관한 가설들을 가지고 있을 때 문법 발달이 시작된다는 가정 하에 작업을 한다. 연구자들의 이론적 근거가 촘스키의 보편 문법(UG)이라면, 여기서 "가설"은 생득적인 보편 문법으로부터 일어나는 것으로 보는데, 이 때 내재적인 보편 문법이란 모든 언어가 공통적으로 가진 핵심 원리들을 말하는 것이며, 세계 각 언어들은 각기 다른 매개 변수로 구성된다. 촘스키는 L1 입력이 너무 불완전하고 파편적이라서 아이들이 문법을 이끌어낼 수 없다고 생각해, 생득적인 원리들(촘스키 [Chomsky 1995]의 최소주의 프로그램에서 더욱 추상화되는데)이 L1 습득 과정을 안내한다고 본다. 그리고 언어에 노출이 되면 주어진 원리의 매개 변수들이 설정된다. (아래 예를 보라) 반면 제2 언어 학습자들은 자신들의 L1에 기초한 매개 변수 설정 가설을 가지고 목표 언어와 접촉하게 된다.

다른 이론들을 보려면 라슨-프리만과 롱 1991 참고

또는 연구자의 이론적 배경이 생득주의 보편 문법의 관점이 아니라 환경주의적/경험주의적이라면, 가설은 선험적인 UG에서 나오는 것이 아니라 목표 언어 입력에 대한 학습자의 분석에서 발생될 것이다.

이 두 경우 모두에서 학습자들은 *유추하기(inferencing)*라는 인지적 과정에 자기의 가설들을 맞추어 보게 될 것이다. L2에 대한 가설이 L1 매개 변수 설정에서 파생되었다면 유추하기는 *연역적(deductive)*이라고 말한다. 달리 말하면, 학습자들은 L2 입력 속에 있는 어떤 구조적 특징에 의해 검증되거나 검증되지 않는, 매개 변수에 대한 일련의 가설들을 가지고 L2에 접근한다. 검증되지 않는다면, 그 매개 변수 설정은 해당 L2에 대해 조정되어야 할 것이다. 예를 들어 세계 언어들은 두 개의 범주, 즉 맥락으로부터 이해할 수 있을 때는 문장 주어를 생략하는 언어(예: 스페인어의 *está contenta* "행복하다 *(is happy)*")와 그렇지 않은 언어(예: 영어 *She is happy*), 이 가지로 나뉘기 때문에, UG에는 이분지 매개 변수가 있다. 스페인어를 구사하는 영어 학습자들은 영어에 노출이 되면 이 매개 변수의 설정(공空 주어)이 제1 언어와 제2 언어에서 다르다는 것을 유추해서 영어를 위한 이 매개 변수를 "재설정(reset)"할 것이다. 이것은 L2 매개 변수가 L1의 매개 변수보다 더 유표적(marked)일 경우를 제외하면 – 즉 더 복잡하거나 세계 언어들 사이에 드물게 나타나는 경우를 제외하면 – 상대적으로 쉬운 일이다.

매개 변수에서 출발해서 그 설정에 대해 검증하거나 검증하지 않는 증거를 추론적으로 찾아내는 대신에, 경험주의자들은 유추하기가 *귀납적(inductive)*이라고 주장한다. 즉 학습자들은 어떤 사전 가설도 없으며 그 대신 그들은 구체적인 예에 기초해서 목표 언어에 대한 일반화를 유추한다는 것이다. 예를 들어, 스페인어에 얼마간 노출된 후에 스페인어 학습자는 스페인어에 단수 보통명사를 위한 두 개의 표지가 있다는 가설을 세울 수 있다. 곧 –a로 끝나는 명사와 함께 쓰이는 것처럼 보이는 *la*와, –o로 끝나는 명사에 쓰이는 *el*이 그것이다. 이 학생은 –a로 끝나는 다른 단수 명사 앞에 *la*를 넣어봄으로써 이 가설을 "시험(test)"해 볼 수 있다. 이 가설은 많은 명사에서 검증이 되겠지만, 학습자가 *día*('날, 일이라는 뜻의 스페인어 단어) 같은 명사를 가지고 시험을 해 보았다면, 이 가설은 수정되어야 한다는 것을 알게 될 것이다. *día*는 앞에 *la*가 아닌 *el*을 취하기 때문이다. 이 지점에 이르면 학습자는 자기 가설을 수정하거나 *día*가 예외라는 것을 올바르게 유추할 것이다.

물론 학습자들이 과학자처럼 이 모든 분석을 의식적으로 한다고 믿는 사람은 없다. 학습자들은 시험 중인 명시적인 가설들을 가지고 있을 때도, 그렇지 않을 때도 있다. 어떤 때에는 적당한 증거 즉 언어적 자료에 관심을 기울이고, 또 어떤 때에는 그렇지 않을 것이다. 그러나 대체로 경험주의자의 관점에서는, 학습자들이 목표 언어의 형태로부터 귀납적 추론을 한 것에 기초하여 L2 문법 규칙들을 구성한다고 가정한다.

유추하기는 연구자들이 학습자의 행동을 이해하려고 할 때 사용하는 인지적 과정이기도 하다. 학습자의 행동이 규칙에 대한 *과잉일반화(overgeneralization)*, 이를 테면 영어 학습자가 *eated*나 *sleeped*를 산출하는 행동을 포함하고 있을 때, 연구자들은 학습자들이 과거 시제가 –ed로 표시되는 많은 영어 규칙 동사에 노출이 되어 그런 일반화를 하게 되었다고 유추한다. 그리고 학습자들은 "중간언어 규칙(interlanguage rules)"을 실제로 시험해 보고 있으며, 궁극적으로 자기 자신의 수행과 다른 사람의 수행 사이에 나타나는 괴리를 인식하여 과거형에 대한 자기들의 규칙을 버리거나 수정하게 될 것이라고 주장한다.

2. SLA에서 문법은 항상 규칙을 찾는 것과 관련되는가?
IS THE SLA OF GRAMMAR ALWAYS A MATTER OF FIGURING OUT THE RULES?

*연결주의(connectionism)*라 불리는 좀 더 새로운 접근법도 학습자 수행 모델을 만들 때 귀납적인 유추하기에 의존한다. 그러나 이 접근법은 귀납 추론되는 것이 규칙이라는 주장을 거부한다. 연결주의자들은 뇌의 신경망에 해당하는 연결망 컴

퓨터 모델을 개발하였다. 그 연결망들은 상호연결된 마디(node)들로 구성된다. 이 마디들은 신경세포 뉴런(neurons)을 나타내는데, 뉴런은 시냅스(synapses)를 통해 서로 연결되어 있다. 이 컴퓨터 모델들은 엄청난 양의 목표 언어 입력을 받음으로써 "훈련(trained)"된다. 해당 언어 자료가 입력되면 연결망 내 특정 연결 부분이 강화된다. 그러므로 연결 가중치(connection weight)는 조정 가능하며 매초마다 연결 가중치는 변화한다. 어느 시간에든지 연결 가중치는 특정한 상태로 안정돼 가거나 그런 상태에서 멀어져 간다. 이런 컴퓨터 연결망의 "훈련"중 어느 시점에서든지 가중된 연결 분포는 목표 언어의 구조에 대한 연결망의 현재 지도를 나타내 준다.

이 연결망들은 *자가조직적(self-organizing)*이다. 이는 긍정적 증거 즉 입력 속에 들어 있는 유형에 대한 반응으로 스스로를 조직한다는 뜻이다. 그러나, 일부 연결주의적 모델들은, 틀린 출력이 생산되면 연결이 약화된다(즉 "수정이 된다")는 역전파[11](back propagation)와 같은 다른 학습 알고리즘을 사용한다. 어찌 되었든, 규칙에 대해 의식적으로 가설을 형성하지는 않지만 이런 연결망들은 상향식 귀납적 학습 모델을 만들며, 입력에 나타난 유형들의 지도를 만들어 더 많은 입력에 대한 반응을 통해 목표에 점점 더 접근해 간다.

이와 같은 연결망의 또 다른 신기한 특징은, 때로 연결에 추가적으로 강화를 시키면 *eated*와 같은 류의 과잉일반화 오류를 야기한다는 것이다. 입력에서는 그와 같은 형식이 없는데도 그렇다. 달리 말하면, 컴퓨터 시뮬레이션이 규칙을 따르지 않는 – 규칙을 따르도록 프로그램되지 않는 – 데도 규칙에 지배되는(rule-governed) 행동을 만들어 내는 것과 같다. 연결주의자들은 심지어 U–자형 학습 곡선 모델을 만드는 데도 성공하였다. U–자형 학습 곡선이란 영어 과거형 형성에 존재하는 것으로 알려져 있는데, 규칙동사와 불규칙동사 모두에 있어서 학습자들의 수행은 처음에는 정확하다가 학습자들이 –ed를 불규칙동사들에도 과잉일반화하여 쓰면서 최저점에 이르고, 그러다가 불규칙동사 형태를 자신들의 중간언어에 포함시키면서 정확도를 회복하게 된다는 것이다. 플런킷과 마치먼(Plunkett and Marchman 1993)은 U–자형 기능이 영어에서 규칙과 불규칙 과거시제 동사 어미 사이의 역동적 경쟁을 반영한다고 지적한다.

> 학습이 이루어지는 동안 경쟁하는 동사 수가 증가함에 따라 규칙 동사와 불규칙 동사의 상대적인 강도에도 변화가 있다. 학습 곡선 상의 U자형 하락은, 다른 연결 망과 비교할 때 규칙 어미 –ed의 비례적 강도에 변화가 생기는 발달상의 지점을 중심으로 일어난다. 그러므로 행동상의 급격한 변화는, 외부의 힘이 일정할 때조차도 비선형적 시스템의 자연적 진화 때문에 일어날 수 있다.

---

11 역자 주: 보다 나은 출력을 위해 상위 체계에서 하위 체계로 되돌아 가는 것.

다른 역동적 시스템도 이러한 역동적 불안정성이나 분기점을 경험한다. '혼돈/복잡계 이론(Choos/Complexity Theory)'에서 "낙타 등 현상(camel's back phenomenon)"이라 지칭되는 것인데, 특정 시점에서 "마지막 지푸라기(last straw)"를 낙타의 등에 올려 놓자 시스템이 요동치기 시작한다. 그런 시스템들은 자가조직적이어서, 혼돈은 잦아들고 새로운 질서가 등장한다. 즉 중간언어가 재구성된 것이다. 그래서 화자의 문법은 고정된 규칙 덩어리로 보지 않고, 새로운 발화가 처리될 때마다 변화하는 – 보통 약간씩 그러나 때로는 극적으로 – "언어 경험의 통계적 앙상블"(앨리스 N. Ellis 2002)로 본다.

그러나 연결주의가 목표 언어로의 발생적 근사치(emergent approximation)를 모델링하는 데만 도움이 되는 것은 아니다. 행동주의자들과 달리, 연결주의자들은 자극에 대한 반응만이 아니라 인지적 과정에도 관심이 있다(개서 Gasser 1990, 맥카시 McCarthy 2001). 예를 들어, "연결주의 연결망에서, 새로운 정보의 항목들은 이미 알려진 정보의 변형으로 분석될 때 더 쉽게 통합되며, 새로운 유형들은 자동적으로 이전 유형에 최대한 동화된다"(골드버그 Goldberg 1995: 71)고 알려져 있다. 그래서 시라이(Shirai 1992)는 연결주의는 언어교차적(crosslinguistic) 전이를 조명할 수 있다고 주장한다. 새로운 언어들을 만나면 기존 L1의 표상이나 기타 이전에 학습된 언어들이 새 L2 자료를 재형성하기 위해 활성화된다.

연결주의 모델들이 매력적이기는 하지만, 인간의 습득 경험을 모두 설명하지는 못한다. 어떤 컴퓨터도 인간의 동기와 의도성이 반영되도록 프로그램화될 수 없다. 컴퓨터는 기본적으로 수동적이라서 목표지향적이지 못하다. 그리고 예정된 축구 경기를 생각하느라 언어 입력에 집중을 못해서 선택적으로만 주의를 기울이는 컴퓨터 프로그램이란 없다. 그들은 암묵적 학습의 훌륭한 모델을 제공하지만, 주의력(attention)이란 개념을 고려하지 않는다. 이 때문에 그들은 학습이 더디다. 그럼에도 불구하고 지금까지 그 결과는 흥미로우며 오래 전 입력상의 빈도가 제2언어 학습에 중요한 요소라고 주장한 나의 견해를 지지하기도 한다(라슨–프리만 Larsen–Freeman 1976). 이 분야에서 오래 자리를 지키고 있으니 보람이 있다! 그런데, 이들 중 그 어느 것도, 앞서 내가 말한 이유 때문에 그저 이해 가능한 입력을 풍부하게 제공하기만 하는 수업 방식을 되찾게 만들지는 않는다. 언어 습득을 위한 가장 효과적인 방법을 찾는 것은 여전히 우리의 직업적 책임이며, 단순히 학습자들에게 이해 가능한 입력을 주기만 하는 것은 아마 아닐 것이다(뒤에 나올 7번을 참고).

3. 문형화된 연쇄나 어휘문법적 단위는 어떤가?
WHAT ABOUT PATTERNED SEQUENCES OR LEXICOGRAMMATICAL UNITS?

연결주의 모델링은 복수어휘 연쇄나 어휘문법적 문형들의 습득에 매우 유용할지 모른다. 특히 "크고 널찍하고 잉여적으로 구조화된 기억 체계"(스키언 Skehan 1994: 181)라고 하는 볼린저(Bolinger 1975)의 주장이 맞다면 언어는 규칙 체계에 의해 움직이는 것이 아니다.

컴퓨터를 이용한 말뭉치 언어학이 등장하기 훨씬 이전, 한 언어의 원어민 화자는 단일 어휘 단위로 행동하는 수천 수만의 고정 또는 반고정으로 문형화된 연쇄를 통제한다는 것이 점점 더 분명했다. 영어의 "*at any rate (어쨌든)*"과 같은 고정된 표현들과 "*I am not at all sure that… (…에 대해 나는 전혀 확신이 없어)*"과 같은 반고정으로 열린 표현들이 영어 원어민 화자 발화에 상당한 유창성을 부여한다고 인정되었다(폴리와 사이더 Pawley and Syder 1983). 달리 말해, 폴리와 사이더에 따르면, 우리가 말할 때마다 우리의 발화는 규칙 적용에 의해 새롭게 만들어지는 것이 아니라 적어도 부분적으로는 이런 유의미하고 쪼개지지 않은 언어 뭉치로 구성되며, 이 언어 뭉치들은 기억에서 통째로 불러오기 때문에 계획을 하거나 통사적 작동을 수행하는 데 시간이 절약된다는 것이다.

물론 기억에서 문형화된 연쇄를 불러오는 것이 실시간 언어 처리를 설명해 주지만 고정된 문형화 연쇄 습득이 언어 습득을 전부 설명한다고 생각하지는 않는다. 예를 들면, 언어적 혁신을 뒷받침하는 생성 원리가 틀림없이 있을 것이다. 이 입장은 다소 논란의 여지가 있지만, 일부 SLA 연구자들은 학습자가 일련의 고정 언어 말뭉치와 반고정의 언어 뭉치를 습득하며 이것을 나중에 분석해 생성적 문법 규칙을 발견하는 것이 가능하다고 생각한다(웡 필모어 Wong Fillmore 1976). 제1 언어 습득의 경우에는 문형화된 연쇄들이 보편 문법을 작동하는 자료가 된다는 주장이 가능하다(피터스 Peters 1983).

달리 말하면, 문법 습득은 먼저 어휘화 기간을 거치면서 학습자들은 사전 조직된 연쇄나 언어 뭉치를 사용하다가, 그 다음에 통사화 기간을 거치면서 창조적인 규칙 지배 체계를 유추할 수 있게 된다는 것이다. 그러나 이 연쇄가 모든 L2 학습자들의 학습 특징이 되지는 못할 것이다. 예를 들어 어떤 제2 언어 학습자들은 자기들의 의사소통적 필요를 만족시키고 나면 어휘화 단계에서 멈춰버릴 수도 있기 때문이다. 그 후에 좀 더 분석적인 학습자들은 통사화 단계로 재빨리 넘어갈 수도 있는 반면 기억 지향적 학습자들은 언어를 덩어리 개념으로 다루게 될 것이다.

이러한 과정들이 언어 사용자들에게 상호배타적이라고 말하는 것은 아니다.

사실, 어떤 이들은 기억화와 규칙-지배 처리 둘 다가 작동하는 것이라고 믿는다. 예를 들어, 양전자 방출 단층촬영(PET) 기법을 사용했을 때 영어의 규칙동사와 불규칙동사의 과거형을 산출하라는 요구를 받은 피험자들의 뇌활동에서 서로 다른 유형을 확인할 수 있었다(재거 외 Jaeger et al. 1996). 이 결과를 통해 연구자들은 핑커와 프린스(Pinker and Prince 1994)의 이중-체계 가설(dual-system hypothesis)을 지지하게 되었는데, 이 가설은 규칙 과거형은 규칙에 의해 처리되고, 불규칙동사의 과거형은 어휘 기억의 일부를 활성화함으로써 처리된다고 보는 것이다.

그러나 어떤 이들은 이중 원리 이론이 불필요하다고 주장하면서 이것을 SLA에 적용하는 것을 반대하기도 한다(예: 머피Murphy, 미출판본). 뇌의 다른 영역이 활성화된다는 사실은 기능적 차이에 어떠한 시사점을 제공하지 못한다. 게다가 재거 외(Jaeger et al.)의 방법론은 문제가 있다는 주장도 있다. 그리고 규칙형과 불규칙형 사이에 처리상의 차이가 있다 하더라도 그것은 규칙과 불규칙의 차이라기보다는 입력상의 등장 빈도 차이와 더 관계가 있을지도 모른다(사이덴버그와 호프너 Seidenberg and Hoeffner 1998). 실제로 앨리스와 슈미트(N. Ellis and Schmidt 1998)의 연구는 규칙형과 불규칙형 둘 다 단순 연결주의 모델을 사용하는 연상 기억에 의해 설명될 수 있음을 암시한다.

요컨대, 우리 인간이 "헌 언어를 새 것으로 바꾼"(베커 Becker 1983)다거나 우리의 담화 기억으로부터 언어 뭉치를 불러와서 새로운 원리적 방식으로 재구성한다는 진술에는 많은 진실이 들어있을 것이다. 물론 우리가 어떻게 이것을 하는가는 풀어야 할 커다란 문제이다.

4. 문형화된 연쇄는 어떻게 재구현되어 새로운 형태를 산출하는가?
HOW ARE PATTERNED SEQUENCE RECONFIGURED TO PRODUCE NEW FORMS?

어떻게 새로운 형태가 이미 습득된 일련의 문형화된 연쇄로부터 재구현될 수 있을까? 아무도 확실하게 알지는 못하지만 아마 철학자 C. S. 피어스(C.S. Peirce)의 '가(설)추(론)법(abduction)' 개념으로 설명해 볼 수 있을지도 모르겠다. 내가 가추법에 대해 처음 알게 된 것은 1990년에 조지타운 대학교의 언어와 언어학 좌담회(Round Table on Languages and Linguistics)에서 존 올러(John Oller)의 발표를 듣고 난 후부터였다. 나는 올러가 그 날 한 이야기들을 귀기울여 들었다. 그때에도 SLA 가설-시험 모델(Chypothrsis-testing model)에서 빠져 있는 연결고리를 가추법이 설명할 수 있을 것 같았기 때문이다. 결국, 연역적 추론에 있어서 가설 공간은 처음부터 일련의 원칙에 의해 정의가 된다. 귀납적 추론에서는, 입력의 유형은 드러

'규칙 형성자
(rule former)'와
'자료 수집자
(data gatherers)' 간의
구분을 위해서는
해치(Hatch 1974)를
참고하고,
상이한 학습 스타일로서
게슈탈트(gestalt)와
분석적 스타일
(analytic)을 보려면
피터스(Peter 1977)을
참고

나지만, 그 자료가 왜 그런 유형을 갖는지 설명할 원리가 설정되어 있지 않으며, 촘스키가 주장하였듯이 시간 제약을 받을 때 학습자는 가능한 설명을 전부 다 시험해 볼 수 없다. 따라서 내 생각에는 다른 유형의 추론하기가 귀납적 추론을 보완하기 위해 필요해 보였고, 그것이 바로 가추법일 수도 있겠다고 생각했다. 가추의 기능은 주어진 자료의 유형을 설명하는 데 가장 좋은 결과를 낼 수 있는 설명을 찾아내는 것이다. 가추법은 어떤 일이 왜 그렇게 일어났는지를 파악하기 위해 사건 발생 후 추론의 과정을 동원한다. 예를 들어 언어 학습자들은 입력 형태를 이해하여, 자기들의 언어 지식을 구성하고 있는 상호 연관된 구문들이나 문형들의 연결망 속으로 새 형태를 끼워 넣으려고 한다는 것이다(골드버그 Goldberg 1995).

8.1

다음은 유(Yu 1994)에 기초한 연역 추론, 귀납 추론, 가설 추론의 예이다. 다음 예를 읽고 유(Yu)가 왜 가설 추론은 창조하고, 연역 추론은 풀고, 귀납 추론은 증명한다고 하는지 이해해 보도록 하라.

그림 8.1 연역 추론, 귀납 추론, 가설 추론의 예

연역 추론	귀납 추론	가설 추론
모든 A는 B이다.	A1, A2, A3… A100은 B이다	예외적인 현상 X가 발견된다.
C는 B이다.	A1, A2, A3… A100은 C이다.	A와 B, C 중에서 A가 X를 설명할 수 있다.
그러므로, C는 A이다.	그러므로, B는 C이다.	따라서, A를 따를 근거가 있다.

문형화된 연쇄로부터 새 형태를 가추하는 것을 이해하는 데 도움이 될 만한 예가 있다. 마일즈, 후퍼 그리고 미첼(Myles, Hooper, and Mitchell 1998)의 연구에서 제시하고 있는 자료를 보면, 불어 학습자들로 구성된 피험자들이 많은 고정 형식이나 문형을 학습하는 것으로 시작한다. 그런 문형 중 한 가지는 영어의 *I like*의 축약형이라 할 수 있는 *j'aime*이다. 이는 고정된 문형이기 때문에 학생들은 자기 자신을 지칭할 때 이 표현을 올바르게 쓰겠지만, 다른 사람들을 지칭할 때는 과잉확장하거나 과잉일반화하는 오류를 범할 것이다. 예를 들면, '리차드는 그 박물관을 좋아해 Richard I like the museum.'라고 해야 할 것을 *Richard j'aime le musee (리차드 나는 그 박물관을 좋아해)*라고 말할 수도 있다는 것이다. 결국 모두는 아니더라도 대부분의 학습자들이 이 *j'aime* 뭉치를 "분해[12](unpack)"하였다. 아마도 이들은 그 언어에 대한 자기들의 지식/용법에 맞지 않는 다른 유형을 접했을

---

12 역자 주: 1인칭 주어 대명사 je와 동사 aimer로 나눔.

것이다. 따라서 그들이 말하는 것과 그들이 듣는 문형 사이에 괴리가 있었던 것이다. 그런 입력을 이해하기 위해서 그들은 그 자료를 설명할 수 있는 가장 그럴듯한 설명을 찾아야 했다. 명확한 지칭(구체적으로 3인칭)을 하기 위해서 그들은 그 뭉치를 쪼개고 유추를 통해 다른 주어 대명사를 습득해야 했다.

5. 학생들의 언어는 계속해서 동요하는 것처럼 보인다.: 하루는 잘하다가 그 다음날에는 잘 못한다.
MY STUDENT'S LANGUAGE SEEMS TO BE CONSTANTLY FLUCTUATING; ONE DAY THEY SEEM TO HAVE IT, THE NEXT DAY THEY DON'T.

SLA 연구에서 흔히 발견되는 점은 학습자가 산출하는 언어 즉 *중간언어*(IL)가 급격히 변화한다는 것이다. 그래서 IL은 고도의 변이성을 나타낸다. 어떤 때 학습자는 해당 의미에 대해 이런 형태를 쓰다가 또 어떤 때는 저런 형태를 쓰는데, 둘 다 목표어 형태와는 거리가 멀다. 그러나 이는 중간언어가 다른 자연언어처럼 자의적으로 형성됨을 의미하지는 않는다. 예를 들어, 어떤 UG 기반 SLA 연구자들은 학습자들이 보편문법의 추상적 원리를 지킨다는 증거를 발견하기도 한다. 다만 어떻게 UG 원리가 제1 언어 학습자들과 비교해서 제2 언어 학습자들에게 접근 가능한 것인지에 대해서는 연구자들마다 서로 다른 입장을 보인다(예를 들어 호킨즈(Hawkins 2001), 화이트(White 출판 예정)를 참고). 다른 연구자들은 학습들이 덜 발달된 자기들의 L2 숙달도를 보완하기 위해 자기들의 L1 지식에 체계적으로 의존한다는 것을 알아냈다. 또 다른 연구자들은 학습자들이 목표어를 산출할 때 가설을 시험하고 구체적인 학습 전략을 체계적으로 적용한다는 증거를 찾았다.

8.2

태국의 소수 민족인 흐몽족의 흐몽어(Hmong)를 구사하는 성인 ESL 학습자들에게서 가져온 다음 자료(휴브너 Huebner 1980, 라슨-프리만과 롱(Larsen-Freeman and Long 1991)에서 인용)를 살펴보자. 학습자의 발화 뒤 괄호에는 이들의 발화 의미를 추정하는 주석이 들어 있다. 이 학습자는 어떤 가설을 시험하고 있다고 생각하는가?

Waduyu kam from? (Where are you from? 너는 어디 출신이니?)
Waduyu kam Tailaen? (How did you come to Thailand? 태국에 어떻게 왔니?)
Waduyu kam? (Why did you come? 왜 왔니?)
Waduyu sei? (What did you say? 뭐라고 했니?)

이 SLA 과정을 가설 형성과 시험이라고 보는 것이 타당하다고 보는가? 왜 그렇다고 또는 그렇지 않다고 보는가?

변이성과 체계성 외에 학습자 중간언어의 또 다른 놀라운 특징은 '*비선형성*' (*nonlinearity*)이다. 비록 우리는 가끔 중간언어를 은유적으로 L1에서 L2로 여행하는, 학습자가 밟아 가는 길로 묘사하지만 문법은 선형적인 방식으로 발달하지 않는다. 학습자들은 구조를 한 번에 하나씩 처리하지 않으며, 처음에 하나를 숙달한 다음에 그 다음으로 넘어가지 않는다. 학습자들이 어떤 규칙을 "습득"했다는 증거를 얻어도 그들이 그 규칙을 일관되게 적용할 것이라는 보장은 없다.

게다가 학습자들이 구체적으로 목표어의 한 면을 숙달한 것처럼 보일 때와 심지어 그와 똑같은 양의 노력을 들일 때조차도 새로운 형태가 소개되면 오류를 범하는 일이 흔하다. 예를 들어, 과거시제를 충분히 알고 있는 스페인어 학습자들이 완료 시제를 처음 접하면 과거시제 수행에 있어 퇴행(backsliding)을 보이는 일이 흔하게 목격되었다. 학습자들의 수행력이 향상되는 것은 학습자들이 그 둘 사이의 차이를 구분해서 자신들의 내적 문법이 그 차이를 포착하도록 재구조화된 후이다. 학습 조건이 알맞다고 가정한다면, 결국에 목표 구조는 정확하게 형성된다. 그렇기 때문에 우리는 학습이 선형적인 계단형보다는 파도형이라고 보는 것이 좋을 것 같다.

다음은 *사이언스 뉴스(Science News)*에 실린 기사에서 가져온 인용문이다. 이 기사는 어린이의 일반적인 학습에 대해 기술하고 있지만, SLA에 대해 기술하고 있다고 봐도 좋을 것이다.

> 전통적인 발달 연구자들은 구체적인 문제를 해결하는 데 있어서 어린이들이 다양하게 시도하는 횟수를 줄이고 싶어 한다. 학습을 연구하는 실험에서, 이들은 그런 변이성을 제거해서 전형적이면서 동시에 나이에 따라 다르게 나타나는 사고 전략을 구분하려고 한다. 이러한 연구들은 어린이들을 단순한 사고 유형에서 더 복잡한 사고 유형으로 한 번에 한 걸음씩 이동하는 것으로 그린다.
>
> 더 자세히 살펴보면, 이러한 계단식 발달 모형은 통계적인 신기루처럼 사라진다…. 정밀기원적[어떤 주어진 형식이나 전략의 기원을 포착하려는 시도에서 개별 어린이의 수행을 좀 더 가까이 들여다보는 것] 증거를 통해 어린이들은 보통 학습 전략의 "중복형 파도(overlapping waves)"를 타면서 정신적인 진보를 해 나간다는 것을 알 수 있다. … 어느 시점에서든지, 어떤 전략은 정점에 이르고 어떤 전략은 줄어들며, 어떤 전략은 힘을 회복하면서, 새로운 전략들이 의식 사고의 표층 바로 아래 형성된다(사이언스 뉴스, 2001년 3월 17일자, 172쪽).

이는 SLA에도 충분히 적용된다. 어느 한 시점에서든지 학습자의 중간언어는 중복되는 형태를 많이 포함할 수 있다. 예를 들면 영어 부정법의 발달이 그에 해당되는데, 학습자들은 *he no go, he don't go, he doesn't go*를 다 같이 쓸 수 있다. 그러나 전반적으로 이런 형태들의 기원과 용법을 살펴보면 두 번째 부정형이 지배적이며, 첫 번째와 세 번째는 각각 그보다 이른 시기와 더 늦은 시기의 전략으로 각각 '끄는 형(trailing pattern)'과 '찾는 형(scouting pattern)'이라고 부르는 것들을 발견할 수 있다. 또는 학습자가 어휘화 단계(*I don't know*의 뭉치에서 유추한 he don't go)와 통사화 단계(가추를 통해 학습자는 don't를 3인칭 단수 시제 형태로 구성 요소인 do+not으로 분석함) 사이를 왔다 갔다 할지도 모른다. 또 다른 가능성은 의사소통 과제가 학습자들의 주의를 지나치게 통사적 작업을 수행하는 데에만 몰두시켜서 그 순간을 극복하기 위해서 학습자들이 자신들의 어휘 지식에 의존하는 경우이다. 어쨌든 어느 한 시점에서 학습자의 산출에 나타난 변이는 동일 학습자가 오랜 시간에 걸쳐 겪는 변이를 요약한 것이나 다름없다.

언어 습득 과정이 전반적으로 비선형적이지만, 역설적으로 특정 문법 양상에 대해서는 공통적인 발달 순서가 있으며 모든 학습자들이 이를 따른다는 증거도 있다. 영어 부정법과 같이 검증된 발달 순서를 보이는 예는 영어와 다른 언어들에서도 많이 나타난다. 예를 들면 독일어 문장 어순은 1970년대와 80년대에 독일 연구자들에 의해 광범위하게 연구되었다(마이젤, 클라젠 그리고 피너만 Meisel, Clahsen and Pienemann 1981). 이러한 연구자들은 독일어 학습자들이 보이는 발달적 순서가 한 가지 있음을 발견하였다. 학습자들은 한 가지 중간언어를 위해 다른 중간언어를 버리지 않았으며, 이전의 규칙을 유지하면서 새로운 규칙을 더해 규칙을 축적해 갔다. 아래에 검증된 세 단계가 나와 있다.

동사 분리 - 비한정동사 요소들은 많은 언어적 맥락에서 절의 끝자리로 이동한다. 예를 들어, *Morgen Abend rufe ich dich nochmals an.* (내일 저녁 내가 다시 전화할게 Tomorrow evening call I you once again up.)

도치 - 특정한 언어적 맥락에서 한정동사형이 그 절의 주어 앞에 온다. 예를 들면, *Wann gehen wir ins Kino?* (언제 우리 영화관에 들어가? When go we into the cinema?)

동사-후치 - 한정동사가 모든 하위절의 마지막 자리에 위치한다. 예를 들어, *Ich trank das Glas Milch als ich den Brief shrieb.* (내가 편지를 쓰는 동안 우유를 마셨다 I drank the glass of milk while I the letter wrote.)

명시적 교수가 습득 속도를 전반적으로 촉진할 수 있음을 주지할 필요가 있다. 그러나 발달 순서는 명시적 교수와는 무관해 보인다. 예를 들어 앨리스(R. Ellis 1989)는 독일어 어순 규칙을 배우는 학생들이 위에서 설정한 순서로 그들의 중간언어에 규칙을 적용했는데, 이를 통해 발달 순서는 교수적 비중을 얼마나 두었는지와는 상관이 없다는 것을 발견하였다.

학습자들이 발달 순서를 거칠 때 그 학습 과정은 점진적이다. 우리가 이미 보았듯이 학습자들은 형태를 한 번 접하고 그것을 숙달하는 것이 아니다. 이들이 그 형태를 그 이후에 금방 다시 사용한다고 해도 그 사용이 목표어 기능과 일치하지 않을 수도 있다. 이런 이유로 우리는 학습자의 중간언어를, 목표어의 부족한 형태(블레이-브로만 (Bley-Vroman 1983)의 '비교 착오'(comparative fallacy))가 아니라 그 자체의 발달 체계 즉 '기본적인 다양성(basic variety)'(클라인과 퍼듀 Klein and Perdue 1997)으로 보기 위해 노력해 왔다. 습득은 형태, 의미, 그리고 화용의 상호 연결 관계를 필요로 하는 점진적인 과정이다. 형태-의미-화용의 대응은 목표 형태에 대한 중간언어에 처음에는 나타나지 않는다. 안타깝게도 때로는 비목표 형태가 학습자의 중간언어에 **화석화**의 결과로서 "동결된" 형태로 남아있기도 하는데, 이 화석화에 대해서는 제10 장에서 더 자세하게 다루겠다.

6. 학습자들은 서로에게서 무엇을 배울 수 있을까?
WHAT CAN MY STUDENTS LEARN FROM EACH OTHER?

지금까지 나는 이 장에서 개별 언어 습득에 영향을 미치는 많은 유의점들에 대해 논의하였다. 이는 이 분야의 심리언어적 기원을 생각하면 이해할 만하다. 또한 지금까지 읽은 내용 때문에 내가 학부 때 심리학을 전공했다고 말해도 놀라지 않을 것이다. 그때에도 나는 사람들이 어떻게 학습을 하는지에 대한 물음에 흥미를 느꼈었다. 또한 타론(Tarone 1979), 비비(Beebe 1980) 등의 업적 덕분에 오랜 시간 동안 언어 학습 과정의 사회-맥락적 차원에 대해서도 인식하고 있었다. 물론 나는 언어 습득이 어떤 종류의 상호작용을 통해 일어난다고 오랫동안 믿었고, 실제로 "심리학을 지향하는" 주요 이론가들은 상호작용을 핵심 작업으로 삼고 있다. 자주 인용되는 해치의 말을 보자. "사람은 대화하는 법을 배우고, 말을 통해 상호작용하는 법을 배우며, 이러한 상호작용을 통해 통사적 구조가 발달된다(Hatch 1978: 409). 해치는 이런 주장을 뒷받침할 증거로 다음의 L1 자료와 같은 *수직 구조 (vertical structures)*'를 인용한다.

Child: Kimby
아이: 킴비

Mother: What about Kimby?
어머니: 킴비가 왜?

Child: Close
아이: 닫았어.

이 전형적인 수직 구조는 연결 구조로서, 한 어머니와 어린 아이의 연결 구조이다. 이 아이가 이야기 주제를 제안하고 어머니는 상세 설명을 요구하고 아이는 다시 그에 반응한다. 아이의 능력이 진행되면서 아이의 최초 대화 차례는 더 길어져서 주제(topic)와 설명(comment) 둘 다를 포함하게 된다. 따라서 아이가 발화문을 구성할 수 있는 능력은 "수직적" 협동에서 "횡적" 자율 산출로 진행된다.

비고츠키(Vygotsky)의 사회문화 이론은 SLA 연구에 큰 영향을 미쳤는데, 이 이론에서는 사회적 상호작용의 핵심적 역할에 대해 훨씬 더 구체적으로 다루고 있다. 비고츠키(Vygotsky 1989: 61)는 "사회적 상호작용은 사실 따로 움직이는 유기체에는 없는, 새롭고 자세한 고도의 심리적 과정을 만들어낸다"고 주장한다. 이것이 발생하는 수단에 대해서 '발판(scaffolding)'이라는 은유를 사용한다. 사회적 상호작용을 통해, 지식을 갖춘 참여자들(교사나 동료 학생들)은 숙달도가 낮은 학습자들이 같이 참여하여 혼자서는 풀 수 없을 문제를 같이 풀 수 있는 상호협력적인 조건들을 만들어 낼 수 있다. 우드, 브루너 그리고 로스(Wood, Bruner, and Ross 1976, 도네이토(Donato 1994: 40-41)에 인용)에 따르면, 상호협력적인 조건들은 아래와 같다.

1. 과제에 대한 관심을 불러일으키기
2. 과제를 단순화하기
3. 목표를 꾸준히 추구해 가기
4. 중요한 특징들을 표시하고 실제 산출된 것과 이상적인 해답 사이의 차이를 표시하기
5. 문제를 해결하는 동안 좌절감을 통제하기
6. 수행할 행위의 이상적인 버전을 발표하기

발판이 되는 상호작용에 참여함으로써 숙달도가 낮은 학생들은 자신들의 현 기술과 지식을 더 수준 높은 언어능력으로 확장시킬 수 있다(도네이토 Donato 1994: 40). 달리 말하면, 그들은 지식이 더 많은 동료와 함께 *근접 발달 구역(zone of proximal development: ZPD)*, 즉 "독립적인 문제 해결을 통해 결정되는 실제 발달 수준과 성인의 지도 아래 또는 더 잘하는 동료들과 협력해서 문제 해결을 함으로써 결정되는 잠재적 발달 수준 사이의 거리"(비고츠키 Vygotsky 1978: 86)를 같이 세

울 수 있다.

다음 자료는 초등학교 학생들을 위한 일본어 수업에서 가져온 것으로 발판의 예를 보여 준다(다카하시 1998: 399). 일본어 발화문에 대한 번역은 오른쪽에 있다.

일본어

T: Hai. ([교사가] 어떤 남자가 사과를 먹는 그림을 보여 준다)

S1: Denisu wa ringo o tabemasu. Masu!

T: Denisu wa ringo o tabemasu. Masu! ii desu ne. Mary? (이름이 메리인 S2를 부른다)

(교사가 사과를 먹을까 생각 중인 한 소년의 그림을 보여 준다.)

S2: Denisu wa ringo o tabe…

T: Tabe…?

S2: Tabemasu.

S3 (S2를 향해): Tabetai. Tabemasu. Tabemasen.

(S2는 입을 다물고 있다.)

(교사가 " tai (I want)" 노래를 부르기 시작한다.)

T/Ss: Ta tai, tai, nomitai, tabetai, hon yomitai netai, kaitai, terebi mitai.

영어

T: Here you go!

T: 자.

S1: Dennis eats an apple. Eats!

S1: 데니스는 사과를 먹어요. 먹어요!

T: Dennis eats an apple. Good. Mary?

T: 데니스는 사과를 먹어요.
   좋아요. 메리?

S2: Dennis an apple…ea

S2: 데니스는 사과를 먹…

T: Ea…?

T: 먹…?

S2: He eats.

S2: 먹어요.

S3: He wants to eat. He eats. He doesn't eat.

S3: 먹고 싶어. 먹어요. 안 먹어요.

T: Remember this song? Taim tai, tai.

T: 이 노래 기억나요? 타이, 타이, 타이.

T/Ss: I want, I want, I want to drink, want to eat, want to read, want to buy, want to watch TV.

T/Ss: 싶어, 싶어, 마시고 싶어, 먹고 싶어, 책 읽고 싶어, 자고 싶어, 사고 싶어, 텔레비전 보고 싶어.

T: Haaai, Tabetai!ii desu ka? Tabetai.

Ss: Tabetai.

T: Tabetai, hai, Mary?

S2:Denisu wa ringo o tabetai.

T: Hai, ii desu ne!

T: Goooood! He wants to eats! All right? He wants to eat.

T: 잘했어요! 먹고 싶어! 알겠어요? 먹고 싶어.

S: He wants to eat

S: 먹고 싶어.

T: He wants to eat Here you go. Mary?

T: 먹고 싶어. 자, 메리?

S2: Dennis wants to eat an apple.

S2: 데니스는 사과를 먹고 싶어.

T: Yes. That's great!

T: 네, 잘했어요!

S2(메리)는 자기의 첫 번째 대화 차례에서 S1과 같은 동사형을 쓰기 시작한다. 그러나 교사가 다른 그림을 보여 주고 있으므로 그녀는 더 이상 *eats*(먹어요)에 해당하는 동사를 쓰지 못한다. S3은 메리에게 전에 배웠던 동사 어형 변화를 메리에게 상기시켜 주려고 하는 것 같이 보인다. 메리가 여전히 반응을 하지 못하자, 교사와 학생들은 동사의 *want to* 형이 많이 들어 있는 노래를 부른다. 교사와 학생들의 도움을 받고 나서 메리는 그 동사의 바른 형태를 산출한다. 타카하시(Takahashi)는 메리의 실제 발달 수준으로는 이 언어학적 과제를 수행할 수 없었으나, 그녀의 동료와 교사의 지도를 통해 그녀의 현재 언어 능력보다 더 잘할 수 있게 되었다고 설명한다(캐즈던Cazden 1981 참고). 이와 같은 방식으로, 학습과 교수는 이 어린이의 근접발달 구역 내에서 공동 구성된 과정으로 실현되었으며, 교사와 동료들은 입력 제공자라기보다 발달장의 협력 구성자(joint constructor) 역할을 담당하고 있다. 요컨대, 개인의 더 높은 정신적 기능은 사회적 맥락에 담겨 있는 변증적 과정에서 비롯된다(도네이토 Donato(1994: 45-46)에 인용된 비고츠키(Vigotsky 1978)).

7. 문법 교육이 자연적 습득 과정을 가속화하거나 보충하는 데 가치가 있다는 증거가 의미하는 것은 무엇인가?
   WHAT DOES THE EVIDENCE SAY ABOUT THE VALUE OF TEACHING GRAMMAR IN ACCELERATING OR COMPLEMENTING THE NATURAL PROCESS?

이 질문에 대해 영향력 있는 SLA 연구자인 스티븐 크라센(Stephen Krashen 1981, 1982)은 문법 규칙을 공부하는 것은 무의식적으로 유창한 의사소통에 연결되지 않으므로 명시적 문법 교수는 자연적 습득 과정에 거의 영향을 끼치지 못한다고 대답할 것이다. 이러한 입장은 *비접점(non-interface)* 이론으로 불리는데, 이는 의식적이고 '*명시적인 학습*'과 '*암묵적인 학습*' 사이에 상호작용이 거의 또는 전혀 없다거나, 의식적 작동 없이 얻어지는 습득이 있다고 주장하기 때문이다. 크라셴에 따르면 학습자들이 문법을 습득하는 유일한 방식은 그 학습자들의 숙달도에 잘 맞춰진, 목표 언어의 이해 가능한 입력에 노출이 되는 것이다. 크라셴은 그런 입력을 이해하고 그런 입력이 충분히 주어진다면 필요한 문법은 자동적으로 습득될 것이라고 믿는다.

다른 많은 연구자들은 이 주장에 의문을 제기한다. 언어학적 형태에 주의를 기울일 필요가 있다는 주장을 지지하는 입장으로, 롱(Long)(슈미트 Schmidt 1994: 176)은 성인들이 이해 가능한 입력에 장기간 노출이 되었음에도 기본적인 목표 구조를 그들의 중간언어에 통합시키지 못하는 일이 종종 있다는 사실을 인용했다. 또 다른 결과는 학습자들의 중간언어가 아직 안정화가 덜 되었다는 것이다. 노리스와 오르티가(Norris and Ortega 2000)는 지난 20년 동안 수행된 연구들을 메타분석한 결과 집중적인 L2 교수가 목표-지향적 성과를 많이 얻었으며, 명시적 교수형태가 암묵적 형태보다 더 효과적이며, 교수의 효과도 지속적이라는 결론을 얻었다. 이는 이 책의 초점이기도 하므로 그 중에서 라이트바운과 스파다(Lightbown and Spada)의 연구를 부각시킬 가치가 있겠다. 이들은 문법 수업을 의사소통 교수에 통합한 교사들이 문법을 전혀 다루지 않거나 탈맥락화한 문법 수업만을 하는 교사들보다 더 효과적임을 발견하였다(스파다와 라이트바운 Spada and Lightbown 1993, 라이트바운 Lightbown 1998). 마지막으로, 화이트(White 1987) 역시 필요한 문법 발달을 자극하는 것은 *이해 가능한* 입력이 아니라 사실 *이해 불가능한* 입력이라고 주장함으로써 크라셴의 주장에 반대한다. 학습자들은 입력을 해독할 수 없을 때, 그 입력을 이해하기 위해 문법을 재구조화한다.

캐나다의 몰입교육 학생들은 불어로 된 이해 가능한 입력을 받을 수 있는 많은 기회를 가지지만, 그럼에도 불구하고 학생들의 수행은 기대에 못 미친다는 사실은 시사하는 바가 있다. 이들은 불어에서 큰 발전을 보이지만 여전히 일부 기본적인 형태통사적인 오류를 범하는데, 해당 언어에 그냥 노출되는 것이 교실 상황에서 학생들이 정확한 산출 기술을 습득하는 데 충분하다고 하는 가정에 심각한 의문을 제기한다. 몰입교육 학생들이 저지르는 기본적인 형태통사적 오류에 대한 한 가지 설명은, 이 학생들이 동료 중간언어의 자가-강화적 성격으로부터 교실 방언을 창조했다는 것이다. 동료-동료 상호작용의 장점에 대해 바로 앞서 논의한 것에 대한 반례로서, 이 설명은 그러한 상호작용을 끊임없이 사용하는 것에 반대하는 주장으로 이어질 것이다.

실제로 힉스와 클리포드(Higgs and Clifford 1982)는 다년간의 외국어 교수 경험에 기초하여, 부정확한 언어 형태를 별다른 관리 없이 쓰게 되면 오히려 화석화를 유발할 수 있다고 경고한다. 학습자들은 그들의 중간언어를 특정한 비문법적 형태로 습득하는데 이것을 없애기는 극히 어렵다. 그러므로 대부분의 SLA 연구자들은 문법 교육의 필요성에 동의한다. 그러나 그들은 언어 형태를 따로 배우는 "형태에만 집중(focus on forms)"하는 방식으로 돌아가지 않기 위해서 의미–기반 또는 의사소통적 접근법 내에서 "형태에 초점(focusing on form)"을 둠으로써 문법을 교수하도록 충고한다(롱 Long 1991).

덧붙여 말하자면, 나는 의사소통적 접근법 내에서 형태에 집중하려는 노력에 대한 요구와 경험적인 지지를 환영하지만, "형태 초점(focusing on form)"이라는 용어가 오해의 소지가 있다고 느낀다. 그 말은 문법 교수/학습(teaching/learning grammar)이 전부 형태 교수/학습(teaching/learning form)에 관한 것이라는 암시를 주며, 특히 의미와 화용의 영역을 무시함으로써 문법 습득에 관여하는 것들을 과소평가한다고 느끼게 하기 때문이다.

8. 문법 교육를 위한 교수 방식 중 연구 성과면에서 지지를 받는 것은 무엇인가?
WHAT PEDAGOGICAL PRACTICE FOR GRAMMAR TEACHING ARE AUBSTANTIATED BY RESEARCH FINDINGS?

형태–초점 교수 방식 중에 완전히 지지를 받는 것은 거의 없다. 이는 부분적으로 이 연구가 유아 단계에 머물러 있기 때문이다. 또한 순수한 형태 중심 접근법(focus on forms)으로 돌아가기보다는 신중한 것이 낫다고 여기기 때문이다. 그럼에도 불구하고 연구자들의 관심 분야 중 의식 상승에 관한 연구 문헌들로부터 내가 추려낸 교수 방식 몇 가지를 논의하겠다.

두드러지는 점은, 많은 SLA 연구가 문법 산출 활동과 반대로 의식–상승 교수법에 중점을 두고 있다는 것이다. 루더포트와 샤우드 스미스(Rutherford and Sharwood Smith 1988)는 목표 언어 규칙에 대한 학생들의 의식을 상승시키면 언어 습득을 촉진한다는 오랜 가정에 대해 논의한 첫 SLA 연구자들 중 하나이다. 그들은 '의식–상승(consciousness–raising)'의 정의를 명확히 하지 않아서 문법 현상에 대한 단순 노출에서부터 규칙을 명시적이고 교육적으로 밝히는 것에 이르기까지 매우 광범위하게 내버려 둔 모양새가 되었다. 나는 여러 정의들을 통털어 그 안에서 논의된 다양한 교수 방식을 조사하였다.

주목하기 증진시키기(Promoting Noticing)

브라질에서 자신의 포르투갈어 습득 과정을 연구한 SLA 연구자 리차드 슈미트(Richard Schmidt)는 새로운 언어학적 항목에 주목하기 전까지는 그것을 동화시킬 수 없다는 것을 발견하였다(슈미트와 프로타 Schmidt and Frota 1986). 달리 말하면 새로운 항목을 받아들이기 위해 그는 먼저 입력 속에 있는 그 항목에 주목해야 한다는 것이다.

미국의 한 지역 전문대학에서 ESL을 가르치는 캐런 스탠리(Karen Stanley)는 새로운 언어 항목을 습득할 때 자기가 경험한 다양한 수준의 의식에 대해 아래와 같이 기술하고 있다.

교사의 목소리

캐런 스탠리
Karen Stanley

1. 나는 의식하고 있지 않다.
2. 나는 어떤 항목을 의식하고 있다(그것에 대해 누가 말해 주었거나 다른 누군가의 산출이 나의 산출과 다름에 주목함으로써)
3. 산출 시 사용하지 않은 상황 직후 바로 알아차리고 자가 수정한다.
4. 산출 시, 산출 중간에 알아차리고 자가 수정한다.
5. 산출 전에 알아차리고 "맞는" 형태를 산출한다.
6. 그것에 대해 전혀 생각하지 않고 그 문형을 산출한다.

이 "단계들"이 서로 명확하게 분리된다는 뜻은 아니다. 스트레스, 주어진 시간, 피로 등에 따라 이 서로 다른 "지점"들은 겹친다. 다시 말하자면 나는 퇴보한다. [그러나] 나는 생각하지도 않고 말을 한 후까지 의식하지 않았는데도 그리스어 가정법이 내 입에서 튀어나왔던 것을 처음으로 의식했던 때를 또렷이 기억한다. 그 때 나는 나의 성공에 너무나 충격을 받아서, 되돌아가서 자동으로 나왔던 그 표현이 정말로 맞았는지 확인해야 했다. 맞았다. 나는 의기양양해졌다.

예시를 보려면
맥로플린, 로즈만
그리고 맥로즈
(McLaughlin, Rossman
and McLeods 1983)와
탐린과 빌라
(Tomlin and Villa 1994),
시마드와 웡
(Simard andWong 2001)
을 참고

몇 안 되는 학습자들이 스탠리처럼 자신의 학습 과정과 맞닥뜨린다. 그럼에도 불구하고 그녀의 경험은 SLA에서 주목하기의 힘이 얼마나 큰지 말해 준다. 불행하게도 '주목하기(noticing)'를 둘러싼 용어는 SLA 문헌에서 아주 모호해서 어떤 사람들은 '주목하기'를 '인식(awareness)', '의식(consciousness)', '감지(detection)', '주의력(attention)'과 같은 의미로 쓰기도 한다. 다른 '주의력 유형(types of attention)'이 많이 있는지에 대해서는 의견이 일치하지는 않지만 대부분의 SLA 연구자들은 주목하기 증진시키기(Promoting Noticing)의 가치를 인정하며, 일부는 심지어 학습이 일어나기 위해서는 주목하기가 입력을 수용(intake)으로 변환해 줄 필수조건이라고 여기기도 한다(슈미트 Schmidt 1990).

그러므로 형태에 초점을 두는 방법은 학습자들의 주의력을 구체적으로 이끌어 주기 때문에 유익하다고 말한다. 자, 이것을 실현할 수 있는 많은 방식이 있다. 예를 들면, 단순하게 학생들에게 문법 구조에 대한 전통적 설명을 해 주는 방법은 그 다음에 오는 주목하기를 준비시켜 줄 수 있다. *점화 효과(priming)*는 어떤 현상이 두 번째로 나타났을 때 그 학습을 의식적인 주의 상태로 되돌리지 않고 그 현상을 더 쉽게 접근할 수 있게 하는 것을 말한다(스티빅 Stevick 1996). SLA 문헌에서 이것이 논의되는 또 다른 방식은 "자취(trace)"라는 용어를 사용하는 것이다. 학습자들이 어떤 구조를 주목한 후에 그 자취를 저장하는데, 그 자취가 다음 번에 더 완전하게 그 구조를 처리할 수 있도록 도와준다고 한다(앨리스 R. Ellis 1993a). 학생들의 주의를 형태로 집중시키는 덜 명시적이고 덜 강압적인 방식으로는 문어체 텍스트에 있는 특정 문법 특징을 부각하기 위해서 밑줄을 긋거나, 굵은 활자체를 쓰거나, 다른 글꼴을 쓰거나, 색을 이용하는 것들이 있다. 이로써 학습자들의 주의를 끄는 것이다. 이 범주에 들어가는 것으로 '입력 쇄도(input flood)'도 있는데, 이는 해당 목표 구조가 아주 자주 등장하는 텍스트에 학습자들을 노출하도록 하는 것이다. 물론, 교사가 할 수 있는 일은 입력을 강화하는 것뿐(샤우드 스미스 Sharwood Smith 1993)이며, 학습자들이 실제로 교사가 의도한 것을 주목하고 수용할 것인지는 장담할 수 없다.

의식-상승 과제(Consciousness-Raising Tasks)

주목하기 증진 방식이라는 제목에서 노출에 대해 이미 논의하였다. 의식-상승(consciousness-raising)이라는 연속선의 다른 끝에는 명시적 규칙 설명이 있는데, 이는 포토스와 앨리스(Fotos and Ellis 1991)가 연구한 것이다. 이들은 이 목적을 위해서 의식-상승 과제를 설계하였다. 이 과제에서 학습자들은 목표 언어로 문법 문제를 풀 때 소그룹으로 나뉘어서 서로 상호작용하면서 과제를 수행하였다. 포토스(Fotos 1993)는 의식상승 과제를 하면 목표를 향해 주의를 끌지 않을 때(즉 순수하게 의사소통적 과제를 하는 경우)보다 학습자들이 목표 구조에 주목할 가능성이 더 크다는 것을 보여 주었다. 그리고 규칙을 발견하는 의식상승 과제에서 나오는 학습 결과가 최소한 학생들에게 규칙을 알려 주는 것만큼 효과가 있다는 것을 보였다.

포토스와 앨리스(1991: 626)에서 가져온 의식-상승 과제(consciousness-raising tasks)의 예가 아래에 있다.

학생들을 네 명이 한 조가 되도록 나누시오. 각 조에 카드 묶음 하나씩을 나누어 주시오. 예를 들어,

1. correct   The teacher pronounced the difficult word for the class.
   맞음   교사가 학생들을 위해 어려운 단어를 발음하였다.
2. incorrect   The teacher pronounced the class the difficult word.
   틀림   교사가 학생들에게 어려운 단어를 발음해 주었다.
3. correct   I bought many presents for my family.
   맞음   나는 내 가족을 위해 많은 선물을 샀다.
4. correct   I bought my family many presents.
   맞음   나는 내 가족에게 많은 선물을 사 주었다.

학생들에게 동사들이 취하는 목적어 순서가 각기 다르다고 알려준다. 학생들은 맞는 영어 문장과 틀린 영어 문장을 검토하여 직접 목적어와 간접 목적어가 주어진 문장의 동사에 맞게 어디에 위치해야 하는지를 같은 조원들과 함께 결정한다.

즉 이와 같은 의식상승 과제는 학생들이 스스로 목표 언어의 구체적인 자질의 특성을 발견함으로써 그 자질들을 인식하게 만든다.

보그(Borg 1998)의 연구에서 제시된 몰타(Malta)에서 근무하는 경험이 풍부한 EFL 교사가 언급한 아래의 내용은, 어쩌면 이 장에서 논의된 의식-상승에 대해 가장 설득력 있게 표현한 것인지도 모르겠다.

언어를 배울 때 나는 내 스스로 규칙을 발견하는 것을 좋아한다. 내가 규칙을 인식할 수 있을 때 나에게 도움이 된다. 정말 도움이 된다. 그리고 이것은 많은 학생들에게도 해당된다고 생각한다. 그것은 그들이 기대하는 것의 일부이기도 하다고 생각한다. 그래서 학생들이 언어 규칙을 인식하게 도와주는 것이 나의 역할이라고 생각한다. 가능하면 언제든지 말이다. 그리고 학생들이 자기 스스로의 노력을 통해서 규칙을 재형성할 수 있도록 지도한다면, 이것은 설명을 해 주는 것보다 그 규칙이 내재화될 가능성이 더 크다는 것을 의미하며, 이것이 바로 이 방식이 갖는 합리성이다.

입력 처리(Input processing)

반패튼(VanPatten 1996)의 입력 처리 이론(theory of input processing)은, 교수가 학습자의 중간언어 체계 발달의 핵심이라고 본다. 입력 처리에서 학습자들은 목표 언어의 한 특징에 주의를 기울이도록 지도를 받는데, 이것이 문제 처리를 하도록 유발시켜 그 특징이 수용(intake)될 가능성을 높인다고 본다. 이 때 '수용'이란 "학습자가 실제로 처리하여, 실시간 이해를 하는 동안 작업 기억 안에 보유하고 있는, 여과된 입력의 부분집합"(반패튼 VanPatten 2002: 761)이다. 인간의 처리 용량은 제한되어 있는데, 반패튼에 따르면 학습자들은 메시지의 내용과 형태에 동시에 주의를 기울일 수 없기 때문에 학생들이 입력의 선택적 부분집합에 주의를 기울이려면 도움이 필요하다. 입력-처리 과제는 학습자들이 L1에서와는 다른 방식으로 형태에 주의를 기울이도록 만듦으로써 학습자들이 입력을 지각하고 처리하는 방식을 바꾸려고 한다.

카디노(Cadierno 1992)가 디자인하고 다우티와 윌리엄스(Doughty and Williams 1998)에서 논의된 입력 처리 과제의 예가 아래에 있다.

이 과제를 위해서 학생들에게 그림을 보여 주고 학생들이 그 그림 속 인물들 중 하나라고 상상해 보라고 말해 준다. 학생들은 목표어로 된 문장을 하나 듣고 가장 잘 맞는 그림을 골라야 한다.

예를 들어, 목표어는 스페인어이고 학생들은

　　　Te busca el señor. ("The man is looking for you. 그 남자가 너를 찾고 있어")

라는 문장을 듣는다. 나중에 그림을 두 장 더 보면서 학생들은

　　　Tú buscas al señor. ("You are looking for the man. 네가 그 남자를 찾고 있어.")

라는 문장을 듣는다.

영어 화자들은 어순을 통해 주어와 목적어를 구별한다. 그러나 스페인어는 이와 다르다는 정보와 함께 이러한 입력-처리 연습을 충분히 함으로써 학생들은 의미상의 차이를 분별하는 법을 배울 수 있을 것이다. 또한 주어를 목적어로부터 구분하는 데에는 단어의 끝과 기능어 자체의 작은 차이(예: *te*와 *tú*, 그리고 *el*와 *al*)에 주의를 기울여야 한다는 것을 배울 수 있을 것이다.

상호협동적 대화(Collaborative Dialogues)

지금까지 나는 주목하기, 의식 상승, 그리고 입력 처리에 대해서 논의하였으나, 출력 연습하기(output practicing)에 대해서는 아무런 언급도 하지 않았다. 나중에 우리는 출력 연습의 가치가 다소 논란의 여지가 있음을 알게 될 것이다. 그런데 의식-상승과 관련된 말하기 역할을 스웨인(Swain 1985, 1995)이 제안한 바 있다. 스웨인의 주장에 따르면, 학습자들은 자기들이 말하고 싶은 것과 말할 수 있는 것 사이의 괴리를 인식하기 위해서 해당 언어를 산출할 필요가 있다. 산출은 학습자들이 의도된 메시지의 형태에 주의를 기울이게 만든다. 그렇게 함으로써, 학습자들은 자기들의 문제점에 대해 인식하게 되고 적절한 입력을 좀 더 집중적으로 찾을 것이다.

사회문화 이론과 맥락을 같이 하는 것으로, 형태에 대한 학습자의 주의를 증진시키기 위해 '상호협동적 대화(Collaborative Dialogues)'를 사용하는 방법이 있다. 학습자들이 공동으로 과제를 수행하면서, 목표 언어와 다른 사람들의 추론을 이용하여 그 언어에 대한 자기 자신의 지식을 확장하는 동시에 자기 자신의 인지적 기능을 조절할 수 있게 된다.

스웨인과 랩킨(Swain and Lapkin 1998: 332)에서 발췌한 다음의 예문에서, 두 명의 불어 학습자 릭과 킴은 동사 *sortir 나오다*에 대해서 이야기하는데, 이 동사는 불어에서 재귀형을 취하지 않는다. 릭이 먼저 시작하지만 이내 망설이다가 김에게 이 동사의 형태에 대해 지도를 구한다.

　　　Rick: Un bras⋯ wait⋯ mecanique⋯ sort?
　　　릭:　팔이⋯ 잠깐만⋯ 기계적인 [팔이] 나온다?

Kim: Sort, yeah.
김:　나온다, 맞아.

Rick: Se sort?
릭:　나온다 [스스로]? [잘못된 재귀형]

Kim: No, sort.
김:　아니, 나온다. [맞는 재귀형]

　불어 문장을 산출해야 되는 상황으로 인해 릭은 자기가 모르는 것을 발견하고 그 문장을 같이 구성하기 위해 김에게 집중적인 피드백을 구하게 된다. 스웨인과 랩킨이 지적하듯이, 그들의 대화는 이런 방식으로 L2 학습과 상호 의사소통 모두를 위한 도구가 된다. 김과 릭의 언어 사용에서는 언어 학습과 의사소통의 과정이 동시적으로 일어난 것이다.

교수적 대화 또는 예변법(Instructional Conversations or Prolepsis)

　발판-교수 과정(scaffolding-teaching process)의 또 다른 이름은 교수적 대화 (instructional conversation)(타프와 갤리모어 Tharp and Gallimore 1988) 또는 예변법(prolepsis)이다. 나는 예변적 교수 개념을 좋아하는데, 내가 수년간 교사로서 해 왔던 일에 이름이 생겼기 때문이다. 나는 내 교수 접근법이 귀납적이라고 생각했었다. 나는 학생들이 특정 언어학적 요지를 스스로 이해하게 만들기 위해서 발견적 과정 – 어떤 이는 이를 구성주의적 접근법(constructivist approach)이라고 부른다 – 을 썼었다. 그러나 나는 이 두 가지 개념보다 예변법[13]이 내가 하는 일을 더 잘 설명해준다고 생각한다. 예변법에서는 교사와 학생이 어느 정도의 상호주관성 (intersubjectivity)을 가져야 한다고 보는데, 이 상호주관성을 통해 교사는 학생을 지도하고 학생은 과제를 완성하는 과정에서 지도받는 것이 가능하게 된다. 달리 말하면, 학생이 자기의 언어 사용을 재조정하고 확장한다는 목표 아래 교사와 학생 모두가 해당 과제와 해결책을 어떻게 바라봐야 하는지에 대해 이해하려고 노력한다.

　여기 불어 수업에 사용되고 있는 예변적 교수의 예가 있다(자료는 오네이토와 어데어-호크(Donato and Adair-Hauck 1992)에서 가져옴).

---

13 역자 주: 반대론을 예상하고 반박하는 것.

T: 그럼 숫자 10을 고른 거네요? 그건 차 밖에 있는데.

(S1이 "de l'essuie"(쉬고) "de"(쉬고)라고 쓴다)

Ss: 어, 아니 아니…

T (S1에게): 본인이 맞다고 생각하는 걸 쓰세요.

(S1이 망설인다. 그는 "essuie"를 지우기 시작한다.)

T: 그거예요. 잘 골랐네요, "essuie".
(S1이 "essuie de glace"라고 쓴다.)

T: 그렇게 써도 말은 되는데, 좀 짧네요. 어떻게 하면 되죠?

S1: 하이픈이요.

T: 하이픈이죠.

(학생이 "essuie-glace"라고 쓴다)

T: 네, "essuie-glace"예요.

우리는 '*앞유리 와이퍼*'를 불어로 쓰는 과제에서 교사가 학생을 도와주기 위해 여러 가지 방식을 사용하는 것을 확인할 수 있다. 첫째, 교사는 학생이 계속 과제에 참여하고 다른 학생들이 하는 말은 무시하고 학생 본인이 옳다고 생각하는 것을 밀고 나가게 북돋아 준다. 그리고 이 학생을 위해 문제의 핵심적인 특징을 지적한다. 그에게 해답을 주거나 언어 형태 문제를 해결해 주지 않고 그 학생이 스스로 그렇게 하도록 지도를 한다. 그러므로 예변적 교수를 통해 담화에 구체화되는, 그리고 지속적으로 변화하는 역동적인 관계가 형태 교수에 들어올 수 있다.

공동체 언어 학습 대화(Community Language Learning Dialogues)

칼 로저(Carl Roger)의 인간적 심리학(humanistic psychology)의 원리에 기초하여 찰스 커런(Charles Curran)은 공동체 언어 학습(Community Language Learning)이라 불리는 언어 교수법을 개발하였다. 이 접근법의 신조 중 하나는 학습자에게 안정감을 주는 것이다. 안정감을 주는 한 가지 방법은 학생들이 스스로 목표 언어로 말하고 싶은 것이 무엇인지를 선택하게 하는 것이다. 학생들은 먼저 자기들의 모

라슨-프리만(2000a)에 나와 있는 이 교수법과 다른 교수법에 관한 논의를 참고

어로 말하고 이것을 번역한 후에 학생들이 이 번역을 말하는 것을 녹음한다. 그런 다음 녹음한 것을 전사하여 모어와 대응시킨다. 그 다음에 학생들이 전사된 대화를 가지고 실제로 해 본다. 그런 후에 학생들이 관찰한 것들에 대해 질문을 할 수 있다.

나는 이 방법이 의식 상승을 위한 아주 좋은 방법이라는 것을 알았다. 학생들이 대화를 만들다 보니 그 대화에 몰두할 수 있기 때문이다. 게다가 그들은 자기들이 L2로 한 말의 의미를 알고 있다. 그들이 집중하면 되는 것은 의미에 목표 언어 형태가 어떻게 적절한 방식으로 대응되는지이다.

읽기와 쓰기를 가르치기 위해 사용되었던 교수법 중에 이와 관련된 것으로 언어 경험 접근법(Language Experience Approach: LEA)이 있다. 이 접근법에서는 학생들이 교사에게 목표 언어로 정확하게 표현하고 싶은 내용을 말한다. 그러면 교사는 학생들이 말하는 내용을 써 주면서 목표 언어의 문법 규칙에 맞게 고쳐준다. 그러면 학생들은 자기들이 말한 것과 교사가 써 준 것을 비교해서 목표 언어의 특징에 대한 의식을 상승시킬 수 있다.

9. 학생들에게 명시적 규칙을 알려 주어야 하는가?
SHOULD I GIVE MY STUDENTS EXPLICIT RULES?

제2 장에서 나는 문법 교수를, 학생들에게 문법 규칙을 알려 주는 것과 동일시하는 것은 잘못이라고 주장한 바 있다. 그러나 문법 교수의 한 방법으로 명시적 규칙 알려 주기에 장점이 없다고 주장하지는 않았고 그렇게 주장하지도 않을 것이다. 최근까지 실시된 연구 결과들은 이 점에 있어서 다소 의견이 분분한데, 규칙이 상대적으로 간단하다면 학생들에게 명시적 규칙을 알려 주는 것을 옹호하는 경향이 우세하다. 규칙이 복잡하다면 학생들에게 명시적 규칙을 알려 주기보다 예문에 노출시키거나 명시적 규칙과 함께 까다롭게 선별된 예문을 같이 노출시키는 편이 더 나을 것이다. 그럼에도 불구하고 캐롤과 스웨인(Carroll and Swain 1993)은, 규칙을 알았으면 하지 않았을 오류를 학생들이 범한 후에 그들에게 규칙을 알려준다면 복잡한 규칙이라도 도움이 될 것이라고 주장했다.

연구자들은 또한 L2의 특정 부분을 습득하기 위해서는 좀 더 의식적이고 명시적인 교수가 필요하다고 주장하기도 한다. 이 주장은 맞을 수도 있는데, 예를 들면 L2의 특징이 L1의 특징보다 더 유표적일 경우처럼 L1과 L2에 특정한 차이가 있을 때에는 이 주장이 맞을 수도 있다. 이는 화용적 차이, 혹은 사용의 차이라고 부루는 것 즉 형태적인 문법 현상보다는 덜 두드러지는 차이에 대해서도 맞는 이야기일 수 있다. 명시적 지식이 도움이 될 또 다른 범주는 문형화된 연쇄 즉 어휘문법적 단위와 연어이다.

어데어-호크, 도네이토 그리고 커모-조한슨(Adair-Hauck, Donato, and Cumo-Johanssen 2000)은 규칙의 명시적 제공 대 암묵적 유추의 2분법으로 보는 시각을 거부하면서 중간 지대를 설정한다. 교사가 학습자에게 설명을 해 준다거나 학습자가 스스로 문법 설명을 암묵적으로 분석하도록 하지 않고, 교사와 학생들이 협력해서 문법 설명을 공동으로 구성하는 것이다. 어데어-호크, 도네이토 그리고 커모-조한슨은 교수법에 대해 비고츠키식 접근법의 입장을 보이며 규칙 형성하기에서 교사의 지도가 있는 참여식 접근법을 취하는 것이 최선의 교수 방식이라고 주장한다. .

물론 언어로 표현되는 규칙이 언어에 대한 일반화를 포착하고 중요한 관계를 두드러지게 만들 유일한 방식이 아니며, 사실 언어로 표현되는 규칙은 학생들이 그 규칙을 이해하기 위해 언어를 먼저 처리할 수 있어야 한다는 명백한 단점이 있다. 일반화를 명시화할 좀 더 직접적인 방식에는 도표나 공식(S+V+O), 또는 등급표(예를 들면 조동사가 갖는 확률의 정도)와 같은 상징적 장치나, 이를테면 장소의 전치사 사이의 관계를 보여 주는 그림 같은 것을 쓰는 것이 포함된다.

이런 단서를 놓고, 맥위니(MacWhinney)의 말을 인용해 명시적 교수에 대한 나의 입장을 정리하려고 한다.

> 형태에 대한 암묵적 노출과 더불어 명시적 교수를 받는 학생들이야말로 두 가지 방식이 줄 수 있는 최대의 혜택을 얻는 것 같다. 명시적 교수를 통해 학생들은 특정 유형의 입력에 관심을 돌리고 자기들의 가설 공간을 좁히며 자기들의 신경망의 가중치를 조절하고 자신들의 기억 자취를 조정한다. 심리언어학적 이론의 관점에서 보면 일반적인 암묵적 노출과 더불어 학생들에게 명시적 교수를 하는 것이 잃을 것이 없는 명제처럼 보인다(맥위니 MacWhinney 1997: 278).

10. 언어학적 용어(매개 언어)를 학생들에게 사용해야 하는가?
SHOULD I USE LINGUISTIC TERMINOLOGY(METALANGUAGE) WITH MY STUDENTS?

규칙을 언어로 표현해 설명하려고 하면 그에 따라 교사들에게 자연적으로 생기는 근본적인 문제가 있다. 바로 학생들에게 명시적인 매개 언어 용어를 쓸지 – 쓴다면 어느 정도로 – 말지의 문제이다. 언어 습득의 효율성이라는 면에서 이 문제를 해결한 SLA 연구는 아직 없는 것으로 알고 있으며, 샤우드 스미스(Sharwood Smith 1993)가 말한 대로 매개 언어의 사용은 여전히 현실적인 문제이다. 앨리슨 드 앵글러전(Alison d'Aanglejan)이 오래전에 (라이트바운, 저자와의 개인적인 대화) 지적했듯이, 일부 언어(예: 불어)들에서는 어떤 명시적 문법 용어를 알지 못하고는 글로 올바르게 쓰는 일이 거의 불가능할 것이다. 예를 들며, 남성과 여성 형태가 종종 똑같이 들리는데('blue'의 남성형 *bleu*와 여성형 *bleue*), 이 때 이 둘을 구분하려면 남성과 여성, 그리고 그와 관련된 문법 표지들에 대한 개념이 필요할 것이다.

교사들은 이에 대해 다양한 견해를 보이는데, 어떤 교사들은 매개 언어의 사용이 문법 현상을 지시하는 유용한 지름길을 제공할 것이라고 느끼고, 다른 이들은 문법 용어의 증가는 학생들의 학습 부담을 더해 줄 뿐이라고 느낀다. 다음은 보그(Borg 1999)에서 일부 교사들이 학생들에게 언어학적 용어를 쓰는 문제에 대해 한 말이다.

4년간 EFL을 가르친 27세의 영어 원어민 교사 해나(Hannah)는, 문법 교수에 접근할 때 그녀가 문법 구조에 대해 해당 용어를 붙여 설명하는지에 대해 아래와 같이 대답한다.

해나,
마사, 티나
hannah,
Martha, Tina

아이고, 아니요. 그게 왜 필요해요? 저는 그게 필요하다고 생각하지 않기 때문에 용어를 쓰지 않아요. 나도 칠판에다 써 놓고 용어를 붙일 수도 있지만 도움이 안 돼요. 학생들이 각 부분의 용어를 알아도 실제로 쓸 수 있도록 도움이 되지는 않는다고요. 그게 제가 생각하고 있는 이유예요.

3년 동안 EFL을 가르치고 있는 24세의 여자 원어민 교사인 마사(Martha)는 중급 수준의 학생들을 가르치면서 아래와 같이 말했다.

많은 사람들이 용어가 무엇인지에 대해 걱정을 하는데, 제일 중요한 것은 왜 우리가 그것을 쓰는지 그리고 언제 그것을 쓰는지를 이해하는 것이에요. … 그래서 학생들이 그것을 알면, 좋죠. 그들이 그 이름을 말하면 돼요. 만일 모르면 제가 그 이름을 주면 돼요. 저는 "보통 문법책에서는 이것을 이렇게 부르니까, 여러분들이 이런 말을 다시 보게 되면 이런 뜻이라고 이해하세요." 그들은 종종 이름은 알아도 그게 무엇을 위한 것인지 모를 때가 있어요. 그래서 저는 이름보다 무엇을 위한 것인지를 알았으면 해요. 그렇지만 학생들은 라벨이 있었으면 한다는 것을 알고 있기 때문에, 그들이 라벨을 모르면 제가 알려 주기도 해요.

그리고 10년 넘게 TEFL에 몸담아 온, 30대의 영어 원어민 교사 티나(Tina)는 이 문제에 대해 이렇게 말했다.

그들이 그 유형의 이름을 알면 기억하기가 더 쉽겠죠……. 그들에게 다양한 부분들을 소개하고 거기에 이름을 붙이면, 그 부분들이 어떤 역할을 하는지를 설명해 주는 셈이니까요. "이것은 'if절 + 'would' + 과거 분사야."라고요. 글쎄요, 그런 것에 대해 일반화할 수 있다면 그게 일반화인 것이겠죠.

티나가 고급 수준의 학생들을 가르치고 있다는 점은 흥미롭다. 그래서 아마도, 매개 언어 사용에 대한 교사들의 믿음이나 편안함 정도와 더불어 문법 용어를 사용할지 말지를 교사가 결정하려면 자기 학생들의 매개 언어적 지식을 가늠해야 할 것 같다. 40세의 TEFL 교사인 에릭(Eric)도 학생들의 학습 스타일을 고려한다. 그는 학생들의 학습 스타일에 민감하기 때문에 "어떤 학생들은 문법 용어를 좋아하고 이에 안정감을 느낀다. 이것도 존중해 줘야 한다."라고 말한다. 그러나 마사와 마찬가지로 에릭은 용어를 가르치는 것이 "문제의 핵심 – 이 언어는 무엇이고 어떻게 쓰이는가" – 을 대체할 수는 없다고 경고한다.

이제, 문법 학습에 대한 많은 SLA 연구가 출력 연습보다 넓은 의미의 의식–상승에 대해 이루어져왔다는 점이 분명해졌다. 자연적인 습득에서 일반적으로 일어나는 것 이상으로 문법 학습을 촉진하려면 학습자의 인식이 반드시 필요하다는 데에는 상당한 의견 일치를 보고 있다. 순수한 의미의 암묵적 학습도 효과가 있지만 매우 느릴 것이다. 학습자의 주의가 의식적이고 집중적이어야 하는지, 그리고 산출 연습도 동반되어야 하는지에 대해서는 연구자들 간에 의견이 나뉘어 있다. 이는 전통적으로 교수법에 대한 의의를 습관 형성 – 모어의 습관을 극복하고 목표어로 새로운 습관을 형성하기 위해서 문법 패턴을 반복하고 반복해서 사실상 과대 학습해야 한다는 생각 – 으로 보기 때문이다. SLA 연구자들이 순수 행동주의로 회귀할 우려가 있는 교수법을 왜 인정하기 꺼려하는지 이해할 만하다.

그러나 나는 교사들이 문법 요지에 대한 학생들의 의식을 상승시킨 다음 곧장 그 학생들이 직접 의사소통에서 그 문법을 쓰기를 기대하는 것은 무리임을 종종 확인하였다. 적절한 학습을 위해 학생들의 이해가 필요하지만 그 자체로는 불충분하다. 문법 사용하기는 하나의 기술이며, 기술로서 연습이 꼭 필요하다. 특정 유형에 대한 유의미한 연습은 학습자들이 자기들의 이해를 증진시키거나 기억 자취를 통합하거나 유창성을 향상시키는 데 도움이 될 뿐만 아니라, 그들의 문법 발달을 향상시키는 데에도 도움이 된다. 이런 것 때문에 나는 심리학 문헌들을 정리하게 되었는데 이는 다음 장에서 다룰 것이다.

추천 자료

제2 언어 습득에 관한 연구는 라슨–프리만과 롱(Larsen–Freeman and Long 1991)과 앨리스(R. Ellis 1994), 그리고 개스와 셀린커(Gass and Selinker 2001)에 잘 정리되어 있다. 이 책에서 여러 번 언급하였듯이, 복합단어 어휘적 연쇄(multi-word lexical string)나 Chunk와 같은 정형적(定形的)인 언어(formulaic language)에 대한 매우 흥미로운 연구가 지금 이루어지고 있다. 내팅거와 디캐리코(Nattinger and DeCarrico 1992)와 레이(Wray 2002) 모두 읽어볼 가치가 있다. 언어의 암묵적 및 명시적 학습에 관한 앨리스(N. Ellis 1994)의 선집에는 이 장에서 다룬 문제들 중 일부가 다루어졌다. 언어 학습의 연결주의적 설명을 지지하는 입장은 엘만 외 (Elman et al. 1998)의 '생득성 재고(Rethinking Innateness)'에 설득력 있게 펼쳐져 있다.

9

출력 연습과 산출
OUTPUT PRACTICE AND PRODUCTION

출력 연습의 가치에 대한 서로 다른 인식
DIFFERENT PERCEPTIONS OF THE VALUE OF OUTPUT PRACTICE

나는 처음에 이 장의 제목을 그냥 "연습"이라고 붙이려 했었다. 그런데 최근에는 '연습(practice)'이라는 용어가 입력 처리와 출력 활동 모두에 적용이 되고 있다. 앞 장에서 입력 처리를 다루었으므로 여기에서 내가 논의하려는 것은 후자이다. '출력 연습(output practice)' 또는 '산출 연습(productive practice)'이라고 하면, 특별한 언급이 없는 경우 보통 말하기에 해당되기는 하지만, 여기에서는 산출 연습이라고 하면 쓰기와 말하기의 산출적 기술을 사용하는 것을 말한다. 나에게 문법 학습을 위한 산출 연습이란 의미있고, '학생들의 흥미를 유발하며, 집중되는 방식'으로 목표 문형이나 구조를 사용하는 것을 뜻한다.

연습은 문법 교수에 있어 오랫동안 버팀목이 되어 왔다. 문법 교수에서 흔히 쓰는 *제시–연습–산출(Present–Practice–Produce, PPP)* 방식을 따르는 교사들은 어떤 식으로든 연습이 불가피하다고 느껴왔다. 몰타 Malta의 한 언어 교육원에서 교사로 일하고 있는 에드(보그(Borg 1998)의 연구에서 언급한 바 있는)가 출력 연습의 문제에 대해 하는 말을 들어 보자.

> 모든 것의 기저에 있는 원칙은, 언어에 초점을 두고 교실에서 의식적인 언어 학습을 이루려고 한다면 연습 활동도 같이 해야 한다는 것입니다. 학생들이 인식을 하고 규칙에 대해 결론에 이르면 그 규칙을 위해 일정한 연습을 해야 합니다. 그것이 여기에 깔려있는 기본 원칙입니다… 일반 원칙으로서, 나는 정확성 활동에 관한 한 학습자들에게 통제된(가능하면 의사소통적) 연습을 하게 합니다 (보그 1998에서 인용: 24–25).

에드(Ed)는 EFL에서 경험이 아주 많은 교사이며, 비록 제한적이기는 하나 연습의 가치를 인정하는 많은 교사들의 입장을 대변한다. 그러므로 잠시 연습의 문제에 관한 자신의 입장에 대해 생각해 보는 시간을 가져 보자.

에드와 같이 생각하는 교사들이 많이 있다고 이미 언급했지만, 피카(Pica 1994)는 적어도 교수법의 수준에서는 지난 이십 년간 언어 교수에서 연습의 지위가 쇠퇴했음을 상기시켜준다.

> 자연 교수법(Natural Approach, 크라셴과 테럴 Krashen and Terrell 1983)과 언어 교수법에 관한 논의들에서 광범위하게 다루어진 의사소통 교수법의 영향으로, 학습자들에게 반복 연습과 연습 활동을 시키는 일이 많은 수업에서 점점 사라졌다 (피카 Pica 1994: 58).

언어 교수에서의 의사소통적 접근법들은 언어 교수에 지대한 영향을 끼쳤다. 그러나 비록 연습이 반복 연습을 뜻하지는 않지만, 그 접근법들이 연습의 필요성을 완전히 배제하지는 못했다고 생각한다. 의사소통 교수법이 한 공헌은 제시–연습–산출의 연쇄를 뒤집은 것인 듯하다(윌리스 Willis 1996, 스키언 Skehan 1998). 학생들은 의미있는 내용이나 과제에 참여함으로써 우선 이해와 산출을 한다. 그 다음에는 교사의 지도 하에 입력과 산출 연습을 하되, 여전히 의미있고 흥미로운 연습을 한다. 그러면 의식 상승을 하게 되는데, 이 때 교사는 학습자들이 특정한 문법 설명을 귀납적으로 유추하도록 도와준다. 간단히 말해서 연습의 "P"는 여전히 중간 자리를 차지한다.

문법 교수에서 연습을 지지하는 나의 입장은 수년간 교수와 학습을 해 본 나 자신의 경험과 교사 양성가로서의 나의 역할에서 비롯되었다. 예를 들면, 나는 수업에 참관하러 들어가서 그 수업에서 의사소통적 언어 교수법을 쓰고 있다는 말을 듣곤 했다. 내가 방금 위에서 묘사한 "역 PPP(inverted PPP)"와 달리 초보 교사들이 문법이나 기능을 소개하고 나서, 학생들에게 역할극을 시키거나 문제 해결을 하게 하거나 기타 무제한적으로 여러 교수 방식을 사용하는 것을 보았다. 그리고 이런 시도들이 실패하는 것을 목격하였다. 학생들은 말을 하지 않거나, 말을 하더라도 방금 제시된 기능이나 구조를 사용하지 않는다. 학생들이 말을 하지 않는 데 대해서는 여러 가지 설명이 가능하겠지만 학생들이 목표 구조를 쓰지 않는 이유에 대한 가장 그럴듯한 설명은 학생들이 그렇게 하도록 연습을 하지 않았기 때문이다.

언어 교수 분야에서 오랫동안 지지를 받았고 대부분의 학습자들이 증명한 것은 이해가 산출보다 보통 먼저 일어난다는 것이다. 그러나 나는 이해가 반드시 산출을 보장하지는 않는다고 믿는다. 물론 둘 사이에 겹치는 부분이 전혀 없다고 하는 말은 아니다. 그러나 입력 처리와 발화 산출은 서로 다른 처리 메커니즘이 필요하다는 증거가 있다(화이트 White 1991). 다른 연구에서도 이해 기술과 산출 기술이 어느 정도 별개로 학습됨을 시사하고 있다(디카이저와 소칼스키 DeKeyser and Sokalski 2001). 스페인어 학습자로서의 나의 경험도 이 주장을 뒷받침해 준다. 이전에 수년간 스페인어를 배웠기 때문에 나는 상당한 구어와 문어체 스페인어를 이해할 수 있다. 그러나 별로 연습을 하지 못해 스페인어 말하기에 관한 한 나의 산출은 더듬거릴 뿐 아니라 부정확하기도 하다. 유의미하고 적절하며 시기적절한 내용을 이해하려고 몰두할 때는 이를테면 동사의 어미에 대해 신경을 별로 쓸 수가 없다.

어떤 종류의 출력 연습이 도움이 될지에 대해 논의하기 전에, 언어 수업에서 연습을 하는 것을 지지하는 입장과 반대하는 입장을 살펴보면 좋을 것 같다. 어떤 사람들은 "효과가 있"기 때문에 연습을 시키는 데 만족할 것이다. 나는 이런 입장을 존중하지만, 나 스스로는 그런 실용주의를 그다지 만족스럽게 생각하지 않았다. 전문적인 이슈에 대해 내가 취하는 태도를 생각할 때, 나는 더 많은 것을 알고 싶다. 나는 왜 그것이 "효과가 있"는지 알고 싶고 반대로 왜 어떤 사람들은 연습이 불필요하고 심지어는 역효과를 낸다고 생각하는지를 알고 싶다. 1999년 TESOL 컨벤션에서 나는 발표를 한 적이 있는데 이 발표에서 나는, 주목하기, 의식 상승, 입력 처리 등을 장려하는 최근의 이론적 타당성과, ALM에서 연습을 지지한 초기의 이론적 타당성에 반해 현대 문법 교수에서는 출력/산출 연습의 역할이 등한시되었으며, TESOL 분야에서도 후기-ALM식 경험적 연구와 명확화를 하려는 노력이 필요하다고 주장하였다. 내 발표에 이어 한 동료가 나의 주장을 비판하면서, 출력 연습은 정당화할 이유가 전혀 없다는 뜻을 시사하였다. 연구자 정신에 입각하여 나는, "나와 같이 생각하지 않는 이 동료와 다른 사람들에게서 나는 무엇을 배울 수 있는가?"라고 의문을 갖게 되었다.

게다가 연습이 "효과가 있"다면 나는 그것이 어떤 기능을 맡는지 알고 싶다. 나는 직관과 경험을 절대 무시하지 않지만, 가능하면 나는 더 깊이 들어가고 싶다. 나는 내 경험을 이해하고 그 의의를 찾기 위해서 왜 그것이 그런지 혹은 왜 효과가 있거나 효과가 있지 않은지를 이해하고 싶다. 그리고 특정 집단의 학생들에게 그것이 효과가 있지 않을 때는 어떻게 교수 방법을 바꿀 수 있는지를 알고 싶다.

연습의 가치에 명확한 의의를 찾을 수 있을 것이라는 기대를 하게 만들었지만 나는 그것을 찾지 못할 수도 있다. 사실 왜 연습이 언어 교수에서 "효과가 있"거나 그렇지 않은지에 대한 가설들이 있지만, 다른 많은 이슈들과 마찬가지로 연습의 가치에 대해 일치된 견해가 없으며 한 가지 입장을 다른 입장보다 지지할 경험적 증거도 거의 없다. 그럼에도 불구하고 나는 연구자 정신에 입각하여 연습에 관한 다양한 입장들을 검토하려고 하며, 먼저 일부 연구자들이 왜 연습의 가치에 의문을 제기하는지부터 시작하려고 한다.

출력 연습의 가치에 대한 SLA 연구
SLA RESEARCH ON THE VALUE OF OUTPUT PRACTICE

SLA 연구자들이 앞 장에서 정리한 의식 상승이나 입력 처리 등의 형태-초점 활동만큼 출력 연습을 많이 연구하지 않았다는 것은 틀림없는 사실이며, 출력 연습에 대한 연구를 시간 낭비로 여기는 연구자들도 있다. 그러나 연습이 교사들 대부분의 문법 교수방식과 언어 교재 대부분에서 중요한 위치를 차지한다는 점을 생각할 때, 연구자들의 무관심이나 회의적인 시각 또는 심지어 노골적으로 연습을 거부하는 태도는 이해하기 어렵다. 그러나 예전부터 논쟁되어 오고 있는 반복 연습 간의 관계를 생각한다면 그들의 태도를 어느 정도 이해할 수 있다. 사실 많은 ALM(Audio Lingual Method) 베테랑들은 회화 습관을 만들고 강화하기 위해 설계된 형태-초점 반복, 빈칸 채우기, 그리고 변형 반복 연습의 끊임없는 연쇄가 갖는 최면적 효과를 지지할 것이다.

그러면 언제나 그렇듯이, 내가 이 책에서 이미 여러 번 언급한 바 있는 비활성되는 지식에 관한 문제가 생긴다. 실제 학생들이 수업에서 연습한 문법 요점이, 수업의 다른 부분에서나 교실 밖에서는 전이되지 않는 경우가 너무나 흔하다. '강 접점 (strong interface)'의 입장[14]은 전통적 문법 교수에 내재되어 있는 것으로, 학습자들이 배운 내용을 습득하며 연습을 통해 의사소통 상황에서 그 구조를 사용할 수 있을 것이라고 가정한다 – 달리 말하면 연습과 사용 사이에 직접적이고 근사한 연결 관계 혹은 접점이 있다고 가정한다. 이것이 사실이 아니라는 것은 분명하다. 우리는 학습자들이 새로운 문법 구조를 그들의 중간언어 체계로 통합하려면 시간이 필요하다는 것을 알고 있다. 그러나 단지 전이가 지체되는 것은 아니다. 예를 들면 학습자들은 그들에게 제시되었거나 연습한 것과 전혀 유사하지 않은 형태들을 종종 산출한다. 이와 같은 관찰에 대해 앨리스(R. Ellis 1998)는 다음과 같이 결론을 내린다. "그렇다면 한 번의 수업에서 혹은 여러 번의 수업을 통해 구조에 초점이 맞춰진 산출 연습을 한다고 해서 학습자들이 의사소통에 필요한 지식을 구성할 수 있는지 불확실하다." 이와 같은 관찰 내용을 설명하기 위해 앨리스(R. Ellis 1993b)는 '약 접점(weak interface)' 이론[15]을 제안하였다. 이 이론에서는 명시적 교수가 학습자의 주의를 언어 자질로 유도하고 그 자질들에 관한 지식을 계발할 수

---

14 역자 주: 제2 언어 능력은 의식적인 학습과 연습을 통해 습득된다고 보는 입장.

15 역자 주: 학습은 언어 습득에 간접적인 도움이 되는 것이지 습득 자체를 의미하는 것은 아니다.

있게 하지만, 학습자들은 그에 필요한 발달 단계에 이를 때까지는 그런 자질을 자신들의 중간언어로 통합시키지 못할 것이라고 말한다.

학습한 구조들이 항상 전이되지는 않을 뿐 아니라 연습하는 동안 그리고 연습이 끝난 후에 "남아 있는" 것처럼 보이는 것들도 오래 가지 못한다. 교사들은, 학생들이 한 주가 끝났을 때 특정 형태를 숙달한 것처럼 보였다가도 그 다음 주에 오면 하나도 남아있지 않는 경우가 있다는 사실을 틀림없이 인정할 것이다. SLA 연구식으로 말하면, 이러한 현상은, 학생들이 발달 단계상 아직 구조를 동화시킬 준비가 안 되어 있으므로 연습은 헛된 것이라고 설명할 것이다. 코더(Corder 1967)는 학습자들이 어떤 구조를 다른 구조보다 먼저 습득하게 되는 내재된 교수요목을 가지고 있다고 가설을 세웠다. 독일어 습득의 발달 단계를 관찰한 후 이를 설명하기 위해 피너만(Pienemann 1998)은 처리가능성 이론(Processability Theory)을 제안했는데, 이 이론은 통사적 처리 요건들의 차이를 지적함으로써 각 단계들을 설명하려고 한다. "만약 산출 연습이 학습자들이 아직 습득할 준비가 안 된 구조를 위해 행해진다면 실패할 가능성이 크거나(피너만 Pienemann 1984) [더 나쁜 상황에서는] 그 규칙을 잘못 표상하는 결과를 낳을 수도 있다(유뱅크 Eubank 1987)"(앨리스 R. Ellis 1998: 51).

크라셴(Krashen)이 비접점 입장을 취하게 된 것도 이와 같은 문제들 때문이었다. *비접점(non—interface)* 입장에서는 명시적 형태–초점 연습과 언어 습득 간에는 아무런 교차가 일어나지 않는다고 본다. 크라셴은 "연습이 완벽을 낳지 않는다"고 주장했다(Krashen 1982: 60). 그[크라셴]는 비록 말하기를 통해 학습자들이 자신들의 대화 상대자들로부터 더 많은 입력을 이끌어 내는 입장에 설 수 있을 것이라고 설명하면서도 다음과 같이 주장하였다. "그[크라셴]는, 말하기 기술이 말하기 연습보다 책을 읽으며 이해 가능한 입력을 얻는 데서 더 많이 향상된다고 본다"(디카이저 DeKeyser 1998: 51). 크라셴은 최근에, "언어 산출을 전혀 하지 않고도 아주 높은 수준의 언어와 읽기 쓰기 능력을 발달시킬 수 있음을 확인시켜 주는 연구들이 많이 있다"(Krashen 1998: 177)고 말함으로써 자기 주장에 힘을 실었다. 나아가 "CO[comprehensible output 이해가능한 출력]가 언어 습득으로 이어진다는 직접적인 증거가 없"(1998: 180)으며, 언어 수업에서 이해 가능한 출력을 산출할 기회도 드물고, 학생들이 준비되기도 전에 학생들에게 억지로 말하게 함으로써 산출 기회를 늘리는 것도 부정적인 결과를 가져올 수 있다.

'*이해 가능한 출력(comprehensible output)*' 가설은(스웨인 Swain 1985) 캐나다 불어 몰입 교육 학생들이 수년간 이해 가능한 입력을 받고도 그들의 불어 중간언어가 유창하긴 해도 문법적으로는 부정확하다는 관찰로부터 비롯되었다. 달리 말하면 엄청난 양의 이해 가능한 입력조차도 몰입 교육 학생들이 목표 언어에 부합하는 중간언어를 발달시키는 데에 불충분하다는 것이다. 이 학생들은 어휘를 이해하거나 언어

외적인 단서들을 통해 다른 사람이 말한 의미를 이해할 수 있었다. 자기들의 메시지를 다른 사람에게 전달하는 것도 이와 같은 방식을 사용했는데 심지어 문법적으로 틀린 형태를 가지고 그렇게 했다. 스웨인과 랩킨(Swain and Lapkin 1995: 375)에 따르면 그들에게 없는 것은 이해 가능한 출력을 산출할 기회였으며, 이 기회가 있었다면 학습자들은 이해에 핵심적으로 요구되는 의미적 처리에서 산출에 필요한 통사적 처리로 나아갈 수 있었을지도 모른다. 언어를 산출하려면 학습자는 자기들이 모르는 것과 부분적으로만 아는 것을 먼저 인식해야 한다. 이는 들어오는 자료의 분석 - 즉 입력의 통사적 분석 - 을 하게 유도할 수도 있고, 지식 공백(knowledge gap)을 메우기 위해 기존의 내적 언어 자원들의 분석을 유도할 수도 있다.

앞서 샤흐터(Schachter 1984)는 출력 산출하기가 학습자들에게 목표 언어에 대한 자신들의 가설을 - 되는지 확인하기 위해서 - 시험해 볼 기회를 준다고 주장한 바 있다. 다른 이들은 학습자들이 의미를 조정할 기회를 얻게 되는 것은 다른 사람들과의 상호작용을 통해서이기 때문에 출력 산출을 이상적이라 보는데, 이런 기회를 통해 입력을 더 처리하기 쉽도록 만드는 상호작용적 수정을 할 수 있게 된다. 달리 말하면 의미가 불분명할 때 그 의도가 무엇인지를 분명하게 하기 위해 몇 개의 단계를 밟아야 한다는 것이다. 이러한 단계들은 다음(라슨-프리만과 롱 Larsen-Freeman and Long 1991에서 가져온 자료)에 예시되어 있다. 이 예에서는 원어민 영어 화자(NS)가 비원어민 영어 화자(NNS)와 대화를 하면서 확인 체크("You're a worker")를 하는 것이다.

NS: Good. Are you a student in Japan?
원어민 영어 화자: 좋아요. 일본에서는 학생입니까?

NNS: No I am not··· I am worker.
비원어민 영어 화자: 아니요, 아니에요··· 저는 직장인이에요.

NS: You're a worker. What kind of work do you do?
원어민 영어 화자: 당신은 직장인이군요. 어떤 일을 하십니까?

상호작용 속에 자연스럽게 나타나는 이와 같은 단서들은 학습자가 입력 속 언어적 형태들(여기서는 *worker* 앞에 오는 관사)에 주목하게 도와줄 것이다. 이런 형태들이 학습자의 처리 능력 내에 있을 때 이 형태들은 수용이 될 것이다(롱 Long 1996). 조정(negotiation)과 관련하여 중요한 한 가지는, 조정을 통해 학습자들이 긍정적 증거(positive evidence: 목표 언어에서 문법적인 것)와 부정적 증거(negative evidence: 어떤 것이 비문법적이라는 것을 학습자에게 알려 주는 직간접적인 증거)를 얻을 수 있다는 것이다.

SLA에 대해 보편문법적 관점을 지지하는 이들 중에 학습자의 출력 후 수정이나 부정적 증거를 주는 것이 SLA에서 필요하다고 보는 사람들이 있지만 발화 산출 자체가 문법 발달에 기여한다고 보지는 않는다. "다른 말로 하면 발화 처리는 문법적 능력의 발달보다 언어 사용과 더 밀접한 관계가 있다"(브레이디 Braidi 1999: 135에 인용된 화이트 White 1991). 롱(Long 1996: 448)도 발화 산출이 "부정적인 입력을 유도해서 분석과 문법화를 부추기기 때문에 유용하다"고 보며, 발화 산출이 "촉진적인 역할을 하지만 필수적이지는 않다"(앨리스 R. Ellis 1999: 13)고 본다.

이러한 입장들은 학습자 산출을 장려하는 것에 대해 어느 정도의 지지를 보내고 있기는 하지만 출력 연습을 지지하는 입장은 아니라는 점을 알아야 한다. 오히려 출력을 산출함으로써 얻는다고 가정하는 장점들은, 주목하기를 촉진시킬 잠재력과 가설 시험하기에서의 역할, 분석 유도, 더 많은 입력 유도 등과 관계가 있다. 출력 연습의 가치를 직접적으로 다루는 사람들도 그런 연습에 대해 제한된 시각을 가지고 있어서, 출력 연습이 명시적이고 의식적인 언어학적 지식을 발달시키거나 암묵적 습득 체계에 학습자의 접근을 증가시키는 데에 기여를 할 수는 있지만 습득된 체계 자체의 발달에는 기여하지 못한다고 말한다(슈워츠(Schwartz 1993), 반 패튼과 카디어노(VanPatten and Cardierno 1993), 그러나 살라베리(Salaberry 1997)도 참고).

9.2

다음은 방금 정리한 출력 산출에 대한 다양한 견해들을 모아 놓은 것이다. 당신의 경험에 비추어 볼 때 그럴듯한 견해가 하나 이상 있는가? 어떤 이유에서 그렇고 어떤 이유에서 그렇지 않은가?

그림 9.1 출력 산출/연습의 장점과 단점

+	−
학습자들을 의미적 처리에서 통사적 처리로 나아가게 하며, 통사적 분석을 유도한다.	언어 습득에는 불필요하거나 문법 능력의 자연적 발달과 맞지 않는다.
주목하기 특히 학습자가 모르는 것에 주목하는 것을 촉진한다.	수업에서는 드물다.
학습자가 가설을 실험함으로써 가설을 수정할 수 있는 부정적 피드백을 얻는다.	학습자들이 준비되기도 전에 말하도록 압력을 가하며, 이는 부정적인 영향과 문법 규칙에 대한 잘못된 표상으로 이어질 수 있다.
학습자가 이해 가능한 입력을 더 많이 얻거나 발달 중인 체계에 더 잘 접근할 수 있게 도울 수 있다.	체계 자체에 직접적으로 영향을 주지 않는다.

〈생각해 보기 9.2〉의 표에서 볼 수 있듯이 출력 산출/연습의 장점조차도 간접적이어서, 학습자에 의한 인지적 처리과정, 이를 테면 입력 속 특징을 분석하거나 주목하는 과정 후에야 발달 중인 체계에 영향을 미칠 수 있다. SLA 연구자들 대부분은 출력 산출이 내재적인 문법 체계 자체의 발달에 전혀 직접적인 영향이 없다고 말한다. 나아가 출력 연습은 유창성을 증진하거나 문법 능력에의 접근을 용이하게 하는 데에는 도움이 될지 몰라도 새로운 문법 지식의 형성에는 도움이 안 된다고 본다. 그러나 스웨인(Swain 1985)의 '*의미적 처리에서 통사적 처리로*'(*semantic to syntactic processing*) 가설은 예외이다. 이것은 아마도 학습자의 정신적 문법(mental grammar)[16] 습득에 주된 관심을 두고 있는 SLA 연구자들이 출력 연습에 별로 관심을 갖지 않는 이유일지도 모르겠다. 산출 자체의 결과로 일어난다고 직접적으로 가정할 수 있는 것은 아무것도 없다. 그런 입장들은 발화 습관을 들이고 강화하기 위해 연습이 필수적이라고 여겨졌던 ALM 시절과는 큰 차이가 있다.

나는 ALM으로의 회귀를 옹호하려고 하는 것이 결코 아니다. ALM은 학습자들의 역할을 제한하고 언어 교수에는 언어적 행동을 수정하는 일이 동원된다고 보기 때문이다. 그럼에도 불구하고, ALM으로 회귀한다는 비판에도 불구하고, 나는 다시 한 번 다음과 같이 말하고 싶다. ALM은, 맥락이 무엇이든지 또는 대화 상대가 누구든지 상관없이 학생들에게 목표 언어로 의사소통을 하도록 가르치는 데 부족하기는 하지만, ALM이 좋았던 한 가지는 연습을 옹호하는 이론적 의의였다. 목표는 분명하였다. 즉 오랜 습관을 극복하고 새로운 습관을 세우는 것이었다. 그리고 이런 목표들은 풍부한 연습 없이는 성취되기 어렵다고 여겨졌다. 더구나, 이 의의와 더불어 반복 연습을 범주화하고 순서를 정하는 – 완전히 조작적인 것에서 대체로 조작적인 것으로, 다음은 대체로 의사소통적인 것으로, 그리고 완전히 의사소통적인 것으로(프레이터 Prator 1965), 혹은 기계적인 것(mechanical)에서 의미있는 것(meaningful)으로, 그 다음에 의사소통적인 것(communicative)으로 즉 폴스턴(Paulston 1970)이 말한 대로 M–M–C의 순서로 가는 – 이론적 틀도 가지고 있었다. ALM이 세력을 갖다가 쇠퇴한 이래로 연습 활동을 위한 일관된 틀은 하나도 만들어지지 않았다.

SLA 연구 문헌을 정리하면서 나는 이제 왜 출력 연습이 의식–상승에 비해 무시되어 왔는지를 이해하게 되었다. 많은 연구자들이 출력 연습을 언어 행위를 바꾸기 위한 기계적인 반복 연습과 연관시킨다. 그러한 관점에는 인간의 인지에 대한 고려는 전혀 들어 있지 않다. 연구 초점이 인간 행동의 형성에서 정신적 문법의 습득으로 변화하면서 출력 산출을 유용한 것으로 보기도 했지만 점차 불필요한 것으로 여겨졌다.

그러나 언어 학습자이자 교사 그리고 교사 양성가로서의 내 경험에 비추어 볼

---

16 역자 주: 개인의 뇌 속에서 무의식적으로 저장된 가상의 문법.

때 출력 연습은 언어 학습에서 중요한 역할을 담당한다고 믿는다. 게다가 그 역할은 유창성을 향상시키는 데에만 있지 않다고 믿는다. 그것은 내재 문법 체계에도 영향을 미칠 수 있다고 믿는다. 그러나 이렇게 하려면 특정 유형의 연습이 필요하다. 따라서 이 장의 나머지 부분에서는 두 가지 질문을 풀어 가려고 한다. 첫째, 연습의 가치에 대한 나의 믿음을 지지해 줄 이론적 기초나 경험적 증거가 있는가? 둘째, 그렇다면 (M–M–C의 단순화 버전 외에) 차용할 수 있는 또는 적당한 연습 활동을 설계하기 위해 내가 만들 수 있는 이론적 틀이 있는가?

출력 연습의 심리학적 근거: 정보 처리 관점
Support from Psychology for Output Practice:
An Information–Processing Perspective

자동성(Automaticity)

이론적 입장을 찾기 위해 나는 SLA와 언어학을 떠나 심리학 문헌, 정보 처리로 알려진 인지 심리학의 한 분야로 나아가고자 한다. 인지 심리학에서 연습과 관련해 눈에 띄는 입장을 보이는 것이 존 앤더슨(John Anderson 1985)의 논문이다. 존 앤더슨은 선언적 지식을 절차적 지식으로부터 구분한 사람이다. 앤더슨은 기술 학습(skill learning)의 3단계 모델을 제안하였다. 첫 번째 단계에서 학습자들은 선언적 지식, 즉 "무엇인가에 관한 지식"을 습득한다. 예를 들어 문법의 경우 디카이저(DeKeyser 1998)는 선언적 지식을, 영어 단수시제에서 삼인칭 단수 동사의 끝에는 s를 붙인다는 식의 문법 규칙을 아는 것과 동일시한다. 두 번째 단계에서 선언적 지식은 절차화되는데, 이는 "그 기술을 수행하기 위한 방법을 알아낸다"(앤더슨 Anderson 1985)는 것을 의미한다. 즉 학습자들은 절차적 지식 즉 "어떻게 하는지를 아는 지식"을 발달시킨다. 세 번째 단계는 절차적 지식이 자동화되는 시기로, 규칙을 사용할 때 그것에 대해 생각할 필요도 없이 쓰게 되는 때이다. 그러므로 기술 습득에 대한 정보처리적 접근법(information–processing opproach)에 따르면 학습자들은 학습자의 주의를 상당히 요하는 통제된 정보 처리로부터 정보 처리의 자동화로 넘어가게 되는데, 정보 처리의 자동화에 이르면 그 절차에는 주의를 기울일 필요가 없이 실행되며 그 다음의 행동 계획을 위해 더 많은 처리 용량을 할애할 수 있게 된다.

이 모델은 운전과 같은 기술을 배울 때 우리들이 자주 겪는 경험을 보여 준다. 그러면 또 대부분의 교사들은 이러한 이론적 모델이 문법 교수에 대한 전통적인 입장과 공통되는 부분이 있다고 생각할 것이다. 많은 연구자들은, 목표 형태를 학습자들의 중간언어로 통합하는 것이 즉각적이지 않을 것이라고 기대하고 연습의 목적이 유창성을 발달시키는 데 있다면 기술 학습을 그와 같이 설명하는 것에 반대하지 않을 것이다. 그러나 앞서 나온 삼인칭 단수 예가 갖는 한계 가운데 하나는 모든 문법적 지식이 규칙의 지배를 받는 것은 아니라는 점이다.

문법에 대한 시각을 문형화된 연쇄(patterned sequence) – 유창성을 위해 너무나 중요한 부분 – 까지 포함할 수 있도록 넓힌다면, 그런 문형들에 대한 지식은 선언적 지식에 포함해야 할 것이다. 실제로 이것은 갯본튼과 세갈로비츠(Gatbonton and Segalowitz 1988)가 주장하는 바이며, 그들은 산출 연습은 문법 규칙이 아니라 정형화된 패턴에 대해 이루어져야 한다고 주장한다. 그들은, 이런 식의 연습이 수행의 특정 측면을 자동화할 수 있을 것이며, 이는 다시 학생들의 주의를 느슨하게 해서 다른 곳에도 주의를 돌릴 수 있게 한다고 믿는다. 또한 이런 연습 방식은 목표 언어 사용자들이 이 학습자들과 대화하는 데 더 적극적으로 참여하게 만들 유창성의 향상에도 기여할 것이며, 이로써 입력에 더 많이 접근할 수 있을 뿐만 아니라 학습자들의 정서적인 버팀목이 될 수 있다.

9.3

아러바트와 네이션(Arevart and Nation 1991)은 간단한 연구를 실시하였다. 학생들에게 익숙한 주제에 대해 짝에게 4분간 이야기를 하라고 시켰다. 이어서 학생들은 짝을 바꿔 다른 짝에게 똑같은 이야기를 하되 이번에는 3분 안에 이야기를 마쳐야 했다. 마지막으로 파트너를 다시 바꿔 새 파트너에게 같은 이야기를 2분 안에 하게 했다. 시간 제약이 더 강해지는 가운데 이야기를 단순히 반복하게 한 것은 유창성을 강화하는 것뿐만 아니라 뜻밖에도 문법적 정확성을 향상시키는 데 효과가 있었다.

이 결과를 인지 심리학적 관점으로 설명할 수 있겠는가?

재구조화(Restructuring)

연습에 관한 한 추가적으로 인식해야 할 중요한 한 가지가 인지 심리학의 정보 처리 접근법에서 나온다. 연습은 절차를 자동화할 뿐만 아니라, "이전에 습득된 일련의 사실과 규칙들을 재조직하는 새로운 절차들을 수립"한다(헐스틴 Hulstijn 1990). 인지 심리학자이자 SLA 연구자인 맥래프린(McLaughlin 1987: 136)은 다음과 같이 쓰고 있다.

그러나 복잡한 인지 기능을 학습하는 데에는 하위 기능들을 자동화하는 것 이상의 무언가가 있다. 학습자는 조직체를 구성하여 습득된 정보를 구조화해야 한다.

더 많은 학습[1990년에 그는 "연습"이라고 하였다]이 일어나면서 내재화한 인지적 표상들이 변화하고 재구조화된다. 이 재구조화 과정에는 자동화를 얻는 데 동원된 절차와 다른, 그러나 보완적인 절차가 동원된다.

재구조화에 정확히 어떤 절차가 동원되는지 아는 사람은 없지만, 조직적 '도식(schemata)'의 발달이 한 가지 예시를 제공할 수 있을 것 같다. 예를 들어 체스 마스터에 관한 한 연구는, 경기 중 체스판을 볼 시간을 5초만 준다고 하면 체스 마스터들은 90% 정확하게 모든 말들이 어디에 놓여 있는지 기억할 수 있다 – 체스 초보자들은 할 수 없는 것 – 는 것을 밝혀 냈다. 전문가들이 이렇게 할 수 있는 것은 전문가들이 참여해 온 연습으로 인해 공격이나 방어 대형–도식–을 형성하는 묶음을 덩어리로 기억할 수 있는 반면 초급자들은 그런 높은 수준의 추상적 표상을 형성할 기술을 가지고 있지 않기 때문이다. 이와 같이 전문가들은 복잡한 하위 요소들을 좀 더 복잡한 처리를 가능하게 하는 도식(schemata)으로 대체하는 것이다.

2장 참고

문법에서 이에 해당하는 것이 규칙(rules)과 '구문(construction)', 즉 저차원의 형태들이 상호작용하여 생긴 고차원의 체계성이라고 할 수 있다. 예를 들어, 구문 문법(construction grammar)에서 절이나 문장의 의미는 하위절 수준에 있는 요소들의 유형에 달려 있다. 그래서 *Pat mailed Bill a letter*(팻이 빌에게 편지를 보냈다), *Pat faxed Bill a letter* (팻이 빌한테 편지를 팩스로 보냈다), *Pat left Bill a message*(팻이 빌한테 메시지를 남겼다) 등과 같은 문장들은 빌이 뭔가를 받는다는 절의 의미를 가지지만 *Pat ran Bill ragged* (팻이 빌을 지치게 만들었다), *Pat made Bill happy* (팻이 빌을 행복하게 만들었다), *Pat knocked Bill silly* (팻이 빌을 때려 기절하게 만들었다) 등의 문장들은 빌이 어떻게 된다는 절의 의미를 가지고 있다. 이 두 가지 유형의 예시를 충분히 접하면 학습자들은 이 구문들의 절 의미를 추상화할 수 있을 것이다. 그러면 이 구문들이 나중에 나왔을 때 이와 같은 절의 의미를 떠올림으로써 더 쉽게 처리할 수 있을 것이다.

원형(prototype)은 정보의 조직과 구조화에서 비롯될 수 있는 추상적 유형의 또 다른 예이다. 예를 들어 영어 학습자는 전치사 *on*을 수없이 듣고 쓸 것이다. 어느 시점에 이르면 학습자는 *on*이 나온 모든 경우들로부터 '*to come into contact with flat surface 납작한 표면과 접촉하다*'는 원형적 의미를 추상화할 수 있게 될 것이다. 그렇게 되면 학습자들은 *on*을 원형적으로 사용할 수 있게 될 뿐 아니라 이 전치사의 확장된 의미, 이를테면 *on time (정시에)*와 *on task (참여하고 있는)*와 같은 예에서의 의미들의 습득도 용이하게 될 것이다(셀체–무르시아와 라슨–프리만 (Celce-Murcia and Larsen-Freeman 1999) 참고).

원형 이론
(로쉬 Rosch 1978)
참고

사례–기반 이론(Instance-based theories)'(트러스컷 (Truscott 1998) 참고)은 이미 처리된 정보가 어떻게 나중에 조직화하는지를 보여 주는 네 번째 예가 된다. 다시

말하지만, 학습자는 주어진 문법 구조의 사례를 수없이 접한다. 각 사례가 여럿의 기본 특징으로 분석된다. 그 다음엔 그 특징들이 해당 범주의 다른 구성원들과 얼마나 유사한지에 따라 범주화된다. 이것은 특정한 문법 구조의 새로운 사례를 만날 때 절의 의미라는 필요조건이나 원형규칙과의 유사성에 따라 범주화되는 것이 아니라 "이미 저장된 사례들의 특징들과 비교하여" 범주화된다는 의미에서 원형의 생성과는 다르다. "사례 저장고가 커질수록 현재의 과제에 적합한 사례들은 기억으로부터 더 빠르고 효율적으로 검색할 수 있으며 따라서 그 과제에 더 쉽고 효과적으로 적용될 수 있다(트러스컷 Truscott 1998: 259-260). 트러스컷은 이러한 설명이, 학습자의 문법에 급격한 변화를 가져오는 UG의 매개 변수 재설정과 같은 개념보다 언어 학습의 검증된 점진적이며 점증적인 성격에 더 부합한다고 말한다.

도식, 규칙, 원형과 달리 사례 기반 이론들은 추상화를 중요시하지 않고 그 대신 지식을 분리되어 있는 경험된 항목들의 집합으로 여긴다. 그러나 추상화를 동원하는 연습들조차도 구체적인 항목들로부터 도식, 규칙, 구문, 원형의 추상화로의 일 방향으로 나아가는 상향식으로만 진행되지 않는다는 점을 인식하는 것이 중요하다. 예를 들어, 연습을 통해 한 가지 도식(schema)이 형성되고, 이를 통해 계속연습을 할 때 우리가 무엇에 주목해야 할지를 알게 되겠지만, 반대로 도식이 추가적인 연습으로 인해 수정될 수도 있다. 따라서 이러한 과정은 순환적이며 상향식 과정과 하향식 과정이 지속적으로 상호작용하게 된다.

이러한 구체적인 암묵적 추상화 과정이 SLA 재구조화에 기여를 하는지는 아직지켜볼 일이다. 재구조화 절차를 논의하면서 놓쳐서는 안 될 중요한 핵심은 "학습에는 조직적 구조. [또는] 내재적 표상(internal representation)의 끊임없는 수정이동원된다"(맥래프린 McLaughlin 1987: 138-139)는 기본 가정이다. 또한 체계가 재조직되면서 연습이 때로는 수행을 감소시킬 수도 있다는 점을 인식하는 것도 중요하다. 맥래프린(McLaughlin 1987: 152)의 말을 들어 보자.

> 연습의 효과는 능숙한 행동에 따라 직접적으로 혹은 자동적으로 생겨나지 않고 오히려 학습자가 더 효율적인 절차를 발달시키면서 축적되는 것 같다. … 수행은 U-형 곡선을 따르는데, 더 복잡한 내적 표상이 덜 복잡한 표상을 대체하면 감소하다가 기술이 전문화되면 다시 증가한다.

이제 나는 〈생각해 보기 9.2〉에서 기술한 출력 산출이 가져 오는 예상 혜택 목록에 출력 연습이 가질 수 있는 이점들을 추가하려고 한다. 출력 연습은 잠재적으로,

- 학습자들이 정형화된 회화를 통해 유창성을 발달시키는 데 도움을 주고
- 자동성을 증가시켜 다른 것에 주의를 기울일 수 있도록 여유있게 만들며
- 재구조화로 이어져 내재적 표상들을 수정하고 재조직한다.

출력 연습이 가져 오는 이와 같은 이점은 연습에서 보통 얻을 수 있다고 생각되는 기능과 상당히 다르다. 교사들과 연구자들 대부분은 학생들이 기존의 지식을 활용함으로써 유창성과 자동성을 획득할 수 있다고 가정한다는 점에 주목하자. 이들은 연습이 지식을 수정하고 결국에는 바꾸는 수단이라고 보지 않는다(개스 Gass 1997).

그러나 연습이 의미있고 흥미를 유발한다면 그리고 맥래프린이 옳다면 왜 출력 연습이 자동화와 재구조화 모두에 기여할 수 없는지 그 이유를 모르겠다. 요컨대 정보 처리 관점은 학습자가 어떻게 그럭저럭 문법을 명시적으로 "알"지만 제한된 주의력 자원 때문에 문법을 일관되게 산출할 수 없는지를 설명한다. 이 관점은 규칙의 지배를 받는 발화문이나 정형화된 발화문을 더 많이 통제함으로써 획득할 수 있는 자동화가 주의력 자원(attentional resources)을 풀어 주어 다른 곳 이를테면 필요한 통사적 처리에도 주의를 기울일 수 있게 한다고 암시한다. 또한 메시지 이해가 어떻게 출력 산출로 즉각적으로 전이되지 않는지도 보여 준다. 출력 연습은 이런 전이가 일어나게 하는 데 필수적이다. 마지막으로, 재구조화는 저장된 정보가 어느 시점에서 재조직화될 필요가 있으며, 재조직화가 일어나면 수행이 쇠퇴한다고 설명한다. 적어도 당분간 학습자들은 한 때 산출할 수 있었던 목표 구조를 더 이상 올바르게 산출할 수 없게 된다.

연습을 지지하는 근거: 연결주의
SUPPORT FOR PRACTICE : CONNECTIONISM

연습의 가치와 SLA에서 차지하는 역할에 관한 한 정보–처리 관점이 통찰력이 있지만 심리학에서 출발한 보다 새로운 모델링 접근법인 '연결주의(Connectionism)'도 논의할 가치가 있다. 연결주의자들은 암묵적 학습을 무의식적 결속 학습과 결부한다. 학습 자료가 연결주의 신경망 모델에 들어가면 그 신경망 속 특정 연결들은 강해지고 다른 연결은 약해진다. 이런 식으로 언어를 상호작용하는 요소들의 "통계적 앙상블"로 본다(쿠퍼 Cooper 1999: ix). 정적인 것은 아무것도 없다. 따라서 언어의 연결주의적 모델은 끊임없이 변하며 신경망의 연결들 사이의 역동적 관계로 가장 잘 묘사된다. 그래서 학습은, 더 강하고 따라서 더 쉽게 활성화되는 연결을 야기하는 반복적으로 일어나는 신경망 활성화의 결과이다.

그러나 연결주의 모델도 반복적 활성화가 일시적인 수행 쇠퇴 – 즉 이제는 익숙한 U–형 학습 곡선에서와 같이 – 를 야기할 수 있음을 보였다. 정보 처리 이론에서는 수행의 쇠퇴를 설명하기 위해 별개의 처리 과정 – 재구조화 – 이 필요했지만 연결주의는 점증적이고 점감적인 학습을 단 하나의 과정, 즉 예들을 지속적으로 처리하는 것에 대한 반응으로 연결 패턴을 계속해서 끊임없이 조정하는 과정으로

8장 참고

설명한다. 그래서 연결주의 모델들이 정보 처리 이론보다 나은 면이 있다. 연결주의 모델은 똑같은 현상 – 수행 상에 주기적이고 예측 불가능한 감소가 있는 점증적 학습 – 을 설명하기는 하지만 그것을 단 하나의 과정으로 설명한다(멜로와 스탠리 Mellow and Stanley 2001). 앨리스(N. Ellis 1996)에 따르면 이 하나의 결속적 과정은 연쇄 학습 즉 언어 연쇄나 뭉치들을 위한 기억의 점진적 강화에 해당된다. 또한 그들은 언어를 표상하는 방식과 언어 발달을 모델링하는 방식을 통합하여 두 이론을 따로 설정할 필요성을 없앴다(헐스틴 Hulstijn 2002). 연결주의가 갖는 또 하나의 훌륭한 특징은 뇌 처리과정을 신경학적으로 그럴듯하게 설명한다는 점이다. 연결주의 모델은 뇌와 그 기능에 기초하여 마련되었고, 그래서 뇌가 어떻게 작동하는지에 대한 훌륭한 모델을 마련할 수 있었던 것으로 보인다(그레그 Gregg, 출판 예정 참고).

물론 연결주의의 설명에도 한계는 있다. 첫째, 연결주의자들은 암묵적 학습을 모델링하고 있으며 여러모로 제2 언어 습득보다 제1 언어 습득에 더 의존하고 있다. 역시 모든 제2 언어 습득이 성공적이지는 않다. 둘째, 컴퓨터 모델은 세상으로부터 동떨어져 있고 비사회적이다(엘만 Elman, 연도가 표시되지 않은 원고). 그리고 뇌 처리과정을 모델링하는 데 목적을 두어 인간 행동의 사회적 차원을 무시하는데, 이 사회적 차원이야말로 언어가 존재하는 이유이다.

연습을 지지하는 근거: 혼돈/복잡성 이론
SUPPORT FOR PRACTICE : CHAOS/COMPLEXITY THEORY

한 가지 이론이나 모델에서 모든 것을 기대하는 것은 아무래도 무리인 것 같다. 그들은 결국 현실의 부분적인 모델일 뿐이다. 그럼에도 불구하고 제9장의 이 부분을 마무리하기 전에 이와 조금 연관된 이론 '혼돈/복잡성 이론(Chaos/Complexity Theory, C/CT)'에 대해 간단히 알아보고자 한다. C/CT는 기상학자나 인구 생물학자들이 연구하는 것과 같이 복잡하고 역동적이고 비선형적인 체계, 보통 자연적으로 일어나는 체계들에 대한 연구를 다룬다. 그러나 언어보다 더 복잡하고 역동적이고 비선형적인 현상은 별로 생각해 낼 수가 없으므로, 이 관점을 언어와 언어 습득에 관한 문제에 활용하는 데에는 따로 이유를 댈 필요가 없겠다(라슨-프리만 Larsen-Freeman 1997).

C/CT와 그 사촌뻘인 역동적 체계 이론(dynamical systems theory)에 대해서는 할 말이 많지만, 그것은 내 머리 속에 벌써 수년째 써 오고 있는 또 다른 책의 내용이다. 여기서는 정보 처리 관점과 연결주의 관점 모두가 더 급진적인 어떤 모델, 내가 거의 십년 동안 관심을 가져온 모델에 비해 부족한 면이 있다는 것을 지적하려고 한다. C/CT 관점에서는 언어 체계가 사용의 결과로 단순히 재구조화하거나 가

중치가 달라지는 것이 아니라 새로 만들어진다고 주장할 수도 있다. 역동적인 체계에서는 시간에 따라 변하는 것이 어떤 체계의 일정 상태만이 아니다. 마치 태아가 성장할 때처럼 그 체계를 구성하는 요소들 사이의 관계의 특성도 변화한다. 또한 언어는 닫힌 엔트로피(entrophy) 체계가 아니다. 언어는 하나의 평형점(point of equilibrium)으로 안정화되지 않는다. 대신, 자연적으로 일어나는 다른 체계에서와 마찬가지로, 언어는 역동적이고 끊임없이 진화하며 자가조직적이다. 해리스(Harris)가 지적하였듯이 "우리는 이전의 고정된 추상적 형태를 참고하여 의사소통하지 않으며 오히려 '… 우리가 개인으로서나 공동체로서 계속 언어를 창조한다…'"(바이비와 호퍼 Bybee and Hopper 2001: 19).

그리고 시간 눈금을 무너뜨린다고 (다양한 눈금의 수준에서 자기 유사성(self-similarity)이 있다면 상관이 없다) 비판을 받을지 모르지만, 언어 진화 일반에 대해 참인 것은 개인의 중간언어 발달에도 참일 것이다. 달리 말하면 언어의 모든 용법이 언어 자원을 변화시키며 그 변화된 자원은 다시 그 다음 학습 상황에 사용된다(캐머론 Cameron, 연도 미상). 나는 새로운 형태의 생성에 대해서만 이야기를 하는 것이 아니다. 불규칙 동사의 과거 시제 형태소에 대한 유명한 과잉일반화의 경우 즉 제1 언어와 제2 언어 학습자들이 *eated*와 *goed*를 산출하는 경우에서도 그러하다.

언어 진화에 빗대어 언어 습득을 설명하는 것에 대한 반대 의견으로, 진화는 느린 과정으로 일어나서 변화가 수 세대에 걸쳐 일어나고 언어 학습자의 일생 내에 일어나지는 않는다는 논의가 있다. 그러나 요즘 진화 생물학자들에 의해 논의된 많은 연구들은 진화의 비선형적 특성을 보여 주는데, 이는 환경 변화에 대한 반응으로서 새로운 형태들을 급속히 방출하는 것으로 종종 한 세대로부터 다음 세대로의 변화를 유발하기도 한다. 예를 들면, 최근에 과학자들이 한 때 찰스 다윈이 연구한 바 있는 갈라파고스섬의 되새류(finches)[17]들이 먹이 공급의 변화에 따라 새로운 부리나 몸의 크기를 진화시킴으로써 신속하게 반응하는 것을 발견하였는데, 이 변화는 아주 짧은 시간 – 기껏해야 수 세대 – 내에 이루어진다는 것이다 (예는 사이언스 뉴스 Science News의 2002년 6월 22일자를 참고). 이와 같은 관찰 결과는 스티븐 제이 굴드(Stephen Jay Gould)의 '단속 평형설[18](punctuated equilibrium, 굴드 Gould 1977)을 보완하고 있는데, 이 이론에서 진화는 파열(burst)(이것이 제1 언어 습득의 급속한 "어휘 폭발"과 같은 것일 수 있을까?)에 의해 중단이 되므로 항상 점진적으로 발달하지는 않는다고 본다.

---

17 역자 주: 갈라파고스섬에 서식하는 짧은 부리를 가진 새.
18 역자 주: 진화론의 하나로 어떤 종이 오랫동안 변화없이 평형·유지되다가 돌연변이의 출현처럼 급격한 변화가 일어나 진화를 이것이 주도한 후 다시 그 상태의 평형을 이어나간다는 이론.

형태 형성(Morphogenesis)

어찌 되었든 동일한 진화 과정이 개인의 수준에서 작동할 수 있다면 언어 발달의 비선형적 진도는 훨씬 더 빨리 나타날 것이다. 그리고 다른 역동적 체계에서와 마찬가지로 언어 발달도 '형태 형성(morphogenesis)' 즉 새로운 유형의 생성이라는 특징을 갖게 될 것이다. 무엇보다 인간의 두뇌는 근본적으로 유형 감지기(pattern detector, 해리스 (Harris 1993))이고 생성기이다. 모해넌(Mohanan 1992: 653-654)의 말대로, "[제1] 언어 발달이 입력 자료를 통해 성인 문법을 추론해 낸다는 생각에서 벗어나, 입력 자료에 의해 촉발되는 유형들의 형성으로 보자." 달리 말해서, 문법 발달을 공동체의 문법에 맞추어 가는 과정 - 연역적 및 귀납적 절차에 지배를 받는 - 으로만 볼 것이 아니며, 언어 발달은 문법 유형의 순간적인 생성을 통해 이루어지며, 이 유형들은 화자들이 다른 화자들과 의사소통함에 따라 공동체 내 다른 개인들의 문법의 명백한 유형들에 맞게 조정되는 것이다.

이 견해는 언어에서 새로운 유형, 즉 입력 자료에 의해 유발되지만 그 자료를 단순히 모방한 것은 아닌 유형들을 생성할 수 있게 한다는 (나에게는) 매력적인 생각과 더불어 사회적 차원을 포함한다는 추가적인 장점이 있다. 결국 다른 이들과의 상호작용은 자극뿐만 아니라 억제 작용도 하기 때문에 개별 구성원들의 개인어(idiolect)가 서로 뜻이 통하도록 유지된다. 물론, 언어 발달 과정은 비선형적이기 때문에 상호작용 후에는 더 많은 상호작용이 뒤따를 것이며 이로써 학습자의 중간언어 내에 두드러지게 지속되는 변화는 거의 없을 것이다. 그러다가 어느 날 어느 학습자든지 알아차릴 것이다. 확실하게 말할 수 있는 것은 이를 목격하는 사람은 아주 운이 좋은 교사일 것이라는 점뿐이다.

창발성(Emergentism)

창발성은, 역동적인 체계들이 어떤 구체적인 생득적 능력(innate capacity)이 아니라 선험적으로 예측 가능하지도 않고 어떤 입력으로부터 명백해지지도 않는 복잡성을 나타낸다. 이러한 복잡성은 그 체계를 감독하는 어떤 중앙 관리자의 탄생을 의미하지도 않는다. 대신 이 복잡성은 국소적 수준에서 상당히 단순한 과정이나 행위의 반복과 행위주들 간의 상호작용의 결과로 전체적인 수준에서 나타나는 것이다. 예를 들면 새떼 시뮬레이션은 각 새들이 그 이웃과 어떻게 상호작용하는지를 관찰함으로써 얻을 수 있다. 거시적 수준의 새떼 움직임은 개별 새들이 그들 자신의 "동네(neighborhood)" 내에서 미시적 수준으로 한 행동들로부터 나타난다.

또한 벌집의 전체 모양을 이루는 것은 각 벌집의 방 하나하나가 육각형이기 때문이다. 육각형 모양의 가 방들은 구조적으로 강하며, 비교적 균일한 크기의 꿀덩어리를 저장하는 문제에 창발적인 해결책이 되어준다. 벌집 모양은 밀랍이나 꿀의 성질에서 비롯되지도 벌의 저장 행동에서 비롯되지도 않는다(베이츠와 굿만 Bates and Goodman 1999: 32). C/CT에서는 창발성[19]과 같은 역동적 과정이 유생이든 무생이든 모든 형태 체계에 적용될 수 있다고 가정하기 때문에 이와 유사한 주장이 인간의 문법이 창조적으로 발현되었다고 설명하는 데도 도입되었다. 이는 기억과 지각, 근육 운동 계획 능력(motor planning)에 심하게 제약을 받는 한정된 발화 채널을 통해 어떻게 풍부한 양의 의미들을 전달할 수 있는지에 대한 가능한 해결책들을 제시해 준다(베이츠와 굿만(Bates and oodman 1999)에 인용된 베이츠와 맥위니(Bates and MacWhinney 1989)).

9.4

언어 습득의 창발적 관점을 지지하는 사람들은 "해결책의 복잡성은 문제와 해결자의 상호작용의 결과로 나타난다."고 말할지도 모른다. 슈퍼마켓 계산대에서 줄을 서는 사람들의 수가 대체로 같다는 사실이 왜 창발적 해결책의 예가 되는지 설명하시오(맥위니 MacWhinney 1999: ix).

요컨대, 생각과 행동은 활동의 역동적 유형으로서 나타난다. 생각과 행동은 의도된 당면 과제에 대한 반응으로 등장하며 해당 유기체의 구조와 활동의 이전 역사에 의해 조정된다. 그러한 과정에서 패턴들이 등장한다는 가정과 더불어 C/CT는 정신적 삶의 전통적 경계를 지운다. 순수하게 "내적인 삶(inner life)"에 대한 기술은 있을 수 없다. 모든 정신적 행동적 행위는 언제나 사회적 맥락 속에서 등장한다(텔렌 Thelen 1995).

그리하여 형태 형성론과 창발성은 연습/산출이 해석된 최근 방식에 관한 흥미있는 대안을 제시한다. 이러한 대안을 통해 출력 산출과 연습이 새로운 언어 형태의 생성에 기여하게 하며, 이는 이전에 학습된 자료의 모방과 암기에 국한되지 않는다. 또한 이 이론들은 규칙의 습득과 적용과 다른 문법의 습득도 설명하며, 마지막으로 인지 능력을 사회성과 결합시킨다.

언어 습득과 언어 사용의 일치성에 관하여
ON THE UNITY OF LANGUAGE ACQUISITION AND LANGUAGE USE

앞서 언어 사용과 언어 변화는 동시에 일어난다고 했던 나의 주장과 더불어 복

3장 참고

---

19 역자 주: 미시적인 부분의 각 특성으로 설명할 수 없는 전체로서 나타나는 현상.

잡하고 역동적이며 비선형적인 체계에 대해 글라이크(Gleick 1987: 24)가 한 말을 인용하였다. "게임을 하는 행위에는 그 규칙을 바꾸는 방법이 들어있다." 창발성에 관한 논의에 비추어, 이와 동일한 역학성을 언어 습득에도 적용할 수 있을 것 같다. 복잡성은 상대적으로 단순한 과정들의 반복의 결과로 발생할 수 있다. 이런 식으로 연결주의/창발주의 모델들은 수행/언어능력(performance/competence)의 구분을 굳이 하지 않아도 된다(브로더와 플런켓 Broeder and Plunkett 1994). 다른 식으로 표현하자면, 실시간적인 수행이나 연습은 내재적 언어 능력의 변화와 동시에 일어난다는 것이다. 이러한 입장에서 보면 언어 사용을 통해 언어가 변화하고, 언어 사용을 통해 언어가 습득된다. 사용, 변화, 그리고 습득은 똑같은 내재적인 역동적 과정의 산물이며 서로가 서로의 구성 성분이 된다. 맥위니(MacWhinney 1999)가 관찰한 바와 같이, 이 세 가지는 모두 창발성(사용은 실시간 창발이요 변화는 통시적 창발이며, 습득은 발달적 창발이다) 이 세 가지 다른 틀에서 - 그리고 서로 다른 규모의 차원에서 - 작동하는 예들이다.

언어 학습과 언어 변화의 심리언어학적 일치성에 관해서는 디커슨 (Dickerson 1976) 도 참고

사회문화적 이론이 이러한 생각을 하게 만든 원인이 된 것은 아니지만 사회문화적 이론은 언어 습득과 언어 사용의 일치성에 대해 내가 방금 주장한 바와 유사한 면이 있다. 랜톨프와 파블렌코(Lantolf and Pavlenko 1995: 116)에 따르면, 사회문화적 이론은 "언어 학습과 언어 사용 사이의 경계를 허문다." 뉴만과 홀츠만 (Newman and Holzman 1993: 39)은 비고츠키(Vygotsky)의 언어학적 도구 개념에 대해 논의하면서, "… 그 기능은 그 발달 활동과 구분할 수 없다"고 말한다. 그래서 출력 연습은 기존에 습득된 지식에 대한 접근을 단순히 증가시키는 것이 아니다. 사용과 학습은 동시적이다. 여기에서 더 새로운 심리학적 그리고 사회적 관점들 사이에 접점이 나타난다(라슨-프리만 Larsen-Freeman 2002b).

여기에서 명백하게 밝혀둘 점은 나의 관점에서는 습득과 사용이 동시적이지만 이 둘을 구분할 수 없지는 않다. 누군가 발판 기반(scaffolded) 연습 활동에서 새로운 구조를 사용할 수 있다고 해서 그 구조가 다음에 비중재적(nonmediated) 활동을 할 때에도 반드시 사용될 수 있음을 의미하지는 않는다. 습득과 사용은 서로 다른 규모로 작용하기 때문에 누군가가 독립적으로 구조를 사용할 수 있을 때까지는 얼마 동안 중재적 연습을 실시할 수 있다.

나는 이것이 기존의 관점과는 다른 급진적인 입장임을 알고 있다. 달리 말하면, 이 입장은 언어 능력과 통제 기제를 구분하는 그리고 직관적으로 설득력 있는 설명들(비알리스토크와 샤우드 스미스 (Bialystok and Sharwood Smith 1985)과 다르다. 즉 학습자는 어떤 주어진 문법 구조를 습득했어도 그 구조를 산출하는 데 필수적인 처리 통제 기제를 가지고 있지 않을 수 있다는 것이다. 이것은 또한 연습 활동의 장점을 유창성 강화와 자동성 강화만으로 돌리는 견해들과도 다르다. 또한 나는 레벨트(Levelt 1989)의 모델에서 포착된 것과 같이 믿을 수 없을 만큼 복잡한 언

어 처리 문제들을 간과했다는 것도 알고 있다. 또한 혼돈/복잡성 이론의 형태 생성과 창발성이 언어 습득에 대해 생각해 보고 모델링을 적용할 수 있는 흥미있고 장차 유익한 방법들을 제공하지만 나는 환원주의(reductionism)[20]의 굴레를 쓰고 싶지는 않다. 적어도 나는 학습자들이 문법을 발달시킬 때의 정확성과 유창성, 복잡성 사이의 관계를 더 깊이 고려해야 한다(월프-킨테로 외(Wolfe-Quintero et al. 1998), 라슨-프리만(Larsen-Freeman 2002c))고 생각한다. 나는 또한 내가 앞서 비판했던 동일한 관점 - 학습자의 자율성을 무시하는 것 - 으로 비판받고 싶지 않다. 분명한 것은, 내가 이미 기술한 대로 창발주의적 과정은 아주 단순화되어 있고 인간 주도성(human agency)이라는 중요한 문제를 완전히 간과하고 있다는 것이다.

나아가 내가 방금 제시한 견해에서는 불분명한 것이 아주 많다. 나는 입력-출력 모델의 블랙박스를 '연결주의, 형태 형성, 창발주의'라고 딱지를 붙인 다른 상자로 대체해 버렸을 뿐인 것 같다. 그럼에도, 두 번째 블랙박스는 신경학적으로 그럴듯하고(비록 그레그(Gregg 출판 예정)는 다른 입장이지만) 자연스런 생물학적 결과를 가지고 있으며 언어와 인간을 닫히지 않은 개방된 체계(엔트로피 체계 즉 무작위성 체계가 아닌)로 간주하고 모든 규모 수준에서 변화를 단일화한다는 이상적인 특성들을 가지고 있다. 즉 언어 체계는 개인, 수업 공동체, 그 언어를 사용하는 더 넓은 공동체 내에서 출력 연습과 산출에 의해 생성된다는 주장은 매우 흥미있는 생각이다. 이 모든 이유 때문에 나는 이런 문제를 계속 생각하고 연구할 작정이다.

겸손함에서의 교훈
A LESSON IN HUMILITY

좀 더 다루어야 할 문제들이 남아있다는 것을 인정하지만 출력 연습의 가치를 지지하는 이론적 견해들과 습득/사용의 역학에 대한 훨씬 더 심오한 통찰력을 얻었기 때문에 이제 내가 앞서 설정한 다른 문제로 넘어가야겠다. 그 문제는 적절한 post-ALM(후기 청각구두식 방법) 연습 활동을 설계할 때 어떤 이론적 뒷받침이나 경험적 증거를 기준으로 삼아야 할까 하는 것이다. 이 물음에 답하기 전에 겸손함을 유지하기 위해 교사 엘사 델 바예(Elsa Del Valle)의 목소리를 들어 보는 것이 좋겠다.

> 교사이자 과거 언어 학습자로서 나는 언제나 문법 연습이 중요하다고 생각해 왔다. 문법 연습에 대한 나의 생각은 나 자신의 언어 학습과 언어 교수 경험에서 온다. 나는 어릴 때부터 스페인어를 썼고 어릴 때 영어도 배웠다. 대학에서(70년대 후반에서 80년대 초반) ALM을 통해 두 학기하고 여름 동안 포르투갈어를 공부했고 나

교사의 목소리

엘사 델 바예
Elsa Del Valle

---

20 역자 주: 이 이론에서는 전체가 다시 부분이 될 수 있으며, 부분을 통해 전체를 알 수 있다고 생각한다. 또한 복잡한 현상을 설명할 때 전체로 단순히 몇 개의 요소로 분해하여 설명하려는 시도를 한다.

중에 일년 동안 브라질에서 살았다. 브라질에 약 한 달을 살고 나니 수업 시간에 했던 반복 연습이 정말 효과를 보았다. 나는 정말 내 입에서 나온 말들이 브라질에 가기 전에 실제 포르투갈어를 한 번도 쓰지 않았는데도 전에 이미 배웠던 것처럼 느껴졌다. 규칙형, 불규칙 가정법, 어순 등이 내가 필요로 할 때 딱딱 "나와 주었"던 것 같다. 내 문법과 발음은 내가 떠날 때쯤 돼서 원어민 수준이 되어 있었다.

내가 세 번째 언어(히브리어)를 1986년에 배우기 시작했을 때, 의사소통 교수법이 한참 진행 중이었다. 나는 이스라엘로 가기 전에 텍사스 대학교(UT)에서 히브리어를 두 학기 동안 들었다. UT에서 히브리어 강좌는 ALM이 아니라 문법 기반 수업이어서 내가 좋아하긴 했지만, 나는 나 스스로 반복 연습을 해야 했다. 나는 이스라엘에 가기 전에 히브리어를 포르투갈어만큼 공부하지 못했지만 이스라엘에 가면 집중적으로 공부를 하게 되리라 기대했었다. 그러나 내가 말한 대로 명시적 문법 설명이 결핍된 의사소통 교수법이 유행하고 있었다. 나는 집중 히브리어 언어 프로그램(ULPAN)에서 속았다는 느낌을 받았다. 문법 설명은 거의 혹은 전혀 없었고 우리는 거의 짝 활동만 했다. (나는 수업에서 짝 활동이나 의사소통적 활동을 사용하는 데 대해서 아무 문제가 없었지만, 그 나라에서 살면서 원어민들과 히브리어를 사용할 충분한 기회를 가지고 있었기 때문에 그 방식은 비효율적이라고 느꼈다. 그리고 원어민들은 자기들의 언어를 나에게 절대로 설명을 해 줄 수 없었다. 나는 내 수업이 히브리어를 설명해 주고 실생활에서 내가 할 수 없었던 연습을 위한 실험실의 역할을 해 주기를 기대했었다.)

학습자로서의 이 두 경험의 차이는 연습과 문법적 교수요목이다. 나에게는 포르투갈어로 문법 설명을 해 주는 것이 더 좋았겠지만 나는 스페인어를 알았기 때문에 반복 연습만으로 충분했다. 문법은 유추해서 알아냈다. 히브리어에 있어 나는 언제나 기초를 전혀 완전하게 다지지 못했다고 느꼈고 의사소통적 활동 속에서 하는 문법 연습은 시간 낭비라고 느꼈다. 그 모든 것이 너무나 불완전하고 산발적으로 느껴졌고 나는 혼자 학습하는 데 많은 시간을 써야 했다… 나는 ULPAN 교사의 목표를 이해하지만 그녀의 방식이 최선이라거나 가장 효율적인 방식이라는 데에는 동의하지 않는다. 더구나 그것은 ALM 반복 연습보다 덜 지루한 것도 아니었고 오히려 ALM 반복 연습은 나한테 그렇게 지루하지 않았었다. 언어의 기술 측면을 학습하는 것은 나한테 절대 지루하거나 무의미하지 않았다. 사람들은 내가 포르투갈어를 배우려는 동기가 워낙 강하고 그 유의미성이 나의 개인적 목표 속에 들어 있어서 반복적인 연습도 나에게 전혀 문제가 되지 않을 거라고 주장할지도 모르겠다. 사실 나는 반복 연습을 좋아했었다. 또한 언어 수업에서 자기가 필요로 하는 모든 것을 유의미하게 배울 수는 없을 것이다. 나는 반복 연습에 나오는 사람들의 이름을 내가 아는 사람들의 이름으로 바꿈으로써 반복 연습을 더 재미있게 만들었던 것이 기억난다. 정말로 지루해졌을 때 나는 의미에 좀 더 집중했다. 연습의 ALM식 측면을 좋아한 또 다른 이유는 그것이 잘 통제되어 있어서 내가 한 번에 한 가지(형태와 발음)에만 집중을 하고 숙달해서 실제로 사용할 수 있었다는 점이다. 어떤 의미에서 ALM식 연습은 학습자들이 종종 하는, 목소리를 내지 않고 하는 예행 연습과 같은 것이었다 – 즉 무섭지도 않으면서 필요한 것이었다. 나는 히브리어도 잘 배웠다는 것을 인정한다. 그리고 비록 내가 받은 수업에 항상 답답해했지만 포르투갈어만큼 잘 배웠던 것 같다. 그래도 내가 히브리어를 포르투갈어만큼 체계적으로 배웠더라면 훨씬 더 좋았을 거라고 생각한다.

엘사의 말로 인해 떠오른 한 가지 생각은 개별 학습자의 차이를 염두에 둘 필요가 있다는 것이다. 어떤 사람이 "ALM은 효과가 없었어."라고 말할 때 엘사 같은 학습자들의 경험은 무시된다. 증명되지 않은 비판이나 인정은 모든 학습자와 학습 맥락에 적용되지는 않을 것이다. 사실, 이번 장에서 내가 설득력있게 주장하려고 노력했던 바와는 반대로, 출력 연습에 전혀 참여하지 않았거나 드물게 참여했지만 말을 아주 완벽하게 하는 학습자들의 일화적 증거가 있음을 인정한다.

게다가 엘사의 말은 학습자 주도성의 중요성을 상기시켜 준다. 엘사는 히브리어 공부를 할 때 필요하다고 느꼈으나 수업에서 하지 못한 연습을 보완하기 위해 스스로 반복 연습을 만들기도 했다. 나는 때때로 우리 교사들이 교수 방식에 대한 정확한 피드백을 얻지 못한다고 느끼는데, 이는 인간은 너무나 다재다능한 학습자라서 우리가 무심코 간과한 것들을 스스로 보완하기 때문이다. 그래서 학습자 주도성이라는 것을 바탕으로 우리는, 우리 교사들이 우리 학생들과 더불어 만들어 낼 수 있는 것은 오로지 학습 기회라는 것을 항상 기억해야 한다. 우리는 학습이 일어날지 또는 우리 학생들이 우리가 기대한 방식으로 과제를 수행할 것인지를 선험적으로 판단할 수 없다(예를 들어 커플란과 더프 Coughlan and Duff 1994 참고). 우리가 우리 학생들을 위해 마련한 과제들이 우리 학습자들에게 학습의 기회가 되고, 학습자들이 그대로 활용할지 그리고 얼마나 활용할지는 우리의 통제를 벗어난다. 내가 다른 곳(라슨-프리만 Larsen-Freeman 2000a)에서 이미 쓴 바와 같이 우리는 교수가 학습을 유발하지 않지만 교수가 학습을 유발하는 것처럼 행동해야 한다는 것을 알고 있다.

나는 겸손하기로 했으니 이제 명백히 해 두자. 여기서 나의 목적은 내가 품어 왔던 의문들에 대해 생각하면서 내가 조사해 온 바들을 공유하는 데 있다. 사실 내가 정리한 연구와 이론적 견해들 중 일부는 초기 단계에 있다. 아직 먼지도 채 가라앉지 않았다. 모든 사람들을 만족시킨 해답을 내가 찾은 것처럼 여기에서든 다른 곳에서든 단호하게 선언하는 것이 나의 목적은 아니다. 그럼에도 불구하고 나는 연습의 가치를 정당화하는 이론적 견해들을 찾은 것에 만족한다. 정보 처리 관점에서 보면 연습 활동은 자동화를 촉진하여 학습자들의 주의력을 다른 곳으로 돌릴 수 있게 도와주고 학습자의 문법을 재구조화하는 데 기여하기 때문에 핵심적이다. 연결주의의 관점에서 보면 연습은 신경망 내의 마디들 사이의 연결을 강화하고 미래에 다시 접근할 때 이를 용이하게 한다. C/CT의 관점에서 보면 연습은 새로운 언어 형태의 형성으로 이어질 수도 있다. 그리고 C/CT와 사회문화적 관점에서 보면 (올바른 종류의) 연습과 학습은 동시에 일어난다.

이론적 틀

출력 연습 활동을 설계하기 위한 핵심적인 기준들
ESSENTIAL CRITERIA FOR DESIGNING OUTPUT PRACTICE ACTIVITIES

응용언어학과 교육심리학에서 읽은 것들과 내가 경험한 것들을 비추어 보면, 올바른 종류의 연습 활동을 설계할 때에는 두 가지 핵심적인 기준이 충족되어야 한다고 본다. 첫째, 활동은 유의미하며 흥미를 유발해야 한다. 둘째, 활동은 어딘가에 초점이 맞추어져 있어야 한다. 더 구체적으로 말하면, 연습 활동들은 학습적 난관에 초점이 맞추어지도록 설계되어야 한다. 이 두 가지 기준을 하나씩 살펴보기로 한다.

유의미하고 흥미를 유발해야 한다(Be Meaningful and Engaging)

문법 연습 활동은 문법 구조나 형태에 체계적으로 집중함으로써 목표 문법의 습득을 용이하게 하기 위해 설계한다. 그러나 학생들은 탈맥락화되거나 기계적인 연습이 아니라 어떤 유의미한 목적을 가지고 구조와 유형을 사용하도록 만드는 상황에 놓일 때 그 구조나 유형을 가장 잘 습득할 것이다. 실제로, 신경학적인 관점에서는 무의미한 반복으로 연습한 언어는 교실을 떠나면 사용되지 않는다고 본다(라멘델라 Lamendella 1979). 따라서 문법과 유의미성의 결합은 어느 정도는 비활성 지식 문제를 극복하도록 도와줄 것이다(122쪽의 심리학적 신빙성에 관한 논의를 참고). 잘만 하면 문법 능력(grammar capacity)은 학생들이 의미를 창출하는 데 필요한 자원으로서 문법을 알게 됨과 동시에 형성될 것이다.

또한 유의미한 연습 활동은 학습자들의 흥미를 유발하는 역할을 한다. 앞서 말했듯이 나는 교사로서의 나의 역할이 학생들을 재미있게 하는 데 있다고 생각하지 않지만, 그들에게 흥미를 유발하는 것은 중요하다고 생각한다. 흥미를 느끼지 않으면 그들은 주의를 기울이지 않을 것인데, 주의를 기울이는 것은 중요하기 때문이다. 따라서 어떤 연습 활동이든지 독립적으로 동기를 부여해야 하고 학습자들이 볼 때 할 가치가 있다고 느껴져야 한다.

형태이든지, 의미이든지, 화용이든지 간에 학습 난관에 초점을 맞추기
(Focus on the Learning Challenge, Be IT Form, Meaning, or Use)

빈도에 관한 해석의 복합성에 관해서는 앨리스(N, Ellis 2002)에 실린 나의 논의 (라슨-프리만 2002b)를 참고

다시 말하지만 학습자가 무엇에 초점을 맞출지를 우리는 거의 혹은 전혀 통제할 수 없다. 그러나 적어도 목적된 계획을 위해서 다양한 유형의 활동들이 문법의 다양한 차원을 다룬다는 것을 인식하는 것은 중요하다.

문법 **형태**(형태론과 통사론)를 다루는 활동들은 목표 구조/문형을 사용할 기회를 자주 제공해야 한다. 이미 우리가 보았듯이, 빈도는 형태 학습에서 중요하다.

이는 행동주의자(반복이 구두 습관을 조건화하고 강화한다)이든, 인지주의자(빈번한 노출은 규칙을 알아낼 더 많은 기회를 제공하고 그래서 규칙을 적용할 때의 자동성을 향상시킨다)이든지 연결주의자(빈번한 항목들은 신경망 내 마디들을 강화한다)이든지 사회문화주의자(반복은 학생의 내적 목표와 활동의 외적 목표 사이의 제휴 가능성 – 이것이 없으면 학습은 일어나지 않는다 – 을 개선시킨다)이든지 상관없이 그러하다(도네이토 (Donato 2000), 탤리지나 (Talyzina 1981)).

여하튼 문법 연습 활동의 첫 번째 핵심적 기준에 따르면 구조의 빈번한 사용은 기계적인 반복이 아닐 것이다. 대신, 학생들은 형태를 빈번하게 사용해야 하는 유의미한 활동에 흥미를 느낄 것이다. 이것을 상당히 자연스럽게 하는 활동 중에 자주 사용되는 예로 "스무고개" 게임이 있다. 이 게임에서 참가자들은, 다른 사람이 마음에 두고 있는 뭔가를 예–아니오 질문을 스무 개까지 물어봄으로써 맞추는 것이다. 이것을 학생들 모두가 참여하는 활동으로 한다면 교사나 다른 좀 더 능숙한 학생들이 모든 학생들을 위해 문법과 어휘의 발판(scaffold)을 마련해 주어서 학생들이 하고 싶은 질문을 할 수 있도록 도와줄 수 있다.

갯본튼과 세갈로비츠(Gatbonton and Segalowitz 1988)도 자신들의 '창조적인 자동화(creative automatization)'라는 접근법에서 형태의 반복적인 사용이 필요하다고 주장하는데, 이들은 학생들 모두가 참여하는 활동의 추가적인 장점으로 학생들이 해당 목표 문형에 많이 노출될 수 있다는 점을 지적한다. 어떤 활동을 본질적으로 반복적으로 만들기 위해 이들이 추천하는 또 다른 방식은 학생들이 일련의 연관된 활동들을 수행하게 하는 것이다. 예를 들어 "X is (not) working"(X가 잘 (안) 된다)라는 문형의 반복을 위한 조건을 설정할 때, 한 학생이 복사기를 고치기 위해 복사기 고장 문제를 자세히 보고해야 되는데 먼저 사무실 비서(두 번째 학생)한테 설명을 하면 이 비서는 다시 수리 가게에서 전화를 받는 사람(세 번째 학생)에게 설명하고 이 사람은 다시 수리하는 기사(네 번째 학생)에게 설명을 해 줘야 하는 식으로 설정을 할 수 있다. 그리하여 수리가 되면 복사기가 다시 잘 된다는 메시지는 아까와는 반대 순서로 차례로 전해질 수 있다.

빈번한 사용(frequent use)이 문법 구조 형태를 연습하기 위해 설계된 활동에서 중요하지만 문법 구조의 의미를 배워야 할 때는 그다지 중요한 문제가 아니다. 구조의 *의미*를 다루고 있을 때 학생들은 문법 형태와 그 핵심적 의미 사이에 결속(association)을 형성해야 하기 때문이다. 빈번히 사용되는 형태에 대한 출력 산출은 이 결속을 용이하게 할 수 있지만 반드시 필요한 것이 아닐 수 있다. 앞 장에서 언급한 바 있듯이 특히 의미에 관한 한 순간적 학습이 검증된 사례가 있다. 의미 학습이 결속에 의해 이루어질 수 있다는 것은 크라셴(Krashen 1994)이 출력 산출 없이도 많은 언어를 학습할 수 있다고 주장할 수 있었던 근거이기도 하다. 그가 '*언어*'라고 할 때 그는 구체적으로 어휘(vocabulary)를 말하고 있다.

또한 물론 교실 수업에서의 반복은 사회적 목적에도 부합된다〈존스톤 (Johnston 1994), 쿡 (Cook 2004), 더프(Duff 2000), 타론(Tarone 2002)를 참조〉

다양한 형태의 의미가 연결될 수 있게 하는 전형적인 의미 초점 활동으로 전신 반응법(Total Physical Response)을 사용할 수 있다. 예를 들어, 학생들에게 먼저 어떤 물건을 자기 의자 '*아래*'에, 그리고 자기들 책상 '*위*'에, 그 다음엔 자기들 책 '*옆*'에, 하는 식으로 옮겨 놓게 하고 그 다음엔 학생들이 다른 사람들에게 똑같이 하게 시킬 수 있다. 단일 문형이나 구조에 초점을 두지 않고 이런 방식으로 하게 되면 3개에서 6개 전치사(TPR의 창시자이자 심리학자인 제임스 애셔(James Asher)에 따르면 이것이 새 형태의 이상적인 수이다)의 대조적 의미가 어느 시점에서 그 의미와 결속될 수 있다.

사용의 영역에서 활동을 할 때는 빈번한 사용이나 결속은 작동 모드에 있지 않다. 대신 학생들은 주어진 맥락적 제약에 따라 적절히 선택하는 법을 배워야 한다. 레아, 디킨즈 그리고 우즈(Rea, Dickins and Woods 1988)는 이것이 바로 문법 학습의 '난관(challenge)'이라고 ― 그리고 이것은 내 머리 속에서도 중요한 난관으로 작용한다 ― 주장하는데 적절하게 선택하는 것이 사용에 대한 활동을 할 때에는 극복해야 할 난관이 되지만 형태나 의미에 대한 활동을 할 때는 큰 난관이 아니다. 사용과 관련된 연습 활동에서 학생들은 둘 이상의 서로 다른 형태를 가지고 해당 맥락에 가장 적절한 형태를 골라야 되는 상황에 놓여야 한다. 그런 후에 그들이 고른 선택의 적절성에 대한 피드백을 받는 것이다.

사용에 초점을 둔 활동의 고전적인 예로 학생들에게 인터뷰 형식의 역할극을 하게 하는 것이 있다. 인터뷰하는 사람과 받는 사람은 과거 사건을 지칭하기 위해 현재완료와 과거시제를 적절히 골라야 한다. 예를 들면 다음과 같다.

> Student A: Have you had any experience with computer programming?
> 학생 A: 컴퓨터 프로그래밍에 경험이 있습니까?
>
> Student B: Yes, I have. I worked as a computer programmer for two years.
> 학생 B: 네, 있습니다. 저는 2년 동안 컴퓨터 프로그래머로 일했습니다.

위의 논의에서 나는 문법의 서로 다른 차원에 초점을 두는 연습 활동들에 적용되는 특징들을 설명(빈번한 사용, 결속, 선택)하기 위해 세 가지 흔한 활동들(게임, 활동 연쇄, 역할극)을 사용하였다. 이 세 가지 특징들은 더 창의적인 활동들을 디자인하는 데에도 똑같이 적용될 수 있다.

교재 사용하기
WORKING WITH TEXTBOOK

수업 활동 설계에 관한 논의에서 빠져서는 안 될 중요한 점에는 앞서 말한 기준들이 활동을 선택하는 경우에도 적용된다는 것이다. 교재의 연습 문제와 활동들이 언어의 어떤 차원을 다루고 있는 것인지를 확인하기 위해 꼼꼼하게 살펴봐야한다. 어떤 학생이 영어의 현재완료를 어려워한다고 해서 "현재완료"라고 제목이붙은 어떤 연습 문제든지 다 괜찮을 것이라는 뜻은 아니다. 그 학생이 가진 문제의 정확한 원인을 진단하고 그에 맞는 연습 문제가 선택되어야 할 것이다.

9.5

다음은 내가 시리즈 디렉터로 있는 '문법의 영역: 형태, 의미, 화용(Grammar Dimensions: Form, Meaning and Use)'이라는 교재 시리즈에서 가져온 네 가지 연습 활동이다. 각 활동이 어떤 문법의 영역을 다루고 있는지 결정하시오.

1. 조건문: 여러분이 어렸을 때 따라야 했던 가족 규칙이나 학교 규칙에 대해 생각해 보세요. if, unless, only if 조건문으로 표현할 수 있는 규칙 목록을 만들어 보세요. 아래 범주들을 이용해서 아이디어를 짜 보세요. 가능하면 다른 문화적 배경을 가진 사람들이 소그룹을 이루어서 여러분이 만든 규칙 목록에나타나는 문화적 공통점과 차이점에 대해 논의하세요.

   - 과자 먹는 것
   - 텔레비전 보는 것
   - 데이트하는 것
   - 친구 집에 가는 것
   - 교실 내 규칙

   Examples: In taiwan, we could speak in class only if we raised our hand. I couldn't visit with my friends unless one of my parents was home.(Adapted from Frodesen and Eyring, 2000: 281)
   예: 타이완에서는 수업 시간에 손을 들어야만(only if) 말을 할 수 있었어요. 부모님 중 한 분이 집에 계시지 않으면(unless) 친구집에 놀러 갈 수 없었어요.(프로데슨 과 아이링(Frodesen and Eyring 2000: 281)을 수정)

2. 간접 목적어: 파트너와 같이 해 보세요. 다음에 나와 있는 단어들을 사용해서북미 관습에 대한 문장을 써 보세요. 그리고 여러분의 나라의 관습에 대한 문장들을 써 보세요.

출생: 아기가 태어나면,
1) mother / flowers / the / to / give / friends
2) cigars / gives / friends / father / his/the / to
3) send / and / parents / friends / family / to / birth / announcement / their / the
(바달라멘티와 래너 스탠치나 (Badalamenti and Henner Stanchina 2000: 207)를 일부 수정)

3. **수동태**: 다음 문장에서 능동 표현을 써야 할지 수동 표현을 써야 할지 결정하여 빈칸에 올바른 형태를 쓰세요.

The age of pyramid-building in Egypt (1) _____ (begin) about 2900 B.C. The great pyramids (2) _____(intend) to serve as burial places for the pharaohs, as the kings of Egypt (3)_____ (call). (튤리스 (Thewlis 2000: 59)를 일부 수정)
이집트에서 피라미드의 건립은 기원 전 약 2900년에_____(시작하다). 그 위대한 피라미드들은 이집트의 왕으로 _____(지칭하다) 말인 파라오들을 위한 매장지의 역할을 하게 _____(계획하다).

4. **"Would you like…?" 구문**: 파트너와 함께 다음 상황들 중 하나를 연습하세요. 첫 번째 사람은 "Would you like…?"를 이용해서 공손하게 제안하고 다른 사람은 공손하게 그 제안을 받아들이거나 거절해야 합니다.

제안하고 그에 반응하는 역할을 번갈아 가면서 하세요.
1) 영어 선생님이 비디오를 하나 보여 주려고 하신다. 비디오 재생기를 켤 스위치가 스테판 옆에 있다.
2) 지퐁가 선생님의 집에서 열린 저녁 식사가 거의 끝났다. 지퐁가 선생님이, 몇몇 손님들이 디저트 - 체리 파이 - 를 아주 빨리 먹은 것을 보고, 디저트를 한 쪽 더 원할지도 모른다고 생각한다.
3) 알프레도는 도시 버스 앞자리에 앉아 있다. 어떤 할머니가 막 버스에 올랐는데 빈 자리가 없는 것을 본다.(리겐바흐와 사뮤다 (Riggenbach and Samuda 2000: 243-44)를 수정)

빈번한 사용(활동 2와 4), 결속(활동 1), 선택(활동 3)의 특징들은 원칙에 근거한 문법 연습 방법을 제공한다. 이들을 통해 교사들은 문법 교수를 할 때 내려야 하는 결정들 이면에 있는 근거들에 대해 명확히 이해할 수 있다. 또한 효과적인 수업 활동을 설계하거나 교재에 있는 활동들을 선택하는 데에도 도움을 줄 것이다. 이를 통해 교재에 나오는 활동을 선택할 때 교재에 나오는 활동이 그저 목표 구조를 다룬다는 이유로 반드시 학생들이 겪고 있는 특정한 학습 난관을 다룬다고 가정할 필요가 없게 될 것이다.

등급화하기(비활성 지식 문제 극복하기)
GRADING(OVERCOMING THE INERT KNOWLEDGE PROBLEM)

심리학 문헌들로부터 나는 학습 조건이 사용(use)/회상(recall)의 조건과 일치하면 비활성 지식 문제가 극복될 수 있다는 것을 알게 되었다. 달리 말해 전이 (transfer)가 발생하기 위해서는 연습 활동은 "심리적으로 실제적(authentic)"이어야 하며 "그 연습 활동은 실제 현실 의사소통에 참여하는 사람들이 느끼는 일반적인 심리적 압박감을 어느 정도 경험할 수 있게 설계되어야 한다"(갯본튼과 세갈로비츠 (Gatbonton and Segalowitz 1988: 486)). 존슨(Johnson 1994)에 따르면, ALM이 실패한 것은 산출적 연습에 필요한 인지적 요구가 의사소통 때 산출에 필요한 인지적 요구와 동떨어져 있었기 때문이다.

실제로, '절차적 복귀(procedural reinstatement)'(힐리와 본 (Healy and Boarne 1995))나 '전이-적절한 처리(transfer-appropriate processing)'(블랙스턴 (Blaxton 1989, 로디거(Roediger 1990))에 관한 심리학 연구를 통해 추정해 보면 연습 활동들은 목표 수행에 나타나는 조건들 중 최소한의 조건들을 만족시켜야 한다고 결론을 내리게 된다. 유창하고 정확한 구어 의사소통이 최종 목표인 언어 학습의 경우는 연습 활동도 의사소통적이어야 한다. 학습자들은 독립적으로 연습 활동을 준비하기가 거의 혹은 전혀 없는 특정한 속도로 수행하되, 그 수행에서 이루어질 것이라고 기대되는 양태나 서법 등과 같은 양식(modality)을 사용해서 동일한 정보 밀도, 예측(불)가능성, 언어학적 복잡성 등을 가진 메시지를 전달해야 한다. 그러나 이런 조건들은 학생들이 어떻게 다룰지 배워야 하는 것들이다. 위도슨(Widdowson)의 적당한 경고가 생각난다. "중요한 문제는 학습자가 언어를 자연스럽게 사용하기 위해 무엇을 해야 하는가가 아니라 언어를 자연스럽게 사용하는 '방법을 배우'기 위해 무엇을 해야 하는지이다"(1990: 46-47). 따라서 조작적 접근법을 의사소통적 접근법으로 기계적인 접근법을 의사소통적 접근법으로 바꾸는 대신 나는 활동들을 등급화하는 새로운 접근법을 제안한다. 등급화는 적어도 최소한 유의미한 연습 활동에서 시작해서 심리적으로 실제적인 의사소통에까지 미친다.

수업 시간에 연습한 것이 다른 목적으로도 사용되도록 전이가 일어나기를 원하지만, 분명한 것은 심리적 실제성의 조건들에 대처하는 법을 배우는 것은 경사도 (gradient) 즉 숙달도에 따라 이루어져야 한다는 점이다. 비공식적 말하기의 출력 산출을 위한 다음의 매개 변수들은 학생들의 문법적 숙달도에 따라 조정될 것이다.

• 사회적 발판에서의 독립적 산출 – 목표 형태를 정확하고 유의미하고 적절하게 산출할 때에는 교사나 같은 반 친구들로부터 도움을 받는 의존도가 큰 것에서 작은 것으로 한다.

- 계획 시간 – 계획하고 예행 연습을 하는 시간이 많은 것에서 적은 것으로. 계획적으로 짜여진 말하기나 글쓰기와 달리, 비공식적인 말하기는 떠올리기(reflecting), 계획하기, 모니터하기에 드는 시간이 거의 없는 즉각적인 반응을 의미한다.
- 양식 일치 – 쓰기에서 말하기로. 때로 학생들에게 써서 하는 문법 연습을 함으로써 문법 요점을 연습을 하게 한다. 써서 하는 문법 연습이 언어 교수에 차지하는 위치가 있지만 학생들이 써서 하는 형태 연습을 했다면 말하기에서 문법을 올바르게 쓸 수 없다 해도 놀라서는 안 된다. 쓰기에서 말하기로처럼 양식의 변화는 인지적 요구에의 변화로 이어져 전이가 성공적으로 일어나지 않을 수도 있기 때문이다.
- 출력 산출 속도 – 느린 속도에서 빠른 속도로 한다. 정상적인 의사소통 속도에 조금씩 더 근접해 가도록(이것을 성취할 수 있는 한 가지 방법은 애러바트 & 네이션(Arevart and Nation)에 기초한, 앞의 생각해 보기 참고). 존슨(Johnson 1994)이 지적하였듯이 이것은 컴퓨터를 이용한 교수의 좋은 예가 될 수 있으며 컴퓨터를 이용하면 학습자가 어떤 형태를 산출하는 데 드는 시간을 감소시킬 수 있다.
- 정보 밀도 – 짧은 발화에서 긴 발화로 한다. 학생들이 출력 연습에 참여하면서 기억해야 하는 정보의 길이를 늘여 간다. 길이는 적어도 정보 밀도에 관한 한은 그다지 세련되지 못한 척도이다.
- 언어 사용의 예측 가능성 – 더 큰 예측 가능성에서 더 적은 예측 가능성으로 한다. 학생들이 정형화된 언어에 점점 덜 의존하고 통사적으로 처리된 산출에 점점 더 의존하게 한다.
- 언어 사용의 복잡성 – 짧은 텍스트에서 긴 텍스트로 한다.
- 자가 생성된 언어 사용 – 스스로 하는 말을 적게 생성하는 것에서 많이 생성하는 것으로 한다.

스티빅(Stevick 1996)은 '생성 효과(generation effect)' – 즉 학생들은 스스로 구성하는 것을 가장 잘 기억한다는 것 – 를 뒷받침하는 심리학 연구를 인용한다. 그러나 그는 또 실험 참가자들이 자가 생성 결속(self-generating association)보다 읽기 연습에서 더 도움을 많이 받는 과제들 – 이를테면 단어를 빠르고 정확하게 알아맞히기 – 이 있다는 것도 지적한다. 달리 말해서, 자기가 할 말을 구성하거나 생성하는 것의 장점은 전이-적절한 처리(transfer-appropriate processing)의 또 다른 표현에 불과하다는 것이다. 출력 연습의 요구 조건이 추후 사용의 요구 조건과 맞을 때 학생들의 수행은 최대가 된다.

물론 이 매개 변수들 중 어떤 것도 정밀하게 눈금이 매겨져 있지 않다. 교수는 불확정적인 활동이다. 교사는 특정한 학생 그룹에게 또는 보통 그렇듯이 한 수업에서 난이도의 수준이 다양하게 있는 경우 이들에게 적절한 난이도 수준이 무엇인지를 알게 됨에 따라 주어진 활동의 매개 변수를 지속적으로 조정해야 한다. 그리고 심리적 실제성이 목표이지만 "…, 비실재적인(inauthentic) 언어 사용 행동도 효과적인 언어 학습 행동일 수 있다…"(위도슨 (Widdowson 1990: 46–47))는 주장은 기억해 둘 만하다. 그러므로 연습 활동들은 반드시 실제적으로 의사소통적일 필요는 없지만 실제성을 높이는 방향으로 나아가야 한다.

연습의 주변 상황들에 대해서는 아직 논의를 하지 못했다. 나는 연습의 간격이나 학생들이 학습 활동을 하는 동안 수행에 대한 피드백을 받을지의 여부, 연습의 효과는 초기 학습에서 가장 크다고 하는 "연습이 갖는 힘의 법칙(power law of practice)"과 같은 것들을 염두에 두고 있다. 이 문제들은 다음 두 장에서 다룰 것이며 피드백과 교수요목 설계/교수법에 대해 차례로 자세하게 살펴볼 것이다.

추천 자료

다우티와 윌리엄스(Doughty and Williams 1998), 앨리스(R. Ellis 2001), 힌켈과 포토스(Hinkel and Fotos 2002)에는 문법 교수를 위해 형태 초점 활동과 혁신적 활동을 설계하는 데 관심을 둔 장/논문이 들어 있다. 플랫과 브룩스(Platt and Brooks 2002)에서는 과제 참여에 대한 상호주의적 입장과 사회문화적 입장을 대조하고 있다. 최근에 연결주의와 창발주의에 관한 글이 너무나 많이 쓰여 어느 것을 언급해야 할지 모르겠다. 그래도 적어도 클라크(Clark 1997)의 '그곳에 가 있기(Being There)'와 엘만 외(Elman et al. 1998)의 '생득성 재고(Rethinking Innateness)', 맥위니(MacWhinney 1999)의 논문집 '언어의 발생(The Emergence of Language)', 바이비와 호퍼(Bybee and Hopper 2001)의 '빈도와 언어 구조의 발생(Frequency and the Emergence of Linguistic Structure)'은 소개해야겠다. 라슨-프리만(Larsen-Freeman 1997), 앨리스(N. Ellis 1998, 2002), 미라(Meara 1997, 1999), 카메론(Cameron 연도 미상)은 제2 언어 습득 과정의 모델을 연결주의, 창발주의, 혼돈/복잡성 이론 혹은 역동적 체계 이론의 관점에서 논의하고 있다.

10

피드백
FEEDBACK

피드백 대 수정
FEEDBACK VERSUS CORRECTION

나는 '*피드백*'이라는 용어를 학습자들이 그들의 언어적 수행에 관해 얻을 수 있는 평가적 정보(evaluative information)라는 뜻으로 사용할 것이다. 그것은 긍정적("맞아요.")일 수도 있고 부정적("그것은 올바른 동사 시제가 아니에요.")일 수도 있다. 그것은 내가 방금 제시한 두 예에서처럼 명시적이면서 직접적일 수도 있고, "이해가 안 돼요."라고 말하거나 학습자가 한 말을 이해할 수 없을 때 그에 대한 반응으로 당황한 표정을 지어보이는 것과 같이 명시적이면서 간접적일 수도 있다. 또한 피드백은 암묵적일 수도 있는데 이를테면 어떤 학습자의 대화 상대자(interlocutor)가, 자기 대화 차례에서 방금 학습자가 틀리게 산출한 말을 올바르게 고쳐서 말하는 것이다. 피드백은 지금까지 제시된 예에서처럼 다른 사람들에게서 나오기도 하지만, 학습자 스스로가 자기가 말하고자 했던 것과 실제로 한 말 사이의 일치나 불일치를 알아차린다면 피드백이 자가 생성될 수도 있다. '오류 수정(error correction)'이라는 전통적인 용어에 비해 (부정적) 피드백은 범위가 더 넓다. 그리고 벌을 준다는 느낌을 덜 가지고 있다. 그리고 오류가 정의적인 측면에서 외적으로 규범에 기준을 둔 개념이라면, 앞으로 보게 될 피드백은 반드시 그렇지는 않다.

교사의 목소리

조 모로시니
Zoe Morosini

나는 내 학생들에게 의사소통을 하기 위해 반드시 정확하게 할 필요는 없다고 말한다. 그러나 다른 사람에게 존경을 받기 위해서는 정확하게 해야 한다.

학습자의 산출이 오류인지 아닌지를 결정할 때 어느 규범을 사용할 것인가는 물론 순수하게 언어학적인 문제가 아니다. 미국에서 고등학교 학생들에게 초급 ESL을 가르치고 있는 조가 위에서 한 말에서 암시되어 있듯이 그것은 사회정치적인 문제이기도 하다. 조의 학생 중 하나가 "읽고 안 싫어(No want read)"라고 말해도 충분히 이해가 되지만 조는 이 학생의 발화 형태가 원어민 화자의 규범과 상당히 빗나가 있기 때문에 이에 대해 반응을 보여줄 것이다.

그러나 학습자들이, 특히 외국어로서 언어를 배울 경우, 원어민 화자의 규범에 맞추도록 기대해야 되는지의 문제도 발생한다. 이 문제에 대한 해답이 긍정이라면 어떤 원어민 화자의 규범이 올바른 것인가? 예를 들어, 영어권에서는 다양한 "영어들"이 존재한다. 영어 학습자들은 BANA(British, Australian/New Zealand, North American) 원어민 화자들과 동일한 규범에 따라야 하는지, 아니면 그 지역 영어 – 나이지리아, 싱가포르, 남아시아 – 를 도입해야 되는가? 이 문제에 대한 대답에 관계없이 또 다른 문제가 남아 있다. 그 규범이 무엇이든지 상관없이, 제2 언어 학습자들이 원어민 화자들이 말하는 방식에 근거해서 평가를 받아야 하는가 하는 것이다. 쿡(Cook)은 이렇게 묻는다. "제2 언어 습득은 단일 언어 사용자 기준에 의거해서 측정되어야 하는가 아니면 제2 언어 학습자는 '실패한 단일언어 사용자'가 아닌 하나 이상의 언어를 구사할 줄 아는 언어 사용자로 보아야 하는가?"(Cook 1999: 46). 맥락적인 의미가 들어 있고 가치가 담겨 있는 이러한 문제들은 교사와 학생들이 스스로 해답을 찾아야 한다.

내가 '*부정적 피드백(negative feedback)*'을 '*오류 수정(error correction)*'이라는 용어보다 선호하는 마지막 이유는, 부정적 피드백이란 말은 기대(expectation)라는 면에서 중립적이기 때문이다. 이것이 바로 피드백은 "학습자들에게 유용한" 정보라고 앞에서 썼던 이유이다. 알다시피, 문자로 된 입력이나 말로 된 입력이 반드시 수용-(intake)되지는 않으며 *소화(uptake)* – 학습자가 피드백을 지각했을 뿐만 아니라 그 결과로 자기의 수행을 변화시켰다는 것을 의미하는 용어 – 는 말할 것도 없다. 피드백의 중립성은 또한 학습자의 자기 주도성을 존중한다. 부정적 피드백을 받는 학습자들이 그 피드백을 가지고 스스로 무엇을 할지 무엇을 할 수 있을지 스스로 감당하게 내버려 둔다. 오류의 제거가 반드시 즉각적이거나 뒤늦은 결과를 유발하는 것은 아니다.

가장 논란이 많이 되고 있는 부분
A MOST CONTROVERSIAL AREA

많은 교사들에게 있어 피드백을 주는 일은 교수의 중요한 기능이기 때문에 학습자 오류를 다루는 문제가 언어 교수법에서 가장 논란이 많이 되는 부분들 가운데 하나라고 하면 놀라워 할 것이다(라슨-프리만 Larsen-Freeman 1991). 다양한 이론적 입장들의 한쪽 끝에는 부정적 피드백 혹은 오류 수정이 불필요하고 비생산적이며 심지어 해롭다고 말하는 사람들이 있다(예를 들어 트러스캇(Truscott 1996, 1999)을 참고). 이러한 생각은 부분적으로, L1 습득에서 부정적 피드백은 불필요하다고 하는 촘스키의 주장(촘스키 1981: 9)으로 인해 형성되었다. "직접적인 부정적 증거는 언어 습득에 필요하지 않다고 믿을만한 이유가 있다…" 아이들은 '긍정적 증거(positive evidence)' (해당 언어에서 허용되는 것들의 증거)로부터 배울 수 있다. 물론 L1 학습자들은 그 언어 자체 내에 있는 *간접적인 부정적 증거(indirect negative evidence)*'에도 접근할 수 있다. 즉 말해지지 '않는' 것을 알아차릴 수 있다는 점에서 말이다. L1 습득에 관한 촘스키의 관찰 내용과 더불어 SLA에서 오류를 수정하거나 부정적 피드백을 주는 것에 반대하는 사람들은, 학생들의 수행에 대한 교사의 부정적인 평가는 학생들에게 불안을 유발하며, 이는 그들의 학습에 해로운 영향을 준다고 주장한다. 게다가, 그들은 순조로운 조건에서 학습자들이 ‒ 입력 그리고 긍정적인 증거에 계속 노출이 된다면 ‒ 결국에는 자가 수정(self-correct)을 할 것이라고 주장한다.

이론적으로 이와 상반된 주장은 언어 습득에 대한 행동주의적 견해인데, 이는 오류를 전혀 용납하지 않는 입장을 띤다. 행동주의자들은 학습자들이 나쁜 습관을 형성하지 못하게 하기 위해 오류는 가급적 예방해야 한다고 주장한다. 학습자들은 엄격하게 통제되고 L1과 L2의 차이라는 점에서 엄격하게 조정된 입력 내용에 노출이 된다. 이로써 어떤 오류가 나타날 수 있는지를 예상하고 그런 오류를 예방할 수 있다. 늘 그렇듯 예방이 실패하면 오류는 즉각 수정되어야 한다.

이 두 가지 양 극단 사이에 덜 극단적인 견해들이 있다. 그 중 하나는 인지적 관점에서 온다. 이 관점에 따르면, 학습자들은 오류를 범하게 되어 있다. 이것은 불가피한 것으로 개탄할 일이 아니다. 오류는 학습자가 목표 언어에 대한 가설을 시험할 때 생긴다. 예를 들어 sick이 다음과 같이 서술어로도 명사 수식어로도 쓰인다는 것을 아는 영어 학습자는 형용사 ill도 마찬가지일 것이라고 잘못 유추할 수도 있다.

> John is sick. He is a sick man.　　　존은 아프다. 그는 아픈 사람이다.
> John is ill. *He is an ill man.

블레이-브로만(Bley-Vroman 1986)은 '어떻게 학습자들이 *ill*은 명사 수식어로 쓰이지 않는다는 것을 알 수 있을까?'라고 묻는다. *ill*은 서술어로만 쓰이고 *sick*은 서술어로도 명사 수식어로도 쓰인다는 긍정적 증거를 학습자가 아무리 여러 번 경험한다 해도 그들은 ill이 *sick*과 같은 자리에서 쓰일 수 없다는 결론을 꼭 내리지는 않을 것이다. *ill*이 명사 수식어로서 쓰이는 경우를 듣지 못하는 것과 같은 간접적 부정적 증거는 학습자의 주의를 끌지 못할 것이다. 그런 경우에 누군가 학습자들에게 *ill*의 한계에 대해 말해 주어야 할 것이고, 그 제한된 통사적 분포를 알기 위해서는 오류를 범하고 그 수행에 대해서 부정적인 피드백을 받아야 된다.

오류는 단순히 피드백을 위한 기회만 주는 것이 아니다. 오류는 또한 학습자들의 머리 속을 들여다볼 수 있는 창이 되어 줄 수 있다. 이 창을 통해 교사와 연구자들은 학습자들이 무슨 생각을 하는지와 그들의 발달 단계, 그리고 학습자들이 어떤 전략을 쓰고 있는지를 확인할 수 있다.

10.1

여기 어린 ESL 학생들이 실제로 범한 오류가 몇 가지 있다. 그들이 무슨 생각을 하는지 상상이 되는가? 달리 말해, 그들은 영어에 대해 어떤 가설을 만들어 놓고 있을까?

1. *He is seven-years-old boy.
2. Do you like ice cream? *Yes, I like.
3. *We discuss about that.

물론 오류 분석은 교사가 어떻게 반응해야 할지를 아는 첫 번째 단계에 불과하다. 교사는 피드백을 주어야 할지도 고민해야 하고 줘야 한다면 어떤 피드백 전략이 가장 효과적일지도 고민해야 한다.

10.2

많은 교사들은 의사소통 언어 교수법을 도입하고 그에 따라 목표 언어의 형태에 그 사용으로 초점을 옮김으로써 학습자 오류에 대해서도 더욱 너그러운 태도를 갖게 되었다.

지금 피드백과 오류 수정에 관한 당신 자신의 입장을 분명히 하면 좋을 것 같다. 언어 수업에서 피드백의 사용에 대해서 당신은 어떻게 생각하는가? 당신은 피드백을 사용하는가? 혹은 그 사용을 지지하는가? 왜 그렇고, 왜 그렇지 않은가?

피드백을 주는 것이 중요하다
PROVIDING FEEDBACK IS ESSENTIAL

이 질문에 나의 대답은 이렇다. 피드백을 주는 것이 교수의 핵심적인 기능이다. 사실, 학생들은 교사가 일반적으로 필요하다고 느끼는 것 이상으로 수정 받기를 원한다는 연구가 있다(캐스카트와 올슨(Cathcart and Olsen 1976, 체노워스 외(Chenoweth et al. 1983)). 코언과 로빈스(Cohen and Robbins 1976)의 연구에 참여한 한 참가자가 이에 대해 설명해 준다. 우에-린(Ue-Lin)이라는 이 참가자는 수정을 받은 것이 그녀가 뭔가를 배우고 있다는 느낌을 갖는 데 기여했다고 보고하였다. 리스터 라이트바운과 스파다(Lyster Lightbown and Spada 1999)가 단호하게 말했듯이, 언제 어떻게 무엇을 수정할지를 알기가 어렵다고 해서 "오류 수정"을 버려야 한다는 뜻은 아니다. 실제로 프랜시스코 코메즈 드 마테오(Francisco Gomes de

Mateo 2002)는 학습자의 문법 권리 선언문을 만들면서, 학습자들은 "자기들의 문법 오류에 대해 건설적이고 인간적인 피드백"을 받을 권리가 있다고 강조한다. 그럼에도, 실패를 두려워하고 실수하는 것을 두려워하는 사람들이 많다는 것을 유념하는 것도 중요하다. 그러므로 학생들이 말하고자 하는 바를 말하게 도움을 줄 수 있는, 정서적으로 협력적이면서 비판적이지 않고 사려깊으며 집중적인 피드백이 성공적 교수에 가장 중요하다.

피드백을 줌에 있어서 정서적으로 협력적일 수 있는 한 가지 방법은 스스로를 규범의 수호자보다 학생들의 언어 발달을 키우는 사람으로 보는 것이다. 몇 년 전에 블레이-브로만(Bley-Vroman 1983)이 지적한 대로 우리 언어 교사와 연구자들은 *상대적 착오(comparative fallacy)'* 원칙하에 움직여야 한다. 우리는 학습자의 오류를 목표 언어 규범에 미치지 못한 것으로 보고 학습자들이 자신들의 진화 중인 중간언어로 무엇을 성취했는지를 보여 주는 증거로는 보지 못한다. 예를 들어 영어 학습자가 *'I goed yesterday'*나 *'I go yesterday'*라고 말하면 이 두 발화문에는 오류가 들어있다고 말할 수 있다 – 즉 목표어와 같지 않은 산출인 것이다. 그러나 첫 번째 발화문을 통해서는 학습자가 영어에서 과거 시제를 표시해야 한다는 것을 어느 정도 알고 있음을 확인할 수 있다. 따라서 적어도 표면적으로는 *goed*가 중간언어 발달의 증거가 될 수 있다. 달리 말해서 학습자의 오류가 결핍이 아닌 발달을 보여 주는 것으로 해석될 수 있는 것이다. 이를 염두에 두면 학습자의 노력을 좀 더 존중해 주는 태도로 이어질 수 있을 것이다.

2장 참고

여기에 해당되는 다른 착오 하나는 *'반영 착오(reflex fallacy)'*로서, 이에 대해서는 이 책 앞에서 이미 언급한 바 있다. 교수는 자연언어 습득을 단순하게 반영하는 것이 아니다. 교사로서 우리가 해야 할 일은 자연언어 습득 과정과 경쟁하는 것이 아니라 그 과정을 촉진하는 것이다. 자연주의적 학습자들이 부정적인 피드백에 더 많이 노출되는지는 의심스럽다. 예를 들어 대화 분석가들에 따르면 타인 유발 수정(other-initiated repair)에 대한 분명한 기피 현상이 있다고 한다. 이는 학습자들이 자기들의 대화 파트너들로부터 직접적이고 명시적인 피드백을 받을 것 같지 않다는 의미이다. 간접적 피드백이 자연주의적 상황에 나타날 때에도 학습자의 시간과 주의력을 요구하는 것들이 여러 가지 있을 때 학습자가 얼마만큼의 피드백을 알아차리고 처리할 수 있는지는 의문이다. 반대로 수업 환경에서 학습자의 수행에 피드백을 주는 것은 학습이 일어날 기회를 제공해 준다. 한 가지 오류는 잠재적으로 한 가지 교수가 가능한 순간을 나타낸다. 초드란(Chaudron 1988)이 강조한 대로, "대부분의 학습자들에게 피드백의 사용은 목표 언어 발달의 가장 강력하고 근본적인 개선안이 된다."

오류를 가지고 교수를 할 수 있는 방법을 살펴보기 전에, 나의 견해와 다른 견해들을 먼저 이해하는 것이 중요하다. 따라서 나는 우선 명시적이고 부정적인 피드백을 제공하는 데에 반대하는 주장들을 살펴볼 필요가 있다.

오류 수정은 어떻게 비판받는가?(*What are the criticisms of error correction?*)

이미 우리가 살펴보았듯이, 아이들이 부정적 피드백이 없이 모어를 습득한다는 주장에 비추어 부정적 피드백은 모어 습득에 불필요하다는 주장들이 있어 왔다. 일부 SLA 연구자들은 그 주장을 따라 교사 편에서 제공되는 피드백은 무익하고 심지어 유해하며 모호하고 일관되지 못하다고 주장한다. 이런 비판들을 각각 차례로 살펴본다.

무익하다(*Futile*)

많은 교사들이 자기들이 한 노력이 의미가 있는지 의문을 갖는다. 이를테면 학습자들은 작문에서 오류에 동그라미를 해 준 것에 주의를 기울이거나 하는지 그리고 주의를 기울인다면 그 오류 표시로부터 실제로 뭔가 배우기는 하는 것인지 의심스럽다. 정직하게 말하면 여러 연구로부터 나온 이 의문에 대한 답은 단순하지 않다. 어떤 연구들에서는 학습자들이 자기들의 오류에 집중적 주의를 기울임으로써 도움을 받는다고 하고 다른 연구들에서는 그런 식으로 주의를 기울여도 지속적인 성과가 없다고 말한다.

학습자들이 충분한 시간이 있을 때에도 종이에 그려진 표시들에 주의를 기울이는지에 대해서 의문이 있다면 의사소통적 활동 중에 그렇게 할 가능성은 훨씬 더 낮을 것이다. 게다가 교사의 노력이 헛되다고 하는 주장은 발달 순서를 무시한 데서 온 것이라는 주장이 있어 왔다. 달리 말해 학생들이 아직 습득할 준비가 되지 않은 문법 항목에 대해서 수정을 가하는 것은 헛된 일이라는 것이다.

무익하다는 인식은 수정이 좀처럼 안 되는, 고치기 어려운 오류의 존재 때문일 수도 있다. 때로 목표 언어에 대한 지속적인 노출, 배우려는 동기, 배울 기회가 있어도 학습이 중단되는 일이 생긴다. 그런 경우에 학습자의 중간언어는 '*화석화*'되었다, 즉 최종 학습 정체 상태에 이르렀다고 말한다. 무엇이 화석화를 야기하는지 확실하게 아는 사람은 아무도 없지만 화석화의 존재가 L1 습득을 L2습득과 분리하려는 차이라고 말한다.

유해하다(*Harmful*)

트러스캇(Truscott)은 오류 수정 때문에 학습자들이 기피 전략(avoidance strategy)으로서 글쓰기를 할 때 복잡성에 한계를 갖게 될 것이라고 염려한다. 빈번하게 수정을 받는 학생들은 억눌릴 수 있다. 잠재적 유해성을 갖는다고 느끼는 것은 부정적 피드백뿐만이 아니다. 가테그노(Gattegno 1976)는 긍정적 피드백의 사용에 대해서도 경고한다. 교사가 학생들을 너무 자주 칭찬하면 학생들은 언어 학습이 뭔가 유난스러운 – 뭔가 어려워야 할 것 같은 – 것이라는 인상을 받을 수 있다. 그런 인상은 언어 학습을 실제보다 더 어렵게 만들 수도 있다.

모호하다(Ambiguous)

학생의 관심을 오류에 유도하려는 노력으로 교사는 학생들이 방금 한 말을 되풀이하는 경우가 꽤 흔하다. 그러나 라이스터와 란타(Lyster and Ranta 1997)가 지적했듯이, 되풀이는 다양한 기능을 위해 사용될 수 있어서 모호할 수 있다. 되풀이의 한 가지 기능은 학생들에게 자가 수정할 기회를 주는 것이지만, 학생의 발화를 교사가 되풀이하는 것은 때로 능숙한 언어 화자들도 하게 되는 확인 요청의 행위일 수도 있다. 라이스터(Lyster 1998)에서 가져온, 아래의 불어 예시가 이에 해당된다.

> Student: Il faut qu'ils fassent plein de travail.(They have to do a lot of work.)
> 학생: 그들은 많은 일을 해야 합니다.

> Teacher: Il faut qu'ils fassent plein de travail?(Said with rising intonation.)
> 교사: 그들은 많은 일을 해야 합니다. –상승 억양으로 말함–

이 학생이 불어로 한 말에는 아무런 문제가 없다. 그러나 교사의 확인 요청은 잘못 해석되어 무언가 문제가 있는 것 같다는 인상을 준다.

일관되지 못하다(Inconsistent)

오래 전에 올라이트(Allwright 1975)는 교사들이 학생들의 오류를 수정하는 데 일관되지 못하다고 지적하였다. 물론 교사들이 학생들의 오류에 다양하게 반응하는 데에는 그만한 이유가 있을 것이다. 교사들은, 어떤 학습자들은 격려를 통해 도움을 받고 어떤 학습자들은 직접적이고 명시적인 부정적 피드백을 통해 더 많은 것을 얻는다는 것을 알고 있다. 어떤 오류를 어떤 때는 수정하고, 유창성 발달에 초점을 둔 활동을 할 때에는 같은 오류를 무시한다는 면에서 교사는 일관되게 반응하지 못할 수도 있다. 또는 교사가 한 번은 어떤 오류에 대해서 이런 피드백을 주다가 그것이 실패하자 다음 번에는 같은 실수에 대해 다른 피드백을 줄 수도 있다. 교사의 "비일관성"은 정당하고도 섬세하고 이성적인 교육적 결정에서 비롯될 수 있다.

마찬가지로 비일관성에 대한 트러스캇의 경고를, 오류를 다루는 방식이라는 측면에서 이해할 수 있다. 트러스캇(Truscott 1998)이 말한 대로 어떤 학생의 오류는 무시하고 어떤 학생의 오류는 수정하는 교사는 전체 학생들에게 복잡하고 혼동스러운 메시지를 줄 수 있으며 이는 학습을 더 어렵게 만들 수도 있다.

비판에 대응하기(Responding to the criticisms)

오류 수정에 대한 이러한 비판들이 가치가 있기는 하지만 그 비판들은 오류 수정 일반을 다루고 있다는 것을 인식할 필요가 있다. 부정적 피드백을 제공하는 일의 중요성을 인정하기 위해서는 세심한 입장에서 오류의 유형을 자세히 살펴볼 필요가 있다. 예를 들어 피카(Pica 1983)는 흥미로운 결과를 발표했는데, 그녀에 따르면 개인 지도를 받은 학습자와 받지 않은 학습자가 다른 유형의 오류를 범한다고 한다. 개인 지도를 받은 학습자들은 '실행의 오류(errors of commission)'를 범하는 경향이 있어서 형태들을 과다 사용한다고 하는데, 이는 아마도 수업을 받는 동안 그런 형태들에 주의를 기울였기 때문일 것이다. 반면에 지도를 받지 않은 학습자들은 '생략의 오류(errors of omission)'를 범하는 경향이 있어서 특정한 구조를 사용하지 않는 경향이 있다고 한다. 의미심장한 것은 롱(Long 1988)이 생략의 오류가 학습자의 중간언어에 더 오래 지속되는 경향이 있다고 말한 것이다. 누군가가 뭔가를 하지 않고 있다는 것을 알아차리기보다 뭔가가 과잉임을 알아차리기가 더 쉬울 것이다. 이와 같이 피드백은 언어 발달의 불가변성과 화석화 가능성을 줄여 줄 수 있다.

피드백을 받지 않으면 지속될 수 있는 또 다른 오류 유형으로는 UG 내의 자연 원리들을 위반함으로써 나타나는 제1언어에서 유발된 오류가 있다(화이트 White 1987). 마가렛 로저스(Margaret Rogers 1994)도 독일어 어순 학습에 대해 논의하면서 이와 같이 주장했다. L1과 L2 사이에 차이가 있을 때, 학습자는 교사로부터 직접적이고 명시적인 부정적 피드백을 받아서 이 입력에는 규칙의 비적용에 관한 증거만 있다는 것에 주목하도록 해야 한다.

예를 들어 부사 전치(adverbial fronting)에 있어서 영어와 독일어는 차이를 보이는데 독일어에서는 부사를 전치할 때 반드시 부사+동사+주어+목적어의 어순을 지켜야 한다.

Gestern sah ich den Film.
Yesterday saw I the film. (어제 내가 영화를 보았다.)

독일어를 배울 때 영어 화자는 영어에서처럼 부사+주어+동사+목적어의 어순이 가능하다는 가설을 세울 수도 있다. 부정적 피드백이 없으면 학습자들은 이 영어 어순이 독일어에서는 불가능하다는 증거를 절대 얻지 못할 것이다. 달리 말하면 독일어 어순에 대한 긍정적 증거는 받지만, 피드백이 없으면 이 영어 어순이 독일어에서는 나타나지 않는다는 것을 입증하는 부정적 증거를 결코 인식하지 못할 것이다. 그러므로 논리적으로 볼 때 학습자가 자연적 입력에서 어떤 규칙이 적용되는 긍정적 증거를 가지고 있으면 그것은 학습을 촉진시키는 데 충분할 것이다. 그러나 자연적 입력이 어떤 규칙을 적용하지 않아야 할 부정적 증거만을 제공한다면 교사가 명시적 부정적 피드백을 제공해 주어야 할 것이다.

우리는 오류 수정을 비판하는 사람들이 어떤 이유로 오류 수정은 효과가 없다고 말하는지 무슨 뜻으로 그런 말을 하는지 물어볼 필요가 있다. 학습자가 부정적 피드백을 받은 후에도 즉각적으로 그들의 수행이 달라지지는 않을 수 있다. 그러나 그렇다고 해서 아무것도 머리에 남지 않는 것은 아니다. 예를 들면, '점화 효과 (priming)'가 일어날 수도 있으며, 이로 인해 이후에 혜택을 받을 수도 있다. 더구나, 샤흐터(Schachter 1991)가 관찰한 바에 따르면 학습자에게 "아니에요. 그렇게 하는 게 아니에요."라고 말하는 것만으로도 학습자의 가설 공간을 줄이고 학습자가 시험해야 할 가설들의 수를 줄임으로써 엄청난 도움이 될 수도 있다. 부정적 피드백에 긍정적 효과가 전혀 없다는 것을 보인 장기간 연구들이 있는 것은 사실이지만(롭 외 (Robb et al. 1986)) 그 반대의 결론에 이른 연구도 있다. 예를 들면 최근 타이-노르웨이 중간언어를 연구한 한과 셀린커(Han and Selinker 1999)의 통시적 연구에서는 복합 요소들이 동시에 작용해 일어나는 지속적인 오류를 세심하게 조정된 수정적 피드백으로 고치는 것으로 드러났다.

화석화와 관련해서는 교사들이 가장 끈질기게 지속되는 오류에 대해 학습자들에게 피드백을 제공할 책임이 아직 있다고 본다. 교사들이 이 책임을 포기한다면 화석화는 불가피해진다. 피드백에 대한 우리의 기대는 분명히 현실적이지만 학생들이 전달하고자 하는 바를 표준 형태를 써서 전달하는 것이 그들의 목표일 때 교사들은 학생들을 돕는 일을 포기해서는 안 된다. 잘 알다시피 문법 습득은 점진적인 과정이다. 교사가 학생들에게 하는 말이 학생들이 배우는 바와 항상 직접적이고 가깝게 연결되지는 않는다.

피드백의 역할
THE ROLE OF FEEDBACK

연구 문헌들로부터 내가 얻은 결론은 피드백의 문제는 복잡하다는 것이다. 전면적으로 금지하거나 처방하는 것은 신뢰할 수 없을 것 같다. 이 영역은 국소적이고 개별주의적인 연구 – 교육의 불확실성, 맥락의 성격, 모어와 목표어의 특성, 그리고 교사와 학생 모두의 목표들을 다 고려하는 연구 – 가 더 가능성이 있다.

나는 학습자, 교사, 교사 양성가로서의 나 자신과 다른 이들의 경험이 주는 강력한 교훈을 간과하려는 뜻은 아니다. 예를 들어, 슐츠(Schulz 2001)는 콜롬비아와 미국의 외국어 교사들과 그 학생들을 대상으로 설문조사를 하였는데, 오류 수정의 가치에 대해 상당한 의견 일치를 보이고 있음을 발견하였다. 그와 같은 경험만으로도 피드백의 사용을 용인할 충분한 이유가 될 수도 있다. 그러나 그뿐만이 아니다. 피드백의 가치에 대한 나의 믿음은, 제2 언어 습득과 혼돈/복잡성 이론이나 역동적 체계 이론의 관점에서 실시된 제2 언어 교수의 문제와 현안들에 대한 나의 관심에서 비롯된다. 이러한 체계들의 가장 두드러진 특징은 그들이 피드백에 민감하다는 점이다. 본질적으로 그런 체계들은 "학습할" 수 있으며 새로운 방식으로 변화하고 발달될 수 있다는 것을 뜻한다. 어떤 종(species)에 혁신이 일어나면, 긍정적 피드백은 그 혁신을 지속하고 심지어 강화하는 역할을 할 것이고 부정적 피드백은 그 소멸에 기여하게 될 것이다. 조셉 포드(Joseph Ford)의 말을 빌리면, "진화는 피드백이 있는 혼돈이다"(Evolution is chaos with feedback) (글라이크 (Gleick 1987: 314)에서 인용). 더구나, 생물학자인 고(故) 스티븐 제이 굴드(Stephen Jay Gould)의 '단속 평형설(punctuated equilibrium)' – 장기간 안정기를 유지하다가 종의 분화가 나타나는 단기간 내 급격하게 진화적 변화가 발생 – 와 같은 새로운 진화 모델에서는, 진화적 변화가 항상 선형적인 방식으로, 거의 일정한 속도로 일어나지는 않는다고 본다. 환경적 스트레스(부정적 피드백)에 직면할 경우, 보통 숨어있던 유전적 다양성이 등장하여 놀랄 정도로 아주 단시간 내에 다양한 물리적 형태를 생성할 수 있다. 따라서 변화는 단일 세대 내에서 진화적 시간 개념에서는 하룻밤만에, 상당히 빨리 나타날 수 있는 것이다.

그리고 역동적 체계 이론의 관점에서 보면, 피드백은 학습자들의 언어적 수행에 울타리를 치는 데에만 유용하지는 않다는 것이다. 피드백은 언어 체계를 완전히 유동적이지도 그렇다고 엄격하게 불가변적이지도 않은 범위 내에 두면서 그 언어 체계의 성장을 자극하는 데 아주 큰 도움이 될 수 있다. 달리 말하여 역동적 체계 관점에서 보면, 피드백은 단순히 평형을 유지하는 데에만 관여하지 않는다는 것이다. 이는 그 체계가 단순하고 닫혀있는 체계라도 옳다는 것이다. 그러나 복잡하고 열린 체계에서 피드백은 입력과 출력 사이의 고리(loop)를 닫는 역할만 하지 않는다. 피드백은 어떤 체계가 기존 규범들의 집합점(set point)을 넘어서까지 발달해 창조적 유형-형성(creative pattern-formation) 과정을 자극하고 이로써 언어적 혁신성이나 형태 형성을 유발하게 도움을 준다. 그리고 마지막으로 피드백의 결과는 비선형적이어서, 어떤 때에는 아무 일도 일어나지 않는 것처럼 보이다가 어떤 때에는 변화가 갑자기 나타날 수 있다.

라슨-프리만 (Larsen-Freeman 1997)과 쿠퍼 (Cooper 1999) 참고)

물론 언어 습득은 언어 학습자와 독립적으로 존재하지 않는다. 언어 습득은 언어 학습자 내적으로 구현된다. 그럼에도 뇌의 신경망이 진화를 유발하는 것과 동일한 과정들 – 형태 형성, 창발성, 자가 조직, 비선형적 역동성 – 에 의해 다듬어진다면, 이렇게 주장하는 것도 지나치지는 않을 것 같다. 동일한 내재적 과정들이 진화와 신경망 생성을 특징짓기 때문에 두 과정 모두 그 결과가 피드백에 의해 변화된다고. 역시 가장 기초적인 연결주의 신경망 모델조차도 피드백 고리를 그 안에 포함하고 있으며, 그 피드백 고리로 인해 출력이 입력과 비교되고, '*역전파(back propagation)*'[21]라고 불리는 과정을 통해 연결 가중치(connection weights)에 조정을 가하게 된다.

이론적 틀

효과적인 피드백의 특징
CHARACTERISTIC OF EFFECTIVE FEEDBACK

나중에 사실로 드러날지 어떨지 모르지만, 우선 이 장에서 나는 분별력 있게, 적절한 기술을 이용해서, 적절하게 초점을 두며, 정서적으로 협력적이고 비판적이지 않은 방식으로 피드백을 제공한다면 가치가 있다고 주장하는 입장을 견지할 것이다. 지금부터 이러한 특징들을 차례로 살펴보겠다.

분별력 있게(judicious)

학생들의 모든 오류를 수정하는 것이 교수법적으로 가능하고, 사회적으로 수용 가능하며, 학습자들의 사기를 꺾지 않고, 교사를 향한 불필요한 의존성으로 이어지지 않는다 하더라도 그것은 심리적으로 건전한 교수 방식이 아닐 것이다. 지나친 수정은 기억 용량과 주의력 지속 시간과 같은 중요한 심리적 한계를 무시하는 것이다. 따라서 부정적 피드백이 효과를 거두려면 분별력있게 제공되어야 한다. 그러나 선별성은 그 자체로 충분하지 않다.

전통적 오류 수정에 대한 비판들 중 하나는, 오류 수정이 "언어 체계가 발달하는 과정이나 학습자의 현 발달 단계에 대한 고려 없이"(트러스캇(Truscott 1996: 347)) 동떨어진 요점들에 대해 이루어지곤 한다는 점이다. 이는 심리학적 관점에서 유효한 비판이라고 보지만, 어떤 교사든지 수행하기 어려운 무리한 요구이다. 어떤 학습자 오류가 그 학습자의 체계적인 지식 발달을 저해하는지를 판단하는 일을 교사들이 어떻게 할 수 있는가?

---

21 역자 주: 역전파 알고리즘에서는 학습을 위해서는 입력의 데이터와 출력의 데이터가 있어야 하는데 입력이 신경망의 연결 가중치와 곱하거나 더하는 과정을 반복하면 입력의 결과값인 출력이 나온다. 이 출력은 학습 데이터에서 원하는 출력과 다른데, 이 과정에서 신경망에서는 오차가 발생하고 오차에 비례해서 가중치를 갱신한다. 이 가중치 갱신 방향은 신경망 처리 과정과 반대가 된다. 이런 이유에서 역전파라고 한다.

물론 이 물음에 절대적인 답은 없다. 그것은 언어 체계에 달려있는 만큼 학습자 자신에게 달려있기도 하기 때문이다. 그러나 기존의 연구 문헌과 나를 포함한 현장 교사들의 경험에서 얻은 다음의 지침들은 교사들로 하여금 특정한 오류에 대해 분별력 있게 대응할 수 있도록 도움을 줄 수 있을 것이다.

1. 학생이 학습할 준비가 되어 있음을 보여 주는 오류에 주목하라 Attend to errors that show a student is ready to learn

학습자들이 새롭게 그리고 어느 정도 빈번하게 산출하는 것 같은 구조상의 오류들이라면 좋은 후보가 된다. 연구에 따르면 '발생적 형태(emergent forms)'라고 불리는 구조들이 드물게 시도되는 구조들보다 피드백의 영향을 훨씬 더 잘 받을 것이라고 한다. 예를 들어 윌리엄스와 에반스(Williams and Evans 1998)의 연구에서는 학생들이 분사형 형용사(-ed형)라는 발생적 형태를 습득하는 것이 입력 쇄도(input flood)로 인해 촉진되었고, 맥락적인 설명을 통해 훨씬 더 촉진되었으나 같은 학습자들이 수동태를 겨냥한 유사한 설명들로부터는 아무런 혜택을 입지 못했다는 것을 증명해 보였다. 수동태를 겨냥한 설명들이 효과가 없었던 것은 아마도 학습자들이 복잡한 형태, 의미, 수동태와 관련된 용법 관계를 정리할 준비가 안 되어 있었던 것 같다고 논의하였다. 분사적 형용사들의 경우에는 종종 부정확하게나마 이미 이 학생들이 사용하고 있었기 때문에 이와 관련된 수정적 피드백을 일관되게 받았을 때 정확성이 더 커지는 결과가 나왔다.

혼돈/복잡성 이론을 따르는 사람들은 이를 더 멋있게 표현한다. 그들은, 복잡하고 적응적이며 역동적인 체계들은 "혼돈의 가장자리에서(at the edge of chaos)"(카우프만 Kauffman 1995), 즉 질서와 무질서 사이의 영역에서 진화한다고 주장한다. 학생들의 중간언어에서 발생적 형태가 무엇인지 알아내기 위해선 학생들의 수행을 꼼꼼하게 모니터하는 일이 필요하다. 의미심장하게도 이는 다소 특이한 역학성을 암시하는데, 교사가 학습자들을 안내하기보다 교수가 학생들의 안내에 따라가는 법을 배우는 것이기 때문이다. 달리 말해서, 학생들의 오류가 우리에게 어디에서 가르쳐야 할지를 말해 줄 것이다. 이 주제에 대해서는 다음 장에서 다시 논의하기로 한다.

2. 실수가 아닌 오류에 힘쓰라 Work on errors, not mistakes

교사가 내리는 또 다른 판단은 어떤 비목표 형태(non-target form)가 실수(mistake)인지 오류(error)인지에 관한 것이다. 이 구분은 코더(Corder 1967)가 제안한 것이다. 오류는 올바른 형태에 대한 지식이 없어서 나타나는 반면, 실수는 단순한 수행상의 실언일 뿐이다. 오류는 체계성이 있어서 피드백을 받을 자연적인 후보가 되겠으나 실수는 무시하는 편이 낫다. 교사는 이 이상의 많은 분별력이 필요한데, 오류 무게(error gravity)를 기준으로 의사소통에 가장 심각하게 방해가 되는 오류들에만 피드백을 줘야 한다.

다음은 몰타(Malta)에 있는 ELI(English Language Institute)의 한 교사가 피드백을 줄 때 필요한 분별력에 대해 한 말이다.

> 말하기 유창성 활동을 할 때, 가끔 학생들이 범하는 오류를 적을 때, 우선 나는 실언이나 그다지 중요하다고 생각하지 않은 오류들을 많이 버린다…. 그리고 나도 가끔 뭔가에서 실언을 하는데, 그것이 학생들이 그 날은 범하지 않았지만 그 수준의 학생들에게 자주 나타나는 실수이면 나는 본능적으로 그리고 경험을 통해 그것이 학생들이 씨름해야 하고 씨름하고 싶어 할 문제라는 것을 안다(보그 Borg 1998: 16).

즉 이 EFL 교사는 초점을 둘 오류를 선별할 뿐만 아니라 학생들이 오류를 범하기 전에 그들의 요구를 예상하기도 한다. 이와 같은 교수 방식은 라이트바운(Lightbown 1991: 193)이 발견한 것과 맥을 같이 하는데, 라이트바운에 따르면 형태 초점은 "학습자가 자기가 말하고자 하는 바를 '알' 때, 실제로 뭔가를 말하려고 노력할 때, 그리고 그 말을 더 올바르게 할 수 있는 수단을 제공받을 때" 가장 효과가 있다고 한다. 다음 특징은 여기에서 비롯된다.

3. 학생들이 자기가 말하고 싶은 것을 알지만 어떻게 말할지 모른다는 것을 인식하면서도 어쨌든 시도하려 할 때 오류에 대응하라. Work with errors where students show that they know what they want to say, recognize that they do not know how to so, and try anyway.

학생들이 정말로 이렇다는 것을 인식하는 데에는 교사와 학생들이 일정 수준의 상호주관성을 갖추어서 학생이 무엇을 말하려고 하는지를 교사가 인식하고 적당한 언어 형태를 제공할 수 있어야 한다. 물론 교사의 피드백이 주목을 받을지는 보장할 수 없지만, 자기 학생들의 의도를 유추해 낼만큼 학생들을 잘 안다면 이렇게 될 가능성이 늘어날 것이다. 이것이 바로 총체적인 금지와 처방이 실패하는 이유이다. 언어적 고려와 심리언어적 고려가 중요하지만, 그것들이 전부는 아니다. 교사가 자기 학생들과 사이에서 상호주관성을 갖추지 못하면 그 교사의 노력은 헛된 것이 된다.

10.3

오류의 원인을 알아낸다면 어떤 종류의 피드백을 줄지 결정하는 데에 매우 큰 도움이 될 것이다. 쉽게 말해, 자기 학생들이 어디에서 "왔는지"를 아는 데 도움이 될 것이다. 다음에 나오는 영어 오류를 살펴보라. 이 학생은 무슨 말을 하려고 했는지 왜 잘못 말하게 되었는지 알아낼 수 있겠는가?

* I hope I could go.

4. 정확성 활동을 하는 동안 범하는 오류에 대응하라 Deal with errors that are committed during accuracy activities.

다른 제안들과 달리, 이 제안은 학습자의 발달보다는 학습자가 참여하는 활동의 성격과 그 교실의 사회적 역학관계와 더 깊은 관계가 있다. 오래 전부터 교수법 분야에 관한 격언 중에, 정확성에 대해 너무 신경쓰지 않고 유창성을 발달시킬 기회가 학생들에게 주어져야 할 때가 있다는 말이 있다. 물론 유창성 활동을 하는 동안에도 학생들의 오류를 교사가 인식하지만, 그 오류들에 대해 피드백을 주는 일은 다른 때로 미룰 수 있다. 보그(Borg)의 연구에 나왔던 몰타 출신의 EFL 교사가 말한 대로,

교사의 목소리

> 우리는 유창성 활동을 많이 하는데, 언어 수업을 듣는 학습자들의 기대는 때로 이 현실과 다를 수 있다. 이런 유창성 활동에서 나오는(또는 그와 관계가 있는) 내용으로 정확성에 초점을 맞출 기회를 주면 학생들을 유창성 활동에 더욱 열정적으로 참여하게 하는 데 도움이 된다.

그러나 유창성 활동을 하는 동안에도 신중한 피드백이 요구될 때가 있을 수도 있다. 이는 이를테면 학생이 어떤 사건을 기술할 때 동사 형태를 써서 시간에 대한 혼란을 일으키는 경우이다. 요지는 유창성 기반 활동 동안에는 자기를 의식하지 않고 의사소통을 성공적으로 수행하는 것이 목표일 뿐이며, 학생이 모든 말을 정확하게 하는 것이 아니라는 점이다.

분별력 있는 피드백에 관한 마지막 고려 사항은 언어 체계 자체에 기반한 것이다.

5. 학습자가 어떤 가설을 제거하기 위해서 부정적 증거를 필요로 할 때 오류에 피드백을 주라. Give feedback on errors where learns need negative evidence in order to eliminate a hypothesis.

모든 가설들이 부정적 증거의 혜택을 보지는 않는다. 어떤 잘못된 가설들은 이용 가능한 자료의 일부와 모순되지 않을 수 있다. 예를 들어 영어에서 아래의 문장들은 모두 무난하다.

John was fearful.　　　　　존은 두려웠다.
John was frightened.　　　　존은 겁이 났다.
John was afraid.　　　　　　존은 무서웠다.

어떤 영어 학습자가 이 문장들을 기억해 두었다가 나중에 *John is a fearful person*'이나 *John is a frightened person*'이라는 문장을 듣고 *John is an afraid person*'이라고 말해도 된다고 잘못 유추를 할 수도 있다.

이와 같은 과잉일반화 오류는 오류 수정으로부터 다른 어떤 것보다 많은 혜택을 입을 수 있다. 사실, 토마셀로와 헤론(Tomasello and Herron 1988)이 밝힌 바에 따르면, 한 가지 효과적인 기술은 학습자들이 일반화를 하는 과정에서 과잉일반화를 할 때, 바로 과잉일반화가 일어나는 그 순간에 오류를 지적하는 것이다. 토마셀로와 헤론은 이를 *"정원 길" 기술*(*"garden path" technique*)이라고 부른다. 이 기술의 이름은 학습자들이 "정원 길을 따라 인도"된다는 사실에서 나온 것이다. 다른 말로 하면, 학습자들은 특정한 구조에 문제가 있다는 것을 모르거나 아무도 학습자들에게 그에 대한 이야기를 해 주지 않았을 수 있다. 예를 들면, 영어 학습자들은 모든 영어 과거시제 동사가 규칙적이라고 생각할지도 모른다. 처음에 그들은 불규칙 동사의 존재에 대한 이야기를 듣지 못한 채 규칙 과거시제 동사를 만드는 규칙만 받을지도 모른다. 그런 학습자들이 *ate*라고 할 것을 *eated*라고 하는 식의 과잉일반화 오류를 범하는 것은 당연한 일일 것이다. 일단 그들이 과잉일반화 오류를 범하면, 그리고 오류를 범한 후에야 학습자들은 자기들의 오류에 대한 피드백을 받게 될 것이다. 토마셀로와 헤론에 따르면, 이 *"정원 길"* 기술이 규칙의 예외에 대해 미리 얘기해 주는 것보다 더 효과적이다.

적절하게 초점을 잡은 적절한 기술들
(Appropriate techniques appropriately focused)

"정원 길" 기술을 언급하면서 나는 어떤 오류를 수정할까라는 문제에서 어떤 기술을 사용할 것인가라는 문제로 옮겨왔다. 사실, 매우 다양한 피드백 기술들이 존재한다. 알야프레와 랜톨프(Aljaafreh and Lantolf 1994)는 암묵적 기술에서부터 명시적 기술에 이르는 13단계의 피드백 기술을 제공한다. 가장 암묵적 기술에서는, 학생들에게 자기들이 쓴 에세이에서 오류를 발견하고 스스로 그 오류를 고치게 시킨다. 중간 단계에서는, 학생을 위해 메타언어적 성격의 명시적이고 직접적인 부정적 피드백을 사용하여(예를 들면, "여기 시제 표시에 뭔가 잘못된 것이 있네요.") 오류의 성격을 알려 주나 그와 관련된 정확한 오류를 알아내어 수정을 하는 것은 그 학생에게 맡긴다. 가장 명시적 기술에서는, 다른 모든 방식의 도움으로도 적절한 행동을 이끌어낼 수 없을 때, 학습자에게 올바른 형태의 사용을 위한 설명과 함께 필요하다면 그 예문도 제공한다.

종종 자가 수정(self-correction)이 최선이라고 가정을 하는데, 이는 학습자가 스스로 수정을 할 때 가장 잘 기억하기 때문이다. 그러므로 무엇이 잘못됐는지 그냥 학생들에게 말해 주거나 정답을 주면 학생들이 스스로 고치는 방법을 배우지 못한다. 일반적으로, 많은 교사들과 교수법 학자들은 타인에 의한 수정보다 자가 수정을 더 선호하는 대화의 격률(conversational maxim)를 따를 것을 제안한다.

학습자들이 자기가 한 말에서 문제를 발견하고 자가 수정할 수 있도록 도울 수 있는 다양한 기술들이 제안되어 왔다. 이를테면 다양한 형태의 되풀이와 유도 (반문, 상승 억양으로 반문, 문제가 되는 부분을 강조하는 반문 등) 같은 것들이다. 샤흐터(Schachter 1986)는 이해를 못했음을 알리는 것과 같은 부정적 피드백의 간접적 수단조차도 학습자들에게 도움이 된다고 설명한다. 그러나 자가 수정을 선호한다고 해서 교사가 항상 그렇게 간접적으로 제시해야 한다는 것은 아니다.

> 학생들이 이 지식이 필요하고 이 지식을 원한다는 것을 인식할 수 있는 상황으로 학생들을 인도하고, 그들 스스로 그것을 인식할 수 있도록 유도하도록 노력하며, 그들 스스로 인식에 이르지 못하면 그 지식을 제공하는 방법에도 나름의 의미가 있다고 생각한다(보그 (Borg 1988: 22-23)에 나온 한 교사).

교사가 명시적 피드백을 제공할 때는 수정이 도움을 주기 위해서이지 비판하기 위해서가 아니라는 것을 학생들에게 알리는 것이 중요하다. 이를 위해서 교사들은 틀린 부분뿐만 아니라 학생들이 말한 것이나 쓴 것에서 잘된 부분도 강조를 해야 한다고 지적하기도 한다.

10.4

다음은 아랍어 원어민 화자인 중급 ESL 남학생이 쓴 짧은 글이다. 당신은 학생에게 무엇을 고치라고 말하겠는가? 그 학생에게 무엇을 잘했다고 말하겠는가?

I saw a movie about a man in a city (big city). I want to tell you what I saw and what is my opinion. The movie began with a man about forty years old, in his partment in a big city. He was disturbed by many things like Alarm O'Clock, T.V., Radio and noisy outside. He want a fresh air, but he could not because the city is not a good place for fresh air. There are many factories which fill the air with smoke. The movie showed the daily life of a man in the city. He is very busy day and night. He had to go to his work early by any means of transportation, car, bus, bicycle. The streets are crowded, everything in the city is crowded with people, the houses, streets, factories, institutions, even the seashores…(Data from Selinker and Gass 1984)

나는 도시(큰 도시)에 사는 한 남자에 관한 영화 한 편을 보았다. 나는 내가 본 것과 내 의견이 무엇인지 말해 주고 싶다. 이 영화는 큰 도시에 있는 약 마흔 살 정도 남자의 아파트로부터 시작되었다. 그는 알람 정각, 텔레비전, 라디오와 시끄러운 바깥과 같은 많은 것들 때문에 마음이 어지러웠다. 그는 신선한 공기를 원하지만 그 도시는 신선한 공기를 위한 좋은 곳이 아니기 때문에 그럴 수 없었다. 공기를 연기로 채우는 공장들이 많이 있다. 이 영화는 그 도시에 있는 한 남자의 일상을 보여주었다. 그는 밤낮으로 아주 바쁘다. 그는 대중교통, 자동차, 버스, 자전거와 같은 어떤 교통수단을 통해서 직장에 가야 했다. 거리는 붐빈다, 그 도시의 모든 곳이 사람들로 붐빈다, 집들, 거리, 공장, 기관들, 심지어 해변들도… (셀린커와 개스 1984에서 가져온 자료)

물론 교사가 피드백의 유일한 제공자는 아니다. 학생들은 자기들 동료에게서 많은 것을 배울 수 있다. 다음은 불어 학습자 S1에게 학습자 S2가 주는 동료 수정의 예이다(스웨인 (Swain 1998: 78).

> S1: La nuit dernière je marchais dans un long passage étroit.
> (어젯밤 나는 길고 좁은 통로를 걷고 있었다.)
> S2: Non, etroite.
> (아니야, 좁은[여성형].)
> S1: Avec un "e"?
> ("e"가 있어?)
> S2: Oui.
> (응.)

제2 언어 습득에 관한 문헌을 보면 '고쳐 말해주기(recast)'라고 알려져 있는 한 피드백 전략에 많은 관심을 보이고 있다. 아마도 학습자 오류에 대한 교사의 모든 반응들 중 가장 널리 퍼져있는 전략으로서, 고쳐 말해주기는 교사가 학생이 방금 한 말의 전체나 일부를 올바르게 다시 말하는 것을 가리킨다. 예를 들면 아래와 같다.

Teacher: What did you do this weekend?
교사: 주말에 뭐 했어요?
Student: I have gone to the movies.
학생: 영화 보러 가 버렸어요.
Teacher: Oh. You went to the movies last night. What did you see?
교사: 아아. 어젯밤에 영화 보러 갔군요. 뭐 봤어요?

　한(Han, 인쇄 중)에 따르면, 학생들에게 개별적 관심을 줄 때, 고쳐 말해주기가 일관된 초점으로 이루어질 때 – 예를 들면 시간을 정해서 동사 시제 용법만 다루는 경우 – 고쳐 말해주기가 제공하는 증거로 학습자들이 발달상 혜택을 입을 준비가 되어 있을 때, 고쳐 말해주기에 일정 수준의 강도(intensity)가 있어서 그 빈도나 중요성을 강화할 때 가장 성공적인 고쳐 말해주기가 이루어진다고 한다. 그러나 고쳐 말해주기의 "성공"은 학습자 수행에 대한 즉각적인 변화만으로 결정될 수는 없다. 한편으로는 학습 과정은 비선형적이라서 수행에서의 변화가 고쳐 말해주기 다음에 곧장 나타나지 않을 수 있다. 다른 한편으로, 학습자는 개별 말하기 예행 연습처럼 자기만의 목적에 고쳐 말해주기가 유용하다고 생각할 수도 있는데, 이 때에도 수행에서 그에 해당하는 변화가 즉각적으로 나타나지 않을 수 있다(오타 (Ohta 2000)).

　물론 어떤 기술도 – 'go'의 과거시제 예시에서 교사가 그랬던 것처럼 학생에게 올바른 형태를 주는 것조차도 – 학생이 자기가 한 말과 고쳐 말해준 내용 사이의 차이를 지각하지 못하면 효과가 없다. 따라서 학생들이 자기들이 산출하고 있는 것과 목표 언어가 거기서 요구하는 것 사이의 괴리에 주목하는 것이 필요하다. 수정할 때 교사의 노력도 마찬가지이다. 실제로, 니콜라스, 라이트바운 그리고 스파다(Nicholas, Lightbown, and Spada 2001)는 고쳐 말해주기에 관한 연구 문헌을 정리하면서 고쳐 말해주기 내용이 모호하지 않을 때, 고쳐 말해 준 그 내용이 자기들이 말한 내용에 대한 것이 아니라 형태에 대한 반응이라는 것을 학생들이 인식할 때 가장 큰 효과가 있다는 결론을 내렸다. 그렇지 않으면 교사의 의도와 학습자의 지각 사이에는 불일치가 생길 수 있다. 한(Han 2002: 24–25)은 다음과 같은 목적을 이루기 위해서는 세심한 조정이 필요하다는 것을 인식한다.

　　1) 교사의 의도와 학생의 해석 사이, 그리고 2) 교사의 수정과 학생의 준비 여부 사이의 일치… 학습 문제에 대해 피드백을 조정할 때 중요한 것은, 해당 문제와 진행 중이던 의사소통 활동의 흐름에 가장 잘 맞는 한 가지 전략을 선택할 수 있도록 언제든지 사용 가능한 다양한 전략들을 가지고 있어야 한다는 것이다.

달리 말해서 모든 경우에 다른 전략보다 더 나은 단 한 가지 전략이란 있을 수 없다는 것이다. 그 대신 교사들은 다양한 기술들을 개발해서 적당한 때에 쓸 수 있게 해야 한다. 교사가 자기의 수업을 학생들의 학습 수준에 맞게 조정할 때 사용한 전략들이 효과가 나타난다. 그러므로 오류 수정은 궁극적으로 피드백을 개별 학습자에 맞게 조정하는 것으로 귀결된다. 이와 같은 조정은 사전에 결정될 수 없고 학습자와 실시간으로 공동으로 조정되어야 한다. 알야프레와 랜톨프(Aljaafreh and Lantolf 1994)가 설명하듯이, 사회문화적 혹은 비고츠키적 관점으로 보는 학습은 교사와 학생이 공동으로 구성한 대화적 활동과 그 학생의 내적 정신적 기능 사이에 연결 고리가 생길 때 일어난다. 그들의 연구(477쪽)에서 이를 잘 보여 주는 아래의 예를 가져 왔다. 학생(S)이 자기가 쓴 에세이를 교사와 같이 검토하고 있다.

T: We can see a grey big layers in the sky with a dense smog. What is… do you see anything wrong here?

선: 우리는 하늘에 짙은 스모그로 회색의 큰 층들 하나가 있는 것을 볼 수 있다. 무엇이… 여기에 뭔가 틀린 게 있는데 보여요?

S: Dense smog with ah heavy or

학: 짙은 스모그에 어 무거운 혹은 …

T: That's fine, yeah this is good

선: 괜찮아요, 네. 이거 좋아요.

S: This is good?

학: 이건 좋아요?

T: But what do you see wrong in these sentences…

선: 그런데 이 문장들에서 잘못된 게 뭔지 보여요?

S: Ah just a moment. "We can…see we can…we can … see

학: 아 잠깐만요. 우리가 볼 수 있다… 볼 수 있다… 볼 수.

T: Uhum

선: 음

S: It…grey

학: 그건… 회색

T: Okay

선: 네

S: Big

학: 큰

T: Okay, grey big

선: '네, 회색의 큰'

S: Layers

학: 층들

T: Layers

선: 층들

S: Layers in the sky

학: 하늘에 큰 층들

T: Uhum

선: 음

S: Because is no one only, is all

학: 단 하나가 아니기 때문에, 그건 모두…

T: Layers, it is not singular. Right, that's good.

선: 층들, 이건 단수가 아니에요. 맞아요. 잘 했어요.

S: Grey big layers…yes (laughs)

학: 회색의 큰 층들이… 네(웃음)

T: In the sky

선: 하늘에

S: With dense

학: 짙은 스모그로

T: Okay	선: 네
S: (laughs)	학:(웃음)
T: Dense, that's good	선: 짙은, 좋아요.
S: Dense smoke	학: 짙은 연기
T: With dense smog	선: 짙은 스모그로
S: Produced by carbon monoxide of the vehicle.	학: 자동차의 일산화탄소로 만들어진

알야프레와 랜톨프(Aljaafreh and Lantolf)는 다음과 같이 말한다.

> 학습자는 첫째 줄의 물질명사 "smog"(스모그)에 비한정관사를 잘못 쓴 것은 쉽게 고칠 수 있다. 더 흥미로운 것은 여섯째와 일곱째 줄에서 관찰되는 내용이다. 여기에서 학습자는 교사의 발화를 분명하게 가로막고 도움을 주려는 교사의 시도를 막는다. 그렇게 하면서 그녀는 "a grey big layers"(회색의 큰 층들 하나)에 나타난 오류를 찾아 수정하는 책임을 자기가 다 맡아서 한다(1994: 477).

이 장에서 쓰인 내용의 많은 부분들이 문법 학습은 형태적 정확성을 학습하는 것이라고 본 전통적인 입장에 부합한다. 그러나 이 책에서 나는 이 개념에 도전해 왔고, 나에게 있어 문법 학습이란 문법 구조를 유의미하고 적절하게 쓰는 법을 배우는 것이기도 하다고 설명하였다. 그런 만큼 어떤 피드백 기술을 사용하든지 그것은 적절해야 할 뿐만 아니라 오류의 초점도 적절하게 세워야 한다.

10.5

이 점을 확실하게 하기 위해 다음의 영어 학습자가 쓴 평서문들을 살펴보자. 각 문장에는 오류가 한 가지씩 있다(어떤 오류는 다른 오류들보다 더 확연하게 드러나지만). 그 오류들을 형태, 의미, 화용의 범주로 분류할 수 있겠는가?

1. A: I like math.
   B: Really? I am boring in math class.
2. Please explain me the answer.
3. Our company has a lot of people.
4. Please extinguish your cigarette here. This is a non-smoking area.
5. The cocoa tasted good. It was too hot.
6. Give the person sitting at the end of the table the salt.

정서적으로 협력적이고 비판적이지 않기
(Affectively supportive and nonjudgmental)

교사들은 자기 학생들에게 정서적으로 협력적이려고 노력한다. 교사들이 자기 학생들 중 일부가 다른 학생들보다 거부에 대한 두려움을 더 많이 가지고 있다는 것을 알게 되면 그들에게는 피드백을 선택적으로 제공할 수 있다. 그리고 학습자들은 오류를 범하는 정도에서 차이를 보인다. 어떤 학습자들은 신중해서 자기가 말하는 것이 옳을 것이라 확신할 때까지 말을 하지 않는다. 다른 학습자들은 더 충동적이어서 자기가 하는 말이 수용 가능한 형태이든지 말든지 수업에 적극적으로 참여한다. 올라이트(Allwright 1980)가 자기 연구에서 가명을 지어준 "이고(Igor)"라는 언어 학습자는 굉장한 학습자였다. 이고는 외향적이며, 목표 형태에 맞지 않는 것을 말하는 것도 두려워하지 않았다. 올라이트는 "이고"가 같은 반 친구라면 어떤 학생이든지 도움을 받을 것이라고 주장하는데 이는 이고 같은 학생은 다른 학생들이 묻기 주저하는 질문도 하고 교사로부터 모두가 배울 수 있는 피드백도 받기 때문이라고 한다.

지금까지 나는 긍정적 피드백에 대해서는 거의 이야기하지 않았다. 물론 긍정적 피드백은 행동주의 관점에서 아주 중요하게 여겨졌다. 학생들에게 자기들의 성공적인 수행에 대한 긍정적인 코멘트를 주는 것이 목표 언어 습관을 강화하는 데 핵심적이라고 여겼다. 스스로를 행동주의자로 보지 않는 많은 교사들도 학생들이 성공적인 언어 학습 노력을 보일 때 자연스럽게 학생들을 칭찬하기도 하고 학생들의 수행이 목표 언어 규범에 부합하지 않더라도 그 노력에 대해서 긍정적 피드백을 주기도 한다.

그러나 정서적으로 협력적이라고 해서 반드시 긍정적 피드백을 준다는 의미는 아니다. 한편으로 학생들에게 그들의 언어적 수행에 대한 긍정적 피드백을 주면 학생들에게 뭔가 아주 뛰어난 성공을 한 것 같은 암묵적 메시지를 줄 수가 있다. 오히려 언어 학습은 상당히 자연스럽고 그다지 어렵지 않다는 암시를 주는 것이 더 나을 것이다(가테그노 Gattegno 1976). 학생들에게 긍정적 피드백을 줄 때 또 다른 걱정은 학생들이 무엇 때문에 칭찬을 받는지 잘 모르면 혼동이 될 수도 있다는 점이다. 오래 전에 비질과 올러(Vigil and Oller 1976)는 '*인지적 피드백(cognitive feedback)*'과 '*정서적 피드백(affective feedback)*'을 구분하였다. 두 가지 피드백 모두 부정적일 수도 긍정적일 수도 있다. 이 연구자들의 보고에 따르면, 부정적 인지적 피드백과 긍정적 정서적 피드백을 결합하면 학습자의 중간언어 발달을 가장 잘 촉진할 수 있다고 한다. 그러므로 학습자들에게 그들의 언어적 수행에 대한 평가적 정보를 비판적이지 않은 태도로, 동시에 그들과 그들의 노력에 대해서는 정서적으로 협력적인 태도로 제공하는 방식이 우리가 추구해야 할 최선의 궁합이 될 것이다.

이 장에서 나는 "3대 중요 쟁점"이라고 부른 것들 가운데 하나인 (의식 상승과 출력 연습이 나머지 둘이다) 피드백의 문제를 다루었다. 피드백의 필요성에 대해서는 논란의 여지가 있음을 인정하면서도, 나는 학생들에게 피드백을 제공하는 것을 적극적으로 지지하는 입장에서 주장하였다. 나아가 피드백 제공은 피드백이 분별력 있고, 적절하며, 비판적이지 않을 때 가장 효과적이라고 믿는다. 실천하기에 너무 어렵다면 어려운 요구로 들릴 것이다. 비현실적으로 들린다면 비현실적일지도 모른다. 그러나 우리가 이러한 요청을 포기한다면 우리는 교수의 가장 중요한 기능을 포기하는 것이다. 학생들이 맞게 하고 있는지 틀리게 하고 있는지를 스스로 효과적으로 알 수 있는 방법이 이것 말고 또 있겠는가? 그러므로, "피드백"은 내가 종종 나 스스로에게 묻는, 질문에 대한 답이 된다. "학생들이 스스로 (쉽게) 얻을 수 없는 것 중에 내가 줄 수 있는 것이 무엇일까?

추천 자료

오류 수정에 대해서는 수년간 많은 집필이 이루어졌고, 최근 피드백에 관하여 더 많은 연구가 이루어졌다. 오류 수정에 대한 고전적 연구로 H. V. 조지 (H. V. George 1972)가 있다. 물론 셀린커(Selinker 1972)가 '중간언어(interlanguage)'와 '화석화(fossilization)'라는 용어를 고안하였다. 한(Han 2002, 인쇄 중)은 최근에 피드백에 관해 많은 저술을 남긴 연구자이다. 고쳐 말해주기의 역할에 관한 문헌을 최근에 정리한 것으로는 니콜라스, 라이트바운 그리고 스파다(Nicholas, Lightbown, and Spada 2001)와 브레이디(Braidi 2002)가 있다.

11

문법 하기 가르치기
TEACHING GRAMMRING

나는 이 단원에서 해결하려고 하지 않을 것이다. 문법 교육(어떠한 교육이든!)은 복잡한 과정이어서 똑같은 결과를 기대하며 똑같은 일련의 과정들을 반복하는 방식으로 다룰 수 없다.

그 복잡성과 연결지어 다음의 램퍼트(Lampert 2001)의 『문제 교육과 교육의 문제점 *Teaching Problems and the Problems of Teaching*』에서 가져온 인용문을 생각해 보자. 이 인용문에서 램퍼트는 5학년 수학 수업을 하면서 그녀가 한 생각들을 보여 주고 있다. 앞서 그 학생들 가운데 한 명인 리차드(Richard)는 램퍼트가 제시한 문제들 중 하나에 '열여덟(eighteen)'이라고 잘못된 대답을 했다.

매기 램퍼트
Maggie Lamperti

어디서 "열여덟(eighteen)"이라는 답이 나왔을까, 나는 여전히 혼란스러워 하면서, 학생들에게 "누구라도" "리차드가 무슨 생각을 한 것인지 설명"할 수 있는지 물었다. 이것은 올해 내가 지금까지 학생들의 답에 대한 반응으로 몇 번이고 해 왔던 것이고, 나는 모든 수업에서 그렇게 해 왔다. 이것은 종종 내가 자신에게 학생들의 대답을 설명할 수 없을 때 어떻게 나아가야 할 것인가에 대한 통찰을 준다. 그리고 더 많은 학생들이 수학에 대해 이야기하는 방식을 활용하도록 이끈다.

몇몇 손이 올라간다. 나는 돌아보고 누가 말하고 싶어 하는지를 확인하며 누가 이 시점의 토론에 집중하고 있는지 점검한다. 수업이 끝나기 몇 분 전인데, 우리는 오늘 학습할 분량의 가장 복잡한 부분을 공부하고 있다. 나는 다음날로 그 토론을 미루어야 하는 것일까 고민한다. 캐서린(Catherine)을 지명한다. 그녀가 토론 수업에서 보여 준 그녀의 기여도를 고려했을 때 지금까지의 경험을 통해 나는 그녀가 무엇을 말하든지 간에 예의바르고 똑똑하게 말하며 리차드로 인한 이 교착 상태에서 벗어나는 데 도움을 줄 수 있을 것으로 기대한다. 그러나 리차드의 생각을 설명하는 대신에, 그녀는 고민하면서 "음.... 저는 그 생각에 동의하지 않아요."라고 말한다. 그녀는 잠시 말이 없더니, 나를 쳐다보고, 왜 그녀가 그에 동의하지 않는지 설명할 준비를 하고 있다는 듯 다시 말을 시작한다. "음...." 나는 그녀가 계속 말하도록 놓아 두어야 할까? (Lambert, 2001: 15-16)

이 짧은 연구 고찰에서 우리는 램퍼트가 감당하려고 했던 상황의 엄청난 복잡성을 볼 수 있다. 그러한 복잡함이 내가 교수법 방안을 제시하는 것을 그만두도록 할 만큼 대단하지 않았다고 해도, 나는 교사와 학생 모두를 멍청하게 만드는 기계식 교육의 결과를 개인적인 경험을 통해 알고 있다. 그러한 교육은 종종 교사들의 인식과 개념으로부터 멀어진 교육의 산물들이다. 따라서 나는 이 장에서 다른 사람들을 위해 이 책의 개념들을 적용하는 것에 대해 논의하고 싶지 않다. 문법 교수법에 대한 연구 문헌들을 정리하여 함의를 찾는 것도 여기에서의 나의 의도가 아니다. 설사 다른 사람들이 그렇게 해 왔다 할지라도 그러하다.

그 대신에 내가 하려는 것은 지금까지 이 책에서 논의해 온 개념들이 교수법적인 의미를 갖도록 그 개념들을 면밀히 살펴보는 것이다. 그러나 내가 여기에서 논의하는 모든 것들이 과거의 교수 방식과 극적으로 다르지는 않을 것 – 아마 아주 작은 일부만 극적인 차이를 보일 것 – 임을 우선 밝혀 둔다. 기분이 나쁜 날에는 이 부분이 걱정이 되기도 한다. 나는 내가 "(교수법적인) 틀을 깨고 생각하는" 능력이 부족한가 해서 조바심이 난다. 기분이 좋은 날에는, 신선한 교수법적 아이디어들이 나 자신 혹은 다른 사람에게 떠오를 수도 있고, 내가 비활성화된 지식 문제를 풀 수 있을 것이라고 생각하는 것이 자만심의 발로라고도 생각한다. 나는 또 수세기 동안 많은 사람들이 제2 언어를 학습하는 방법을 현대 이론들의 혜택 없이도 찾아냈다는 사실에 위로를 받는다. 게다가 나는 연구 결과들을 해석하고, 내 스스로의 경험들을 이해하고, 어느 정도 일관성 있는 이해를 바탕으로 앞으로 얼마동안 나를 바쁘게 할 몇 가지 아이디어들에 도달할 수 있었다.

나는 또한 이 장에서 이 책에서 내가 계속해서 해 왔던 약속들을 이행하려고 한다. 첫 번째 약속은 도입부에서 했는데, 미완성의 문장을 완성하여 언어와 문법을 정의하겠다는 약속이었다. 그 약속을 지키기 전에 여러분은 스스로 그 답을 찾고 싶어 할지도 모른다.

다우티와 윌리엄스
(Doughty
and Williams, 1998),
그리고 미첼
(Mitchell, 2000)
등을 참고하라

11.1

생각해 보기

〈생각해 보기 1.1〉과 〈생각해 보기 1.2〉에서 여러분이 썼던 언어에 대한 정의를 다시 보라. 어떤 식으로든 바꾸고 싶은 생각이 드는가? 다음을 어떻게 완성하겠는가?

Language is...

그리고 문법에 관해서도 그렇게 해 보라.

Grammar is...

---

11 문법 ✓사용 하기 가르치기 **203**

나는 문헌들에서 수집한 제1 장에 나열한 언어의 10가지 정의로 돌아가서 "언어에 관한 나의 정의는 위에 전부 나와 있다."라고 말하고 싶은 충동을 느낀다. 쿡(Cook)과 자이들호퍼(Seidlhofer)가 말한 것처럼 언어는 사실 다음과 같이 볼 수도 있다.

> 유전적 유산, 수학적 체계, 사회적 요인, 개별 정체성의 표현, 문화 정체성의 표현, 대화 상호작용의 산물, 사회적 기호학, 원어민들의 직관, 입증된 자료들의 합계, 암기된 구문들의 집합, 규칙 기반의 일정한 복합적 체계, 또는 분산된 네트워크에서의 전기적 활성화... 우리는 굳이 선택할 필요가 없다. 언어는 이 모든 것들을 동시에 의미할 수 있다(쿨과 자이들호퍼 Cool and Seidlhofer, 1995:4).

인식은 그 주체의 관점에 따라 달라지는 것이기 때문에 나는 위 내용이 충분히 맞는다고 믿는다. 게다가 나는 언어가 여러 개의 다른 규모의 수준들이 상호작용하는 프랙탈이라고 믿는다. 따라서 어느 규모의 수준에서 관찰하느냐에 따라 같은 현상에 대해 전혀 다른 관점도 가능하다. 그럼에도 불구하고, 실제 현장 교육에 도움을 줄 목적으로 그 정의를 사용할 의도를 가지고 있다면 전부를 아우르는 정의는 오히려 감당하기 힘들다. 그래서 나는 간단히 답할 것이다. 언어에 대한 나의 정의는 다음과 같다.

언어는 사람들이 맥락에 적절한 의미를 만들기 위해 언어적 형태를 사용하는 데 그 유형을 형성하는 역동적인 과정이다.

비록 나의 정의가 패턴을 특징으로 하지만, 언어는 일련의 패턴으로 이해되기보다는(제1장의 정의 3번에서와 같이) 패턴 형성의 과정으로 이해된다. 그것은 인간이 가지는 유일한 패턴 형성 과정은 아니지만, 강력한 패턴 형성 과정임에는 틀림없다. 이를 통해 사람들이 텍스트를 만들고 해석할 때 언어의 구조적인 성질에 의지할 수 있게 하기 때문이다. 그런 만큼, 그것은 다른 사람과의 의사소통을 용이하게 한다. 그럼에도 다른 사람과의 의사소통 기능은 언어의 가장 중요한 기능이나 유일한 기능은 아니다. 언어는 사고를 가능하게 하고 자기 표현과 창의성을 가능하게 한다. 따라서 적절성이라는 것이 반드시 규범과의 부합만을 의미하지는 않으며, 맥락도 물리적인 맥락만을 의미하지는 않는다. 맥락은 사람들 사이의 관계에 의해 만들어지기도 한다(제6 장 참고).

이러한 정의에 따라 나는 *문법사용하기가 언어에서 유형을 형성하는 역동적인 언어적 과정 중의 하나이며, 이 과정은 사람들이 맥락에 적절하게 의미를 형성하는 데 사용할 수 있는 것이라고 말할 수 있다.*

이러한 두 번째 정의를 더 자세히 서술하기 위하여 이 장에서 이후의 내용은 의문형 질문으로 구성한다. '무엇에서'는 문법사용하기를 더 상세하게 정의하고, '언제'에서는 문법사용하기의 시기 선택에 관한 중요한 문제를, '왜 그리고 어떻게' 문법사용하기를 가르칠 것인가, 그리고 그것을 '누구에게' 가르칠지에 대해 차례로 논의할 것이다.

무엇을?
WHAT?

문법(Grammar)

이 책을 쓰는 나의 목표 중의 하나는 문법을 규칙–지배적이며, 문장 수준으로, 절대적이며, 닫힌 체계를 만드는 형태들로 구성되는 정적인 산물로 보는 개념을 해체하는 것이었다. 온전히 그러한 관점에서 문법을 봄에 따라 우리는 문법의 중요한 특징들, 이를테면 이성적이고, 추론적이며, 유연하고, 상호 연결되어 있고, 개방적인 체계에서 형태가 의미와 사용법들을 가진다는 것과 같은 중요한 성질을 간과해 왔다. 나는 이 책에서 극복하고자 했던 이분법적 사고를 영구화하기를 바라지 않는다. 그럼에도 불구하고, 나는 내가 문법에 관한 오해라고 생각하는 것에 대해 대조적인 입장에서, 제1 장의 그림1에서 "왼쪽 칸"에 있는 문법의 특징에 반대했다. 이러한 오해는 문법의 역할에 대한 혼란을 부추기며, 때때로 부정적인 영향을 일으키고, 심지어 문법이 교육되어야 하는가에 관한 문제를 방법론적 문제로 전락시키기도 한다.

나는 또한 문법에 관한 역동적인 관점을 선호하는 경향을 보여 왔는데, 그것은 문법에 대한 전통적인 관점이 그 반대 경향으로 편향되어있기 때문이다. 문법은 규칙과 예외의 정적인 목록이 암시하는 것보다 우리의 인간성을 훨씬 더 많이 담고 있다. 문법은 우리가 때때로 우리의 정체성을 만드는 과정에서 사회적 규범들에 순응하면서 우리를 세상에 어떻게 표현할지를 선택할 수 있게 한다. 나아가서 우리는 우리의 독자들과 청자들로부터 우리가 쓰거나 말한 것에 대한 해석을 이끌어 내도록 우리 마음대로 문법을 통제할 수 있다. 따라서 학생들의 머리 속에 문법적 실패와 그에 대한 벌(빨간펜)을 연관지어 주기보다는 문법과 그로부터 부여받는 힘에 대한 긍정적인 연관성을 향상시키도록 노력해야 할 것이다.

나는 문법에 대한 더 나은 관점으로 학습자들이 비활성화된 지식 문제를 극복하는 것을 도울 수도 있고 우리가 아는 것이라기보다는 우리가 하는 것이라고 생각하는 것이라고 주장했다. 그러나 하는 것은 진행되는 과정을 의미하므로 어떻게 학생들은 그 과정에 자연스럽게 참여하도록 도울 것인가에 관한 의문이 생긴다.

단순한 비유로 말하자면, 그 질문은 "이미 움직여 역을 떠난 기차에 어떻게 학생들이 올라타도록 도울까?"로 바뀔 수도 있다. 그리고 이 시점에서 나의 대답은 "문법 사용하기를 통해서"이다.

문법 사용하기(Grammaring)

이 책에서 나는 수차례 문법 사용을 언어의 시간에 따른 변화, 실시간 언어 사용, 그리고 학습과 참여를 연결하는 유기적 과정의 맥락에서 논의해 왔다. 문법 사용하기에 그러한 다의성을 부여하는 것은 실수일지도 모른다. 그러나 나는 그러한 과정들을 연결해 주는 역동성을 강조하기 위해서 그렇게 했다. 그러한 실수를 배가할 위험을 무릅쓰고, 문법 사용하기에 대해 부가적이지만 가장 적당한 정의를 제시하도록 하겠다.

문법 사용하기는 문법적 구조를 정확하게, 의미에 맞게, 그리고 적절하게 사용하는 능력이다. 학생들이 이러한 능력을 향상시킬 수 있도록 도우려면 전통적인 관점으로 문법을 바라보는 시각에 변화를 줄 필요가 있다. 그것은 문법을 단순히 지식의 한 영역일 뿐 아니라 생산적인 제5의 기능으로 인식할 것을 요구한다. 이 제5의 기능은 다른 능력들과 밀접하게 상호 연관될지도 모른다. 그럼에도 불구하고 문법 구조를 신경써서 연습하고 각자의 개인적 목표(들)를 위해서 그것들을 사용하면 문법 사용하기 기술을 향상시킬 수 있을 것이다. 모방에 반대되는 혁신 또한 우리 학생들이 문법적으로 인식하고 있을 때 – 단순히 규칙들만이 아니라, 그 이유를 인식할 때 – 가능할 것이다. 규칙들과 그 이유를 상위언어학적 용어로 표현할 필요는 없지만, 그것들은 항상 교육용 활동의 본질에 성격을 부여하게 마련이다. 목표 구조에 내재하는 복잡성과 학생들의 특성 – 예를 들어 그들의 모국어와 목표어 숙달도 – 때문에 학습 난관의 구체적인 성격은 형태, 의미, 그리고 화용의 세 영역 사이에서 변화하므로 이런 학습 난관은 항상 새롭게 정의되어야 할 것이다.

11.2

당신이 초급 영어 학습자들의 교사라고 상상해 보자. 다음 구조들을 당신이 가르칠 순서에 따라 배열해 보자.

- be 동사 (현재 시제)
- 소유 한정사 (my, her, etc)
- 주격 대명사 (I, you, etc)
- 관사 (a와 the)
- 기본 문장 어순

- be 동사를 사용한 yes-no 의문문
- be 동사를 사용한 부정문
- 현재 진행
- 단수와 복수

위의 〈생각해 보기 11.2〉를 해 보면서, 위의 구조들을 검증된 교수법적 연쇄 원리에 따라 배열한 사람들도 많이 있을 것이다. 예를 들어, 어떤 이들은 언어적 단순성에서 언어적 복잡성 순으로 배열하는 원칙에 의존하여 관사를 순서의 뒷부분에 배치했을지도 모른다. 또 어떤 사람은 문장을 완성하기 위해 특정한 구조들 – 예를 들어 주격 대명사와 be 동사와 기본 어순 – 이 필요하며 따라서 이들이 함께 교육되어야 한다는 원리에 의존했을지도 모른다. 어쩌면 구조들의 의사소통적 활용도를 고려하여, 예를 들자면 학생들이 "내 이름은..."하고 자신을 소개할 수 있도록 최소 몇 개의 소유 한정사, be 동사, 그리고 기본 어순을 일찍부터 교육해야 한다고 결정한 사람들도 있을 것이다. 현재 진행이 be 동사를 필요로 한다는 사실 때문에 현재 진행에 앞서 단순 현재와 be 동사를 먼저 가르쳐야 한다고 생각했을 수도 있다. 혹은 발생 빈도수가 높기 때문에 그와는 정반대로, 즉 단순 현재 이전에 많이 쓰이는 현재 진행을 가르치기로 결정할 수도 있다. 혹은 담화 순서를 고려하여 *yes-no* 의문문을 묻는 방법의 학습은 학생들이 질문에 사실대로 답할 수 있도록 부정문을 만드는 것에 선행해야 한다고 생각했을지도 모른다.

이제, 이러한 원칙들 가운데 하나 혹은 그 이상은 언젠가 교수요목이나 문법 교재에 문법 구조를 일정한 순서로 배열하는 이유로 제시되어 왔다. 이들은 단원을 어떻게 쪼개고 배치할 것인가에 대한 선택과 평가의 문제를 야기한다. 한 언어의 문법을 수업 첫날에 모두 가르칠 수는 없다. 그러나 교수법적 순서를 구성하기 위해 이러한 원칙들 중 하나 혹은 몇 가지를 적용시키는 데에는 몇 가지 문제점이 있다. 우선 아무리 조심스럽게 고안된 순서라고 해도 항상 맥락과 떨어져 있을 것이며, 특정 학생들을 염두에 두고 만들어지지 않는 한 특정 학습자들의 요구나 준비된 학습 능력을 고려하지 않았을 것이라는 것이다. 그리고 이러한 순서는 학생들의 내재 문법이 교육 문법과는 다를 것이라는 사실을 간과하고 있다. 게다가 교수법적 순서는 일차원적이지만 문법을 배우는 것은 그렇지 않다.

집합이 아닌 형태 형성(Not Aggregation but Morphogenesis)

문법 구조를 선택하고 배열하는 것은 내가 이 책에서 극찬해 왔던 언어와 문법에 대한 총체론적인 관점에도 반대가 된다. 부정, 의문, 관계사절과 같은 개별 구조는 발달상의 순서가 있을 수 있다. 그러나 대체로 학습자들은 처음부터 얼마나 간단하거나 불완전한 형태가 되든지 간에 상관없이 언어 체계의 전체를 사용한다. 그러면 그 불완전한 체계가 하나의 체계로 지속적으로 개정되고 정교해진다. 따라서 학습자들의 문법 발달은 단선적이고 원자론적이기보다는 유기적이고 전체론적인 것으로 보인다.

문법 교육이 문법 기계를 만드는 것이라면 학생들에게 문법을 하나하나 쌓아주는 것이 이해가 된다. 그러나 우리가 문법 체계에 관한 것일지라도, 성장을 촉진하려고 한다면 생각을 다르게 해야 한다. 생물학에서 용어를 빌리자면, 우리는 학생들이 문법 구조를 수집하기보다는 언어의 문법을 단순 모방하지 않고 새로운 문형을 생성하는 형태 형성의 과정에 참여한다고 생각해야 한다. 반 리어(Van Lier 2002)가 말하듯, 머릿속으로 나비를 분해할 때 우리는 다리, 더듬이, 그리고 날개를 구별할 수 있지만 나비의 성장 단계는 놓쳐 버려 나비의 삶이 알, 번데기, 그리고 애벌레라는 것을 발견하지 못한다.

똑같은 논리로, 목표어를 살펴보고 그것을 세부 습득 단위로 나누면 목표어의 학습 목록은 얻을 수 있지만 그것의 형태 형성적 발달의 과정은 간과하게 되는데, 형태 형성적 발달에서는 "각 단계나 변형이 능숙한 언어 사용의 목표에 명백하게 한 걸음 더 가깝게 느껴지지는 않는다(반 리어 Van Lier, 2002:159)." 나는 교사들이 언어 습득의 자연적 과정을 모방하기보다는 그것으로부터 더 나아가는 것을 추구해야 한다고 생각하지만, 좋은 교육이란 자연적 과정과 부딪히기보다는 조화를 이루고, 집합적인 것보다 형태 형성적인 과정이 더 중요하다는 것을 깨닫는 것이라고 생각한다. 그리고 이것은 제2 언어 환경에서 그러하듯이 외국어 교육/학습 환경에도 적용된다.

언제?
WHEN

반응적 접근(A Responsive Approach)

교수요목 개발자가 얼마나 능숙한지에 상관없이 모든 환경에서 모든 학습자들에게 적용되는 교수요목을 개발하는 것은 불가능하다. 나는 우리가 모든 것을 한 번에 가르칠 수 없다는 것을 인정한다. 그러나 특정한 문법 양상을 교육하기 위해 시기를 설정하는 데 자연적 학습 과정을 가이드로 활용할 수 있을 것이다. 따라서 교사들은 보통 학급 활동 중에 학생들의 주의를 그들의 중간언어에 나타나는 발생적 형태, 즉 학습자들이 새롭게 그러나 목표 언어와 같지 않게 만들어 내기 시작하는 형태(롱과 로빈슨 Long and Robinson, 1998)에 집중시킬 수 있는, "가르칠 수 있는 순간"에 민감해질 필요가 있다. 이러한 반응적 접근에서는 문법 사용하기 지도가 즉시 일어나지는 않을지라도 그 필요성이 학습자들의 수행 속의 무언가에 의해 촉발될 것이며, 그 무언가가 교사에게 학습자들이 그것을 배울 준비가 되었다고 말해줄 것이다. 따라서 내가 앞 장에서 제시한 바와 같이, 교수(teaching)가 학생들의 학습을 이끈다기보다는 학생들의 학습이 교수를 이끄는 것이다.

선행적 접근(A Proactive Approach)

때로 교사들은 문법 구조와 문형이 필요한 학습 활동 즉 보통 수업 활동 중에 자연적으로 발생하지 않는 학습 활동을 만들 때 더욱 앞선 태도, 즉 대책을 사전에 마련하는 태도를 취할 필요가 있다. 이런 식의 교수 기능은 *입력 공백 채우기*(filling the gap in the input)(스파다와 라이트바운 Spada and Lightbown, 1993; 라이트바운 Lightbown, 1998)라고 불린다. 예를 들어 언어학적으로 계획되지 않은 교사의 발화는 주로 명령문과 현재시제 동사를 사용하며 다른 시제는 거의 사용하지 않는다(할리 Harley, 1993). 특정한 구조와 패턴을 이끌어 내도록 고안된 활동들은 **회피**(avoidance)의 문제 때문에 중요하다. 열린 의사소통 활동에서, 학생들은 이전에 배운 적이 있거나 쓰기 편하다고 느끼는 구조들만 잘 사용하고 불편하게 느끼는 구조들은 기피할 것이다. 그러나 교사들은 학생들이 사용하는 문형들을 관찰하는 것만큼 그들이 사용하지 않는 문형들도 관찰해야 한다. 학생들이 특정 문법 구조의 존재를 모르고 있든지 혹은 어렵다고 느끼는 것들을 의식적으로 피하고 있든지 간에, 학생들이 원하는 의미를 적절한 방식으로 진정으로 자유롭게 표현하기 위해서는 모든 문법 구조와 패턴들을 연습해야 한다. 물론 학생들이 문법 구조를 배울 준비가 되어 있지 않다면, 성취할 수 있는 것은 차후 이어질 사용에 점화 효과가 작용할 수 있다는 것을 안다는 점이다. 비고츠키(Vygotsky)와 사람들은 이것을 *선구적*(trailblazing)이라고 묘사할 것이다. 던과 랜톨프(Dunn & Lantolf)가 말한 것처럼 교수 활동은 "발달을 따라가지 않고 그 대신 다음 단계의 발달을 개척해야 한다."(Dunn and Lantolf, 1998: 419)

1995년 TESOL 여름학교 과정에서 내 수업을 들었던 교사 앨리슨 페트로(Allison Petro)이 수업이 끝난 어느 날 나에게 주었던 아래 메모에 잘 요약되어 있다.

다이앤에게,

학생들과 수업 후에 이야기하다가, 내 스스로 좀 더 생각해 봤는데, 초급 학생들과 중상급/상급 학생들을 가르치는 과정이 왜 이렇게 다른지를 깨닫게 됐어요.

초급 학생들은 그 과정이 형태, 의미, 그리고 화용을 쌓아가는 과정이에요. 교사들은 입력을 신중하게 조정하고 골라야만 하죠. 그것들은 의미 있고, 유용하며 어려

교사의 목소리

앨리슨 페트로
Allison Petroi

위야만 해요. 유의미한 반복 연습과 문법 수업은 의사소통처럼 그만의 역할이 있어요. 중상급과 상급 학습자들은 그 과정이 그들의 화석화된 체계를 무너뜨리고 형태, 의미, 화용에 세심하게 주의를 기울이는 것에 집중함으로써 그 체계를 다시 세우는 것이에요. 경우 교사들은 민감하게 학생들의 주의 기울이기 기술 형성을 위해 노력해야만 하죠.

앨리슨Allison

나는 앨리슨의 설명에 완전히 동의하는지는 않는데 두 과정이 연속적이기보다는 얽혀 있다고 생각하기 때문이다. 그러나 그녀가 쌓아가는 것과 무너뜨리는 것을 구별한 것은 통찰력이 돋보이는 부분이다. 그리고 그 구별이 나의 선행적, 선구적(쌓아 가는 것), 유기적, 반응적(무너뜨리는 것) 접근에 관한 논의에 어느 정도 부합한다고 생각한다. 앨리슨은 또한 학생의 숙달도에 따라서 하나의 방식이 다른 방식보다 더 많은 역할을 할 수 있다는 점도 생각했다.

순서가 아닌 점검표(A Checklist, Not a Sequence)

특정한 문법 교수요목이나 문법 교재를 채택하는 것이 일반적으로 나타나는 경향이며, 특정한 문법 구조들을 "다루어야" 하는 것은 교사들의 책임이다. 이러한 흔한 환경에서 교수요목을 순서보다는 점검표로 바꾸는 것이 도움이 될 수 있다. 이것은 교사들이 문법을 경직된 단선적 순서로 가르치는 것에서 자유로울 수 있음을 의미한다. 새로운 자료를 사용하기 시작하면 – 읽기 자료라고 한다면 – 교사들은 그것이 포함하는 어떤 문법 구조가 점검표에 있는 항목에 해당하는지를 찾는다. 이후 이 구조들은 학생들이 읽기 자료를 이해하고 이후 그들의 수행을 관리하는 능력을 증진시키는 데 도움이 될 선행 조직자(advanced organizers)로 학생들에게 가르쳐 줄 수 있다(테럴 Terrell, 1991). 같은 맥락에서 윌리스(Willis 2002)는 어떤 과제가 완성된 후 보고 단계의 중요성을, 학생들에게 그 과제가 자연적으로 이끌어 낸 문법을 사용할 수 있는 중요한 기회를 제공한다는 의미에서 논의한다. 이러한 방식으로 몇몇 문법 구조들과 문형들은 그것들에 대한 즉각적인 숙지가 기대되지 않는 만큼, 기술 중심, 과제 중심, 혹은 내용 중심 활동 맥락에서 그때그때 등장하는 대로 가르쳐 줄 수 있다.

브린
(Breen 1984)의
과정적 교수요목을
참고.i

선택적 초점(Selective Focus)

또 다른 흔한 상황에는 교재의 문법 순서가 내재적으로 구성되어 있어서 뒤의 장들이 앞의 장에 의존하는 경우이다. 이럴 때 교사들은 책에 나와 있는 순서를 따르는 것 말고는 선택의 여지가 없다고 느낄 것이다. 이러한 상황을 피하기 위해서 내가 문법 영역(Grammar Dimensions)이라는 학생용 문법 시리즈를 집필 감독할 때, 각각의 단원을 독립적으로 만들도록 했다. 따라서 이 책은 교사들이 한 번에 단원의 일부분만 공부하고, 몇몇 부분은 뛰어넘고, 앞 단원들의 활동으로 돌아가기도 하면서 순서를 왔다 갔다 할 수 있다. 그러면서 자기 학생들의 준비 상태와 요구에 따라 그에 대응하는 교수요목을 구성할 수 있다. 그러나 어떤 경우에는 사용되는 텍스트들이 그 나름의 순서가 있어 책의 뒷부분에서 이루어지는 활동이 앞 부분에 있는 준비 활동에 의존하기도 한다. 이럴 때에 교사들은 책의 순서를 따라야 할 것이다. 그러나 이러한 경우에는 초점의 선택이 중요하다. 특정 구조가 교재의 한 단원으로 나타난다고 해서 학생들이 그에 대해 아무것도 모른다는 것을 의미하지는 않는다. 따라서 단선적인 순서가 정해져 있든 아니든 간에, 바람직한 교수의 시작점은 학생들이 이미 알고 할 수 있는 것을 찾는 것이다. 이것은 반응적 교육에서 핵심적인 과정이다.

11.3

이것이 문법 영역(Grammar Dimensions)이란 책의 각각의 단원을 진단 과제로 시작하게 한 이유였다. 시리즈의 1권에서 사용된 단원의 첫 과제 중 하나를 예로 들면, 학생들에게 원룸 아파트일 것 같은 사진 한 장을 보게 한다. 책과 컴퓨터가 있는 책상, 간이 부엌, 옷장, 침대, 서랍장 등이 있다. 그 다음 학생들에게 주인이 어떤 사람인지를 알아맞히도록 요구한다. 예를 들어, 그들은 순서대로 방의 주인이 남자인지 여자인지, 운동선수인지, 동물을 좋아하는지 등의 질문을 받는다. 각각의 대답 이후에 학생들에게 왜 그처럼 대답했는지를 묻는다.

능숙한 영어 사용자는 항상 같은 방식으로 대답하지 않아도 보통 자주 같은 형태를 사용하여 대답한다. 그들은 다음과 같이 대답 한다:

I think it is a man because there are dishes in the sink.
나는 싱크대에 접시가 들어있기 때문에 남자라고 생각한다.

혹은

I think that it is a woman because there is a jewelry box on the dresser.
나는 서랍장 위에 보석 상자가 있기 때문에 여자라고 생각한다.

이 과제들은 진단 과제이므로, "이 사람은 남자인가, 여자인가?" 라는 질문에 ESL 학생이 말한 아래의 대답에 대해 당신은 어떤 진단을 내리겠는가?

ESL student: "A womanm Because it has a jewelry box."
제2 언어로서의 영어 학습자: "여자, 왜냐하면 보석 상자를 가졌기 때문이다.

다른 증거들 없이는 어떠한 확실한 것도 추론될 수 없겠지만, 이러한 문형이 질문들에 대한 모든 대답에서 지속적으로 나타난다면, 이 상황에 타당한 가설은 이 학생이 존재를 나타내는 *there*가 이 문제에 대한 답으로 적절하다는 것, 즉 더 좋은 답은 "여자... 왜냐하면 (그림에) 보석 상자가 있기 때문이다."라는 것을 모른다는 것이다. 그 학생이 존재를 나타내는 *there*을 가지고 문장을 만들 줄 아는지는 그런 대답으로 결정될 수 없지만, 그것은 확인되어야만 하며 그렇게 될 수 있다. 학생들이 이미 알고 있는 것을 "가르치는" 것은 가르치는 것이라 볼 수 없으며, 이러한 불필요한 과정을 피함으로써 얻어지는 시간은 진정한 학습의 어려움을 다루는 데 적절하게 쓰일 수 있다.

물론 학생들은 스스로 배울 수 있거나 그들이 배운 것으로부터 일반화할 수 있어서, 교육을 받지 않은 것을 스스로 배울 수도 있다. 예를 들면 개스(Gass 1982)는 학생들에게 한 가지 특정 관계사 절을 가르치는 것이 어떻게 그들이 아직 배우지 않은 다른 종류의 관계사 절에 대한 일반화를 할 수 있는지를 보여 준다. 비록 완성되지는 않았지만 더 매력적인 보편 문법에 관한 원리와 매개 변수 모형은 하나의 매개 변수 설정이 통사론적 선택 사항들의 전 범위를 결정할 수 있다. 예를 들자면 대명사 주어 탈락(pro-drop) 매개 변수는 문맥을 통해 쉽게 추론할 수 있을 때 대명사 자리를 공(空) 설정할 뿐 아니라, 주어-동사 도치도 나타나게 한다는 것이다. 따라서 매개 변수에 대한 하나의 통사론적 선택을 가르치면 다른 선택들을 학습하는 것도 가능하게 해 학습 결과가 투자한 교육 시간을 넘어설 수 있다.

8장 참고.

수평적 계획(Horizontal Planning)

문법 사용하기의 "시기"와 관련한 또 다른 요소는 연습의 타이밍과 관련이 있다. 연구에 의하면 모든 연습을 한 번에 하는 것보다는 나누어서 하는 것이 더 효과적이다. 따라서 교육 리듬과 학습 리듬의 조화를 더 강화하기 위해서 나는 함께 일해 왔던 교육 실습생들에게 "수평으로" 계획하라고 제안했다. 내가 의미한 것은, 하루 동안 수업에서 여러 단계를 걸쳐 "수직으로" 왔다 갔다 하며 여러 개의 구조를 한 번에 가르치지 말고 몇 번의 수업에 걸쳐 "수평으로" 엮는 것을 계획하라는 것이었다. 내가 나선형(cyclical), 혹은 주기적 교수요목(spiral syllabus)을 옹호하는 것처럼 보일 수 있지만, 나는 수평적 계획이 약간 다르다고 생각한다. 이는 단순히 구조나 문형을 복습하는 것을 의미하는 것이 아니라, 수업의 여러 단계

– 제시, 연습, 생산 혹은 이와 순서가 반대이고 좀 더 현대적인 단계들 – 를 일정한 시간에 걸쳐 나누어서 실행하는 것을 의미하는 것이다. 예를 들면, 여러 수업에 걸쳐서 교사는 5분 혹은 그 이하를 특정한 문법 구조나 문형에 주목하기를 높이는 데 쓸 수 있다. 시간이 흐른 어느 시점에서 교사는 그 구조가 더 자주 등장하는(자연스럽게 나타나는 다른 구조나 패턴들과 함께) 적절한 과제나 내용을 제공할 수 있다. 이어서 몇몇 의식 상승 활동들을 할 것이다. 그리고 나서 교사는 그 구조 혹은 문형에 대한 의미 있는 사용을 요구하는 추가적인 활동 혹은 일련의 활동들을 만들 수 있다.

이러한 목표 구조에 대한 수평적 혹은 확장적 교육은 학습 과정의 비선형성을 고려하는데, 이 교육 방식에서는 연습 시간들을 최적으로 나누고 재활용을 가능하게 하며 필요한 연습 시간을 허용하며 교육이 학습 과정과 더 잘 조화될 수 있게 한다. 더 잘 조화된다는 것은, 처음에는 학습자의 수가 대략적으로 언어 체계를 배우지만, 형태 형성과 패턴 형성의 과정을 통해 그 불완전한 체계가 이후에 살이 붙고 시간이 지남에 따라 하나의 체계로서 정교화된다는 의미에서 그렇다.

프랙탈과 핵형성(Fractals and Nucleation)

하나의 구조에 대한 교육은 시간이 걸리는 일이기 때문에, 수평적 계획은 결과적으로 여러 개의 패턴들이 동시에 학습될 수 있게 한다. 언어는 프랙탈이므로, 포개져 있는 단계들은 작은 공간에 많은 양의 정보를 압축한다. 그 각각의 부분에 전체에 대한 이미지가 들어있다(브릭스와 피트 Briggs and Peat, 1989). 따라서 지문에서 자연스럽게 등장하는 패턴을 학습함으로써 학생들은 전체 체계에 대한 많은 양의 정보를 얻을 수 있다. 이것을 보이기 위해, 나는 교사들에게 하나의 문단만을 가지고 제2 언어 학습자들에게 문법 수업 전체를 가르칠 수 있다고 장담한 적이 있다. 물론, 어느 학생도 그러한 수업을 듣고 싶어 하지 않을 것이며, 나도 문법과 어휘의 관계를 무시하면서 그렇게까지 하지는 않을 것이다. 나는 제한된 언어 샘플이라도 잘 이용하면 내재된 문법 체계에 대해 많은 것을 밝혀낼 수 있다는 사실을 강조하기 위해 과장법을 썼던 것이다. 따라서 나의 언어와 문법에 대한 정의를 따르는 교수요목은 짧은 문어 및 구어 텍스트가 될 것이며, 이는 유의미한 언어의 응집성 있고 긴밀성을 띠는 것이다.

학생들에게 제한된 동시발생적인 구조들로 유의미한 패턴을 만드는 연습을 많이 하도록 함으로써 강력한 학습 경험을 유발할 수 있다. 학생들이 특정 화제나 어떤 것과 관련된 화제들에 대해 일정 기간에 걸쳐 반복적으로 말하게 하는 것이 그 방법이다. 내 경험상 학생들에게 목표 언어의 패턴들을 가지고 그렇게 하도록 하고 무엇이 함께 쓰일 수 있고 없는지를 배우기 위해 그 체계를 조사하게 하는

것은 강력한 학습 기회가 될 수 있다. 로마의 한 이탈리아어 교사도 이처럼 말하고 있다:

필리포 그라지아니
Filippo Graziani

> 학생들에게 규칙을 알려 주는 것은 그들이 언어를 사용하는 데 규칙만을 아는 것이 충분하다고 생각하게 만들어 그들에게 잘못된 관점을 갖게 만든다. 그러나 우리는 언어를 습득하는 것이 상당히 다른 과정이라는 것을 안다. 언어를 배우는 것은 학습자가 그것이 어떻게 기능하는가를 발견할 때까지 실험하는 과정이 동원된다.

나는 필리포가 말한 대로 언어를 가지고 실험하는 것이 그 학습자들로 하여금 왕성한 문형 형성을 하게 하고 *핵형성(nucleation)*에 기여하도록 하기 때문에 효과가 있다고 믿는다. 케네스 파이크(Kenneth Pike)가 1960년에 핵형성에 대해 기술하였다. 내가 자연과학에서 가져온 개념들 특히 카오스/복잡성 이론을 끌어들인 것처럼, 파이크(Pike 1960) 역시 물리학에서 가져온 핵형성의 개념을 언어 학습에 적용했다. 핵형성은 "...작은 물방울이 기화하거나 수정 구조의 고체가 액화할 때" 발생한다... "(그것은) ...분자들이 처음 소규모로 결합하여...어떤 구조적인 유형을 만드는 데 관여하는데, 이 구조적인 패턴은 반복적인 방식으로 광범위하게 복제되어 결정체를 형성하게 된다..." (파이크 Pike, 1960: 291) 초기에 이 분자들이 함께 뭉치는 것은 어렵지만 그것들이 뭉치면 그 성장은 급속도로 이루어진다. 파이크에 의하면, 언어 핵형성은 사회적 맥락에서 발생한다. 그는 "언어는 조직된 언어 소리 그 이상이다. 그것은 더 큰 전체의 구조적인 일부이며 – 부분적인 삶의 총체적인 행위와 구조의 부분으로서 사회적 상호 작용과 밀접하게 관련되어 있다," (1960: 292).

내가 파이크의 학생이었지만, 나는 당시에 핵형성에 관한 글을 읽은 것도, 또는 그가 직접 그것을 언급한 것도 기억이 나지 않는다. 아마도 내가 의식하지 못한 방식으로 영향을 받았는지도 모른다. 어떤 경우이든, 사회적 맥락에서 적은 수의 동시 발생적인 구조 혹은 패턴들을 공부한다는 개념이 나에게는 스파드(Sfard)의 습득과 참여에 관한 비유 사이의 이분법을 극복하는 수단처럼 느껴진다. 언어 체계가 성장하는 것은 사회적인 맥락에서 언어 참여/사용을 통해서이며, 언어 체계가 성장함으로써 반대로 사회적인 맥락에 더 많은 혹은 더 만족스러운 참여를 가능하게 한다. 최근에 아트킨슨(Atkinson 2002)이 언급한 것처럼, 인지와 사회적 맥락은 단순히 상호작용할 뿐만 아니라 서로에 의해 결정되는 것이다. 따라서 레온티프(Leontiev 1981)의 연구에 대해 논의하면서 홀과 버플래츠(Hall and Verplaetse 2000: 8)는 다음과 같이 말한다. "학습 핵심과 학습이 취하는 형식은 환경에 의해 결정되며, 이 환경은 우리가 사용할 수 있는 무수한 활동들과 우리가 이 활동들에 참여하는 특정한 방식에 의해 결정된다. 이 역동적인 환경들은 동시에 우리의 개인적 발달의 환경과 결과를 형성한다.".

물론 궁극적으로 적은 수의 형태에서 얻는 효과는 줄어들며 다른 맥락에서 새로운 구조를 학습해야 할 때가 온다. 새로운 구조가 처음의 형태들과 어떠한 방식으로 연결될 수 있다면 그 체계는 프랙탈 그 자체와 같이 방사형 네트워크로 계속해서 성장할 것이다.

왜 (그리고 어떻게)?
WHY (AND HOW)

이론적 틀

형태, 의미 그리고 화용에 대한 명시적 교육
(Explicit teaching of form, Meaning, and Use)

나는 이 책에서 교육을 학습의 자연적인 과정과 교수가 조화를 이루게 하는 것이 얼마나 중요한지에 대해 여러 번 언급했다. 그러나 암묵적 언어 학습을 증진하는 조건들을 세우기 위해 아무리 노력해도, 나는 내가 학생들이 형태, 의미, 그리고 화용에 관한 명시적 교육으로부터 배울 수 있는 잠재성을 자극하지 않는 것은 그들에게 피해를 주는 것이라고 느낀다. 대부분의 경우 학생들은 언어에 관해서 알 필요가 없다 – 그들은 언어를 사용할 수만 있으면 된다. 그러나 몇몇 분석적 경향이 있는 학생들은 특히 이유나 규칙이 추상적이고 복잡할 때 형태, 의미, 화용에 대한 명시적 주의 집중과 설명으로부터 도움을 받는다. 이것이 목적한 바를 이루기 위한 수단에 불과하다 할지라도, 최소한 몇몇 학생들에 대해서는 효과적인 수단이 될 수 있다. 제1 언어와 독특한 방식으로 차이를 나타내는 특징들이 불규칙적이고, 빈도가 낮거나, 혹은 두드러지지 않을 경우, 발화자들 사이에서 혼란을 야기하거나 부정적인 태도를 발생시킬 수 있는 차이들(할리 Harley, 1993)이 형태, 의미, 화용의 집중식 제2 언어 교육의 좋은 후보이다. 명시적 교육은 이러한 자질/패턴들을 더 두드러지게 만들고, 학생들이 그것들에 주의할 수 있게 하고, 자신의 행동에 대한 가설 공간을 좁혀 줌으로써 그러한 자질/패턴들의 학습을 가속화할 수 있다.

따라서 이미 논의한 의식 상승적 활동(제8 장), 출력 산출 연습(제9 장), 피드백 전략(제10 장)에 덧붙여 이어질 것은, 추가적 명시적 문법 사용하기 교수 연습이다. 그것들을 보이기 위해 슬로 모션, 확대, 광각, 캠코더 등 네 개의 다른 종류의 카메라나 카메라 렌즈에 관한 비유를 사용할 것이다. 내가 이 비유를 사용하는 이유는 교육의 중요한 기능이 학생들로 하여금 "보는 법을 배우"(라슨–프리만 Larsen-Freeman, 2000d)도록 돕는 데 있다고 생각하기 때문이다. 언젠가 어느 곤충학자의 라디오 인터뷰를 들은 적이 있다. 그 곤충학자는 열대 지방보다 글레이셔 국립 공원(Glacier National Park)에 더 많은 딱정벌레의 종류가 있다고 말했다. 인터뷰 진행자가 믿지 못하면서, 그러면 왜 우리가 우리 주변의 모든 딱정벌레들을 보지 못하고 왜 딱정벌레들을 의식하지 못하냐고 물었다. 곤충학자는 "아, 보는 법을 배워야 합니다." 라고 대답했다. 나는 명시적 교육의 중요한 기능이 학생들에게 보는 법을 배울 수 있도록 돕는 것이라고 생각해서 그의 대답에 대단히 공감했다.

슬로 모션을 이용해서 교사는 언어 행위의 속도를 낮추거나, 혹은 심지어 멈출 수도 있다. 이러한 방법으로 교사는 특정한 구조나 문형과 그것의 의미 또는 담화 기능에 학생들의 주의를 집중시킬 수 있다. 예를 들어, 내가 학생들이 특정한 구조를 어려워한다고 생각했다면, 나는 설명을 해 주고 한 동안 읽기 자료를 보면서 그 구조를 하나 이상 강조해 줄 것이다. 혹은 중요한 문법 구조를 강조할 수 있도록 똑같은 이야기를 시간에 걸쳐 여러 번 이야기할 수도 있다(아데어-호크, 도네이토 그리고 쿠모-조한슨 Adair-Hauck, Donato, and Cumo-Johansen, 2000). 이러한 방식으로 나는 언어라는 영화를 일련의 프레임으로 전환하여 목표 구조에 대해 더 관심을 가지도록 담화의 속도를 늦출 것이다.

출력 산출에도 슬로 모션이 있다. 나의 손베리(Thornbury)는 문법 사용하기 개념을 논의하면서, "문법 사용하기의 풍부한 장"을 제공하는 컴퓨터-매개 의사소통에 관해 적고 있다. 실시간 채팅은 "원거리에 있는 사람들이 실시간으로 서로에게 문자로 된 메시지를 보내고 받음으로써 의사소통하는 것을 가능하게 한다. 이 의사소통이 비공식적이고 즉각적이나 문자로 써야 하기 때문에 약간의 지연을 요구하기 때문에 이것은 '슬로 모션의 의사소통'이라고 불렸다." 내 학생들에게 수업의 다른 학생과 저녁에 숙제로, 혹은 그 자리에서 3명씩 한 조가 되어(모두가 항상 누군가에게 응답할 수 있도록) 실시간 채팅을 하도록 요구함으로써, 상호작용은 늦출 수 있다. 이것은 내가 제시한 채팅 주제가 학생들이 어려움을 느끼는 목표 구조 사용을 이끌어 낸다고 가정할 때, 학생들이 그 목표 구조에 좀 더 집중할 수 있게 할 것이다. 형태에 대한 집중을 강화하기 위해 언어의 속도를 늦추는 효과에 대한 마지막 예시는 에모리 대학교의 마무드 알-바탈(Mahmoud Al-Batal)이 준비한 아랍어 교육 자료에서 나온 것이다. 아랍어 라디오 방송을 녹음한다. 그리고 그것을 75% 속도로 늦춘다. 이 비율은 발화가 왜곡되지 않을 정도로 충분히 빠르면서, 학생들이 그 언어의 특정 자질에 주목할 수 있도록 하기에는 충분히 느린 비율이다.

슬로 모션을 이용하는 것에 덧붙여, 줌 또는 망원 렌즈를 사용할 수도 있다. 여기에서 나는 학생들에게 어려운 구조(들)가 나오는 다른 지문을 줄 것이다. 학습상 어려움의 성격에 따라, 귀추적 사유를 강화하기 위해 학생들에게 지문을 다른 방식으로 살펴보도록 할 것이다. 형태적 어려움에 대해서는 나는 구조의 형태 그 자체, 그에 앞서거나 뒤에 오는 것, 또 "그 구조가 데리고 다니는 친구들", 즉 어떤 종류의 연어들이 자주 그와 함께 오는지를 보게 할 것이다. 의미에 대해서는, 그 형태에 표현된 의미를 파악할 수 있는지를 살펴보도록 요청할 것이다. 그리고 화용에 대해서는, 나는 학생들에게 왜 거의 비슷한 의미를 전하는 다른 형태가 아니라 굳이 그 특정한 형태가 쓰였는지를 생각하게 할 것이다. 나는 똑같은 의미를 전하는 대체적인 방법을 제시하고 목표 구조의 사용에 대한 맥락적 차이에 대해 민감해지도록 자극하기 위해, 무엇이 그 둘 사이에 차이가 나도록 하는지를 질문할 것이다.

특정한 언어 구조 대신 어떤 이유에 관한 하향식 연구를 한다면, 나는 대조를 가지고 연구할지도 모른다. 예를 들어 주어진 정보가 문장 첫 자리에 나타나고 이어서 새로운 정보가 나타나는 원리를 살펴보고 있다면 나는 아마 다음과 같은 장면을 묘사하거나 퀴즈네르 막대 그래프(Cuisenaire rods)를 만들어 학생들에게 왜 *there*가 처음의 두 문장에 나타나고 그 다음 두 문장에는 나타나지 않는지를 물을 것이다.

> There is a town common or plaza in the heart of town. On the common there are trees, park benches and a war memorial. Running south from the Main Street, The library is on one side, the town hall on the other.

> 마을 공원, 혹은 광장이 마을의 중심에 있다. 공원에는 나무, 벤치, 그리고 전쟁 기념비가 있다. 대로는 공원에서 남쪽으로 뻗어 있다. 한 쪽에는 도서관이 있고, 반대 쪽에는 마을 회관이 있다.

우리는 언어의 공동 관찰자가 되고 나는 그들이 보는 것을 안내하여, *there*가 처음 두 문장에서 새로운 정보를 전달하지만 이어지는 두 문장에서는 대로, 도서관, 그리고 마을 회관의 존재가 전제되어 있기 때문에 *there*가 필요가 없다는 것을 가르칠 것이다. 또 다른 날에는 학생들에게 그들에게 특별히 의미가 있는 장소를 묘사하되 그 추상적인 것을 구체적으로 만든 후 청자들을 위해 주어진 정보과 새로운 정보를 표시할 수 있게 하기 위해 퀴즈네르 막대와 같은 도구를 사용하게 할 것이다.

또 다른 경우에 나는 광각 렌즈에 의한 접근, 혹은 이전에 내가 안테나 관점이라고 불렀던 것을 사용할 것이다. 나는 학생들이, 구조는 체계의 일부분이며 구조들은 그것들이 가지는 내재적 의미에 의해서만이 아니라 그 체계의 다른 구성요소들과의 관계에 의해서도 정의된다는 것을 이해하기를 바란다. 예를 들어 한 모음이 어디에서 끝나고 또 다른 모음이 어디에서 시작하는지를 말하기 어려운 것처럼 현재완료를 과거시제와 완벽하게 구분하는 것 – 많은 영어 학습자들이 지속적으로 겪는 어려움 – 또한 학생들이 그것들이 전체 체계와 어떻게 연관되는지를 이해하지 않으면 시제 구분은 불가능할 것이다. (라슨-프리만, 쿤 그리고 해시어스 Larsen-Freeman, Kuehn and Haccius, 2002).

마지막으로 나는 캠코더 접근을 통해 흐름을 회복하고 싶을 것이다. 나는 학생들이 지문을 통해서 경험한 목표 구조를 정상적인 담화의 흐름을 통해서 다시 한 번 경험하게 하고 싶다. 이 과정에서는 학생들에게 내가 말해 준 이야기나 일화를 다시 말하게 하거나 듣고 받아 적어 재구성하기(dictogloss)를 이용하는 것이 딱 맞는 활동일 것이다. 듣고 받아 적어 재구성하기에서는, 학생들이 어려워하는 구조를 포함하는 지문이 만들어진다. 교사는 학생들에게 지문을 읽어준다. 그리고 혼자서든 다른 학생과 함께이든, 협동적 재구성하기를 이용해(토디바 Todeva, 1998), 학생들은 원래의 지문을 재구성하려고 한다. 이러한 과정은 반복될 수 있는데, 이 경우에 교사가 어느 정도 시간이 지난 후 지문을 다시 읽어주어 학생들이 자기들의 작업을 확인하고 놓친 것을 채워 넣을 수 있다. 학생들이 정확하게 재구성하도록 요구하는 것은 학생들이 그들 스스로는 만들어내기 어려운 문법 구조를 적당히 써야 한다는 것을 의미한다.

학생들은 그들이 이미 알고 있는 것을 넘어서기 위해서 도움이 필요하다. 이것은 단순히 기존의 의미에 맞는 형태들을 찾는 과정이 아니다. 그리고 이를 위해서는 다른 사람으로부터 피드백이 필요할 것이다. 사실 학생들의 미완성 체계를 스스로 알아들을 수 있도록 유지하는 것은 교사와 학생들로부터의 피드백이다. 이는 더 큰 언어 공동체가 그 사용자들의 개인어가 완전히 다른 궤도를 따라 진화해 버리는 것을 막는 것과 마찬가지이다. 형태 형성의 과정이 동료와의 상호작용과 의미 협상에 도움을 받는 반면, 학급 방언(class dialect)이 만들어지는 것을 막기 위해서는 더 능숙한 언어 사용자와의 상호 작용과 그들로부터의 피드백을 받을 수 있는 기회 또한 있어야 할 것이다.

참여(Engagement)

어떠한 종류의 활동이 고안되든지 간에, 학생들의 참여는 필수적이다. 앞서 나는 학생들이 재미를 느끼는 것이 중요하다고 생각하지 않는다고 언급한 바 있으나, 나는 그들이 참여하는 것은 중요하다고 생각한다. 동기를 부여받지 못한 학습자들도 참여만 한다면 자기들도 모르게 배우게 될 것이며, 그들이 그들 자신에게 의미 있는 방식으로 상호작용할 수 있으면 동기를 부여받은 학생이든 부여받지 못한 학생이든 똑같이 학습이 강화될 것이다. 참여하는 학생들은 그들의 언어 학습을 지속할 가능성이 가장 높으며, 그에 따라 더 높은 수준의 숙달도를 얻는다. 매킨타이어와 클레멘트(McIntyre and Clement 2002)에 나오듯 언어 학습자의 의사소통 의지는 언어 교육의 근본적인 목표가 되어야 한다. 참여는 단순히 언어의 양이나 과제에 사용되는 시간을 늘리는 것이 아니라 생산의 질 역시 높인다(도네이 Dörnyei, 2002).

최근에는 참여 활동이 종종 과제의 형태를 띤다. 언어 교수법에서 과제 중심의 접근법을 옹호하는 사람들 중 일부는 과제의 특성상 특정 구조가 사용되어야 하는 과제를 개발할 것을 제안했다(누난 Nunan, 1989). 다른 사람들은 이것이 불필요하다고 여긴다. 그러나 특정한 구조의 사용을 요구하는 과제 개발은, 해당 구조를 과제에 맞게 사용하다 보면 다른 의사소통 활동에서 좀처럼 발견되지 않는 구조들을 연습할 수 있게 한다는 잠재적인 장점이 있다. 그러나 우리가 *문법 영역 Grammar Dimensions*에서 발견한 것처럼, 그리고 로슈키와 블레이−브로만(Loschky and Bley-Vroman)이 인정한 것처럼, 이해가 아닌 생산을 위해 특정한 문법 구조가 사용되어야만 하는 과제를 만들어 내는 것은 아주 어렵다. 실제로 위도우슨(Widdowson)은 몇 년 전에 언어적 분석의 정확성과 의사소통의 무한성을 조화시키는 것의 어려움에 대해 지적한 바 있다(Widdowson, 1979: 243, 루더포트 Rutherford, 1987: 32에서 인용).

교사들에게 지루한 것이 학생들에게는 반드시 지루하지 않은(또 반대도 마찬가지인) 것처럼, 참여의 엄격한 기준을 만드는 것도 어렵다. 그리고 참여는 학생 그룹마다 다를 수 있기 때문에, 어떤 학생들에게 한 학기 동안 효과가 있었던 것도 다른 학기의 다른 그룹에는 효과가 없을 수도 있다. 따라서 내가 교육 실습생들에게 스티빅(Stevick)의 기술소(techneme) 개념을 오랫동안 홍보했음에도, 이러한 측면에 대해 내가 제시할 수 있는 절대적인 기준은 없다. 스티빅(Stevick 1959)은 1959년에 교실 활동의 기술소와 리듬에 대해 논문을 썼다. 몇몇 예시는 지금 시대와 맞지 않지만, 그 속에 내포되어 있는 원칙은 여전히 유효하다. 스티빅은 교사가 학생들의 참여를 회복하기 위해 늘 완전히 새로운 활동을 시도할 필요는 없다고 주장한다. 그 대신 때때로 기법을 약간씩 바꾸면 학생들을 그들이 필요한 연습에 다시 참여시킬 수 있다. 예를 들어 그들의 집중력이 떨어지는 것처럼 보인다면, 활동을 학급 전체에서 짝지어 하는 활동으로, 혹은 쓰기에서 말하기로 바꾸거나 내가 제9 장 끝에 열거한 채점 매개 변수의 어느 하나를 조정함으로써 충분히 참여를 다시 불러 일으킬 것이다. 물론 이것은 다시 한 번 교사가 학생들에게 그들의 에너지를 읽고 반응하는 등 관심어린 태도를 가질 필요가 있음을 의미한다.

탐구의 수단(Tools of Inquiry)

문법이 유한하고 고정된 일련의 규칙들일지라도 우리는 그것을 모두 가르칠 시간이 없다. 우리는 학생들이 배우는 법을 배우도록 − 교수/학습 과정에서 우리의 파트너가 되도록 − 도와야 한다. 이제, 그러한 관찰 결과에 대한 일반적인 반응은 학습 전략을 논의하는 것이다. 내가 학습 전략에 대해 반대하는 것은 아니지만, 그것들의 활용에 대해서 여기에서 논의하고 싶지는 않다. 그 대신에 나의 메시지는 내가 이 책에서 택한 입장을 생각하면 명확해진다. 학생들이 문법 학습 방법을 배우도록 돕기 위해, 나는 학생들이 문법이 어떤 것이라고 생각하는 것을 바꿀 수 있도록 해야 한다고 생각한다. 이것은 결국 학생들에게 탐구의 수단이 주어져야 함을 요구한다. 다음은 내가 해 왔던 것들이다.

1. 나는 학생들에게 문법의 세 영역(형태, 의미, 화용)에 해당하는 wh-의문문이 있는, 세 조각으로 나누어진 원 그래프를 나누어줬다. 나는 그들이 목표 구조를 분석하기 위해 그 질문들을 사용하는 것을 배우도록 도왔다.

2. 나는 학생들에게 어떠한 두 형태도 같은 의미와 같은 용법을 갖지 않는다는 언어학적 원리를 소개하였다. 나는 학생들과 왜 그것이 그러한가에 대한 이유를 함께 구성했다.

3. 나는 학생들에게 보는 법을 배우라고 가르쳤다. 나는 수업 시간에 학생들에게 그날의 활동에서 관찰한 언어 사용에 대해 보고하도록 시간을 주었다. 때로는 학생들에게 자료를 주고 무엇이 보이는지 묻기도 하였다. 제2 언어 맥락에서 나는 그들에게 수업 밖에서의 언어 사용에 관해 관찰한 것들을 수업 시간에 가지고 오라는 과제를 내 주었다.

4. 나는 학생들이 가설을 만들고 그것들을 시험할 수 있는 방법들을 생각하도록 – 언어 패턴을 실험하고 연구하도록 장려했다.

5. 나는 학생들에게 그들이 하는 실수가 그들 자신과 반 아이들을 위한 "선물"임을 알도록 도와주었다(가테그노 S. Gattegno), 개인적 의사소통). 실수를 향한 교사들의 태도는 새로운 언어가 어떻게 기능하는지에 대한 더 용감하고 체계적인 관찰을 하도록 학생들을 자유롭게 한다.

6. 나는 학습자의 안정감의 요구를 염두에 두고 있었다. 학생들은 종종 규칙을 요구한다. – 규칙이 그들에게 안정감을 준다. 그러나 가능한 한 나는 "하나의 정답"을 추구하는 태도는 피한다.

7. 나는 학생들에게 문법이 재미있으며 풀어야 할 퍼즐임을 보여 주었다. 교사의 자세는 큰 차이를 만든다. 나는 탐구하는 자세를 계발하였고 학생들과 함께 공동 학습자가 되었다. 물론 이것은 꾸며진 것이 아니다. 나는 진심으로 언어에 관심이 있으며, 학생들이 관찰한 것들로부터 많이 배울 수 있다.

누구에게?
TO WHOM?

앞에서 나는 우리가 언어를 가르치는 것이라기보다는 학생들을 가르치는 것이라고 말한 바 있다. 연령별 언어 학습자 연구에 의하면, 사춘기 이후의 학습자들은 그보다 어린 학습자들이 자연스럽게 도달하는 수준을 이르기 위해서는 명시적 교수가 필요하거나 최소한 그것이 유용할 수 있다는 것이 분명하다. 그러나 어린 학습자들조차도 올바른 종류의 문법 교수로부터 도움을 얻을 수 있다(카메론 Cameron, 2001). 어린 학습자들에게 적절한 교수를 제공하는 것은 어른들에게 교육하는 것과 마찬가지로 학습을 가속화한다. 물론 문법 교수의 종류는 연령 차이를 고려해야 하지만, 여기서 내가 논의한 게임과 역할극, 과제와 의사소통 활동, 이야기와 듣고 받아 적어 재구성하기(dictogloss)를 포함한 많은 활동들은 어린이들의 학습에도 똑같이 도움을 줄 것이다.

나는 언젠가 멕시코의 외국어 학교에서 아주 능숙한 1학년 선생님을 관찰한 적이 있다. 그녀는 매일 학생들을 교실 앞으로 불러내어 그녀가 아이들을 위해 칠판에 써 놓은 편지를 읽히곤 했다. 그 편지는 아이들이 그날 무엇을 할 것인가를 알려 주었다. 그 편지는 또한 그녀가 발견한 학생들의 실수도 포함하고 있었다. 아이들이 할 일은 그 "선생님의 실수"를 찾아내고 고치는 것이었다. 아이들은 그것을 아주 좋아했다. 아이들은 자기들이 실제로 하고 있는 일이 자기들이 어렵게 느끼는 목표 언어의 내용을 공부하는 것임을 알았을 수도 있고, 그렇지 않았을 수도 있다.

학생들 사이에 반드시 고려되어야 하는 개인차가 존재한다는 사실 또한 언어 학습자 연구와 모든 교사들의 관찰을 통해 분명하게 나타난다. 문법 사용하기와 관련해 밀접한 관련이 있는 다른 개인차들도 분명히 존재하지만 가장 자주 논의되는 개인차의 특성은 아마도 자료 수집형과 규칙 형성형의 대조일 것이다.

그렇다면, 당연히 모든 교사들은 우리가 이 장의 시작 부분에서 매기 램버트(Maggie Lambert)가 가장 생생하게 상기시켜 주었던 것처럼, 학생들의 정서를 염두에 둘 필요가 있다. 몇몇 학생들은 문법 공포증이 있기 때문에 그러한 세심함은 더욱 더 필요할 것이다.

이에 대한 추가적인 정보는 브린(Breen 2001)을 참고하라.

기록이 아닌 관계
A RELATIONSHIP, NOT A RECORD

이러한 학생들의 정서를 염두에 두자는 이 모든 논의와, 보기와 렌즈(속도를 늦추고 줌인하고, 광각 렌즈를 쓰고 속도를 높이기 위해 캠코더를 쓰는 것)에 관한 은유를 가지고 나는 결론적으로 한 가지 요점을 제시하고 싶다. 몇 년 전 나는 인형(을 조정하는) 배우인 에릭 배스(Eric Bass)가 비네트(vignettes)를 공연하는 것을 관람하는 행운을 얻을 수 있었다. 친밀감 있는 분위기의 작은 극장에서 이루어진 공연의 결말 부분에서, 에릭 배스는 관객들로부터 질문을 받았다. 한 팬으로부터의 질문 가운데 하나는 사실상 제안에 가까웠다. 관객들은 인형술사에게 공연을 녹화할 것을 생각해 본 적이 있는지 물었다. 그렇게 하면 더 많은 사람들이 그의 예술적

기교를 즐길 수 있게 될 테니까 말이다. 나는 배스의 대답을 잊지 못할 것이다. 그는 공연을 녹화하는 것에 반대하지는 않지만 그러한 녹화물은 단순히 기록일 뿐 관계가 될 수 없으며 그가 우리 즉 그의 관객들과 만들어 내고자 노력하는 것은 관계라고 대답했다.

위의 공연과 마찬가지로 좋은 교육은 학생들과 긍정적이고 신뢰 깊은 관계를 만들어 내는 교사의 능력에 달려있다. 교사들이 문법 사용하기에 아무리 조예가 깊다고 하더라도, 학생들과의 관계가 없다면 그들은 실패할 것이다. 이 시리즈의 개인적인 장르를 씀으로서, 나는 독자 여러분과의 관계를 시작했기를 바란다. 내가 여기에서 제시하고자 했던 것은 집단적 또는 개인적인 행동들에 대한 처방이 아니라 나를 매혹시켰던 몇몇의 아이디어들이었다. 나는 이 아이디어들을 여러분이 직업적으로 성장하고 여러분의 학생들이 학업을 지속적으로 할 수 있도록 여러분이 조언하는 과정에서 상호작용하고 영향을 주는 데 유용하길 바라면서 제안한 것이다. 행복하게 문법 사용하기를 가르치기를!

참고 문헌
References

Adair-Hauck, B., R. Donato, and P. Cumo-Johanssen. 2000. Using a story-based approach to teach grammar. In J. Shrum and E. Glisan (eds.), *Teacher's handbook: Contextualized language instruction*. Second edition. Boston: Heinle & Heinle.

Aljaafreh, A., and J. Lantolf, 1994. Negative feedback as regulation and second language learning in the zone of proximal development. *Modern Language Journal* 78(4): 465–483.

Allwright, D. 1975. Problems in the study of the language teacher's treatment of learner error. In M. Burt and H. Dulay (eds.), *New directions in second language learning, teaching and bilingual education: On TESOL '75.* Washington, DC: TESOL. 96–109.

Allwright, D. 1980. Turns, topics and tasks: Patterns of participation in language teaching and learning. In D. Larsen-Freeman (ed.), *Discourse analysis in second language research*. Rowley, MA: Newbury House. 165–187.

Anderson, J. 1983. *The architecture of cognition*. Cambridge: Cambridge University Press.

Anderson, J. 1985. *Cognitive psychology and its implications*. Second edition. New York: W.H. Freeman and Company.

Arevart, S., and P. Nation. 1991. Fluency improvement in a second language. *RELC Journal*. 22(2): 84–94.

Atkinson, D. 2002. Toward a sociocognitive approach to second language acquisition. *Modern Language Journal* 86 (iv): 525–545.

Badalamenti, V., and C. Henner Stanchina. 2000. *Grammar dimensions: Form, meaning, and use*. Book 1. Platinum edition. Boston: Heinle & Heinle.

Bates, E., and J. GOODMAN. 1999. On the emergence of grammar from the lexicon, In B. MacWhinney (ed.), *The emergence of language*. Mahwah, NJ: Lawrence Erlbaum Associates, Publishers. 29–79.

Batstone, R. 1995. Grammar in discourse: Attitude and deniability. In G. Cook and B. Seidlhofer (eds.), *Principles and practice in applied linguistics*. Oxford: Oxford University Press. 197–213.

Becker, A. L. 1983. Toward a post-structuralist view of language learning: A short essay. *Language Learning* 33 (5): 217–220.

Beebe, L. 1980. Sociolinguistic variation and style shifting in second language acquisition. *Language Learning* 30 (2): 433–447.

Beebe, L. 1995. Polite fictions: Instrumental rudeness as pragmatic competence. In J. Alatis, C. Straehle, B. Gallenberger, and M. Ronkin (eds.), *Georgetown University round table on languages and linguistics* 1995. Washington, DC: Georgetown University Press. 154–168.

Bialystok, E., and M. Sharwood Smith. 1985. Interlanguage is not a state of mind: An evaluation of the construct for second language acquisition. *Applied Linguistics* 6 (1): 101–117.

Biber, D., S. Conrad, and R. Reppen. 1998. *Corpus linguistics: Investigating language structure and use*. Cambridge: Cambridge University Press.

Blaxton, T. 1989. Investigating dissociations among memory measures: Support for a transfer–appropriate processing framework. *Journal of Experimental Psychology: Learning, Memory, and Cognition* 15 (4): 657–668.

Bley–Vroman, R. 1983. The comparative fallacy in interlanguage studies: The case of systematicity. *Language Learning* 33 (1): 1–17.

Bley–Vroman, R. 1986. Hypothesis testing in second–language acquisition theory. *Language learning* 36 (3): 353–376.

Bley–Vroman, R. 1988. The fundamental character of foreign language learning. In W. Rutherford and M. Sharwood Smith (eds.), *Grammar and second language teaching*. Rowley, MA: Newbury House. 19–29.

Bolinger, D. 1968. Entailment and the meaning of structures. *Glossa* 2 (2): 119–127.

Bolinger. D. 1975. Meaning and memory. *Forum Linguisticum* 1: 2–14.

Borg, S. 1998. Teacher's pedagogical systems and grammar teaching: A qualitative study. *TESOL Quarterly* 32 (1): 9–38.

Borg, S. 1999. The use of grammatical terminology in the second language classroom: A qualitative study of teachers' practices and cognitions. *Applied Linguistics* 20 (1): 95–126.

Borkin, A., and S. Reinhart. 1978. " Excuse me" and " I'm sorry." *TESOL Quarterly* 12 (1):57–69.

Bourdieu, P. 1991. *Language and symbolic power*. Cambridge, MA: Harvard University Press.

Braidi, S. 1999. *The acquisition of second–language syntax*. London: Arnold.

Braidi, S. 2002. Reexamining the role of recasts in native speaker/non–native–speaker interactions. *Language Learning* 52 (1): 1–42.

Brazil, D. 1995. *A grammar of speech*. Oxford: Oxford University Press.

Breen, M. 1984. Process syllabuses for the language classroom. In C. Brumfit (ed.), General English syllabus design: curriculum and syllabus design for the general English classroom, *ELT Documents* 118. Oxford: Pergamon Press. 47–60.

Breen, M., ed. 2001. *Learner contributions to language learning*. Harlow, England: Longman.

Briggs, J., and F. Peat. 1989. Turbulent mirror: *An illustrated guide to chaos theory and the science of wholeness*. New York: Harper & Row.

Broeder, P., and K. Plunkett. 1994. Connectionism and second language acquisition. In N. Ellis (ed.), *Implicit and explicit learning of languages*. London: Academic Press. 421−453.

Bybee, J., and P. Hopper, eds. 2001. *Frequency and the emergence of linguistics structure*. Amsterdam/Philadelphia: John Benjamins Publishing Company.

Cadierno, T. 1992. Explicit instruction in grammar: A comparison of input−based and output−based instruction in second language acquisition. Ph. D. dissertation, University of Illinois.

Cameron, L. 2001. *Teaching languages to young learners*. Cambridge: Cambridge University Press.

Carroll, S., and M. Swain. 1993. Explicit and implicit negative feedback: An empirical study of the learning of linguistic generalizations. *Studies in Second Language Acquisition* 15 (3): 357−386.

Carter, R., and M. McCarthy. 1995. Grammar and the spoken language. *Applied Linguistics* 16 (2): 141−158.

Cathcart, R., and J. Winn Bell Olsen. 1976. Teachers' and students' preferences for correction of classroom conversation errors. In J. Fanselow and R. Crymes (eds.), On TESOL '76: *Selections based on teaching done at the 10th annual TESOL Convention*. Washington, DC: TESOL. 41−53.

Cazden, C. 1981. Performance before competence: Assistance to child discourse in the zone of proximal development. *The Quarterly Newsletter of the laboratory of Comparative Human Cognition* 3 (1); 5−8.

Celce−Murcia, M. 1980. Contextual analysis in English: Application in TESL. In D. Larsen−Freeman (ed.), *Discourse analysis in second language research*. Rowley, MA: Newbury House. 41−55.

Celce−Murcia, M. 1991. Discourse analysis and grammar instruction. *Annual Review of Applied Linguistics* 11: 135−151. Cambridge: Cambridge University Press.

Celce−Murcia, M. 1992. A nonhierarchical relationship between grammar and communication. Part 2. In J. Alatis (ed.), *Georgetown University round table on languages and linguistics* 1992. Washington, DC: Georgetown University Press. 166−173.

Celce−Murcia, M., and D. Larsen−Freeman. 1999. *The grammar book: An ESL/ EFL teacher's course*. Second edition. Boston; Heinle & Heinle.

Chafe, W. 1987. Cognitive constraints on information flow. In R. S. Tomlin (ed.), *Coherence and grounding in discourse*. Amsterdam/Philadelphia: John Benjamins Publishing Company. 21−51.

Chaudron, C. 1988. *Second language classrooms: Research on teaching and learning*. Cambridge: Cambridge University Press.

Chenoweth, A., R. Day, A. Chun, and S. Luppescu. 1983. Attitudes and preferences of ESL students to error correction. *Studies in Second Language Acquisition* 6 (1): 79−87.

Chomsky, N. 1965. *Aspects of a theory of syntax*. Cambridge, MA: MIT Press.

Chomsky, N. 1981. *Lectures on government and binding*. Dordrecht: Foris.

Chomsky, N. 1986. *Knowledge of language: its nature, origin, and use*. New York: Praeger.

Chomsky, N. 1995. *The minimalist program*. Cambridge, MA: MIT Press.

Clark, A. 1997. *Being there: Putting brain, body, and world together again*. Cambridge, MA: MIT Press.

Clift, R. 2001. Meaning in interaction: The case of "actually." *Language* 77 (2): 245−291.

Close, R. 1992. *A teacher's grammar: The central problems of English*. Hove, England: Language Teaching Publications.

Cohen, A., and M. Robbins. 1976. Toward assessing interlanguage performance: The relationship between selected errors, learners' characteristics, and learners' explanations. *Language Learning* 26 (1): 45−66.

Cook, G. 1994. Repetition and learning by heart: An aspect of intimate discourse, and its implications. *ELT Journal* 48: 133−141.

Cook, G., and B. Seidlhofer. 1995. An applied linguist in principle and practice. In G. Cook and B. Seidlhofer (eds.), *Principle and practice in applied linguistics*, Oxford: Oxford University Press. 1−23.

Cook, V. 1999. Going beyond the native speaker in language teaching. *TESOL Quarterly* 33: 185−209.

Cooper, D. 1999. *Linguistic attractors: The cognitive dynamics of language acquisition and change*. Amsterdam/Philadelphia: John Benjamins Publishing Company.

Corder, S.P. 1967. The significance of learners' errors. *International Review of Applied Linguistics* 5: 161−170.

Coughlan, P., and P. Duff. 1994. Same task, different activities: Analysis of SLA task from an activity theory perspective. In J. Lantolf and G. Appel (eds.), *Vygotskyan approaches to second language research*. Norwood, NJ: Ablex Publishing Corporation. 173−193.

Culler, J. 1976. *Ferdinand de Saussure*. New York: Penguin.

DeKeyser, R. 1998. Beyond focus on form: Cognitive perspectives on leaning and practicing second language grammar. In C. Doughty and J. Williams (eds.), *Focus on form in classroom second language acquisition*. Cambridge: Cambridge University Press. 42−63.

DeKeyser, R., and K. Sokalski. 2001. The differential role of comprehension and production practice. *Language Learning* 51, Supplement 1: 81−112.

de Saussure, F. 1916. Cours de linguiste generale. Translated 1959 as *Course in general linguistics* by W. Baskin. New York: Philosophical Library.

Dickerson, W. 1976. The psycholinguistic unity of language learning and language change. *Language Learning* 26 (2): 215−231.

Diller, K. 1995. Language teaching at the millennium: The perfect methods vs. the Garden of variety. Unpublished manuscript.

Donato, R. 1994. Collective scaffolding in second language learning. In J. Lantolf and G. Appel (eds.), *Vygotskyan approaches to second language research*. Norwood, NJ: Ablex Publishing Corporation. 33−56.

Donato, R. 2000. Contextualizing repetition in practice(s): Perspectives from sociocultural theory and a dynamical systems approach. Paper written for the course Dynamical Systems Approach to Language and Language Acquisition, Carnegie Mellon University.

Donato, R., and B. Adair−Hauck. 1992. Discourse perspectives on formal instruction. *Language Awareness* 1: 73−89.

Dornyei, Z. 2002. The integration of research on L2 motivation and SLA: Past failure and future potential. Paper presented at the Second Language Research Forum, October 4, University of Toronto.

Doughty, C., and J. Williams, eds. 1998. *Focus on form in classroom second language acquisition*. Cambridge: Cambridge University Press.

Duff, P. 2000. Repetition in foreign language classroom interaction. In J. Kelly Hall and L. Stoops Verplaetse (eds.), *Second and foreign language learning through classroom Interaction*. Mahwah, NJ: Lawrence Erlbaum Associates, Publishers. 109−138.

Dunn, W., and J. Lantolf. 1998. Vygotsky's zone of proximal development and Krashen's i+1: Incommensurable constructs; incommensurable theories. *Language Learning* 48 (3): 411−442.

Eisenstein Ebsworth, M., and C. W. Schweers. 1997. What researchers say and practitioners do: Perspectives on conscious grammar instruction in the ESL classroom. *Applied Language Learning* 8 (2): 237−259.

Ellis, N., ed. 1994. *Implicit and explicit learning of languages*. London: Academic Press.

Ellis, N. 1996. Sequencing in SLA: Phonological memory, chunking, and points of order. *Studies in Second Language Acquisition* 18 (1); 91−126.

Ellis, N. 1998. Emergentism, connectionism and language learning. *Language Learning* 48 (4): 631−664.

Ellis, N. 2002. Frequency effects in language processing: A review with implications for theories of implicit and explicit language acquisition. *Studies in Second Language Acquisition* 24 (2): 143−188.

Ellis, N., and R. Schmidt. 1998. Rules or associations in the acquisition of morphology? The frequency by regularity interaction in human and PDP learning of morphosyntax. *Language and Cognitive Process* 13 (2/3): 307−336.

Ellis, R. 1989. Are classroom and naturalistic acquisition the same? A study of the classroom acquisition of German word order rules. *Studies in Second Language Acquisition* 11 (3): 305–328.

Ellis, R. 1993a. Interpretation–based grammar teaching. *System* 21 (1): 69–78.

Ellis, R. 1993b. Second language acquisition and the structural syllabus. *TESOL Quarterly* 27 (1): 91–113.

Ellis, R. 1994. *The study of second language acquisition*. Oxford: Oxford University Press.

Ellis, R. 1998. Teaching and research: Options in grammar teaching. *TESOL Quarterly* 32 (1): 39–60.

Ellis, R. 1999. Theoretical perspectives on interaction and language learning, In R. Ellis (ed.), *Learning a second language through interaction*. Amsterdam/Philadelphia; John Benjamins Publishing Company. 3–31.

Ellis, R., ed. 2001. Form–focused instruction and second language learning. *Language Learning* 51: Supplement 1.

Elman, J., E. Bates, M. Johnson, A. Karmiloff–Smith, D. Parisi, and K. Plunkett. 1998. *Rethinking innateness: A connectionist perspective on development*. Cambridge, MA: MIT Press.

Fotos, S. 1993. Consciousness–raising and noticing through focus on form: Grammar task performance versus formal instruction. *Applied Linguistics* 14 (4): 385–407.

Fotos, S., and R. Ellis. 1991. Communication about grammar: A task–based approach. *TESOL Quarterly* 25 (4): 605–628.

Fries, P. 1997. Theme and new in written English. In T. Miller (ed.), *Functional approaches to written text*: Classroom applications. Washington, DC: United States Information Agency. 230–243.

Frodesen, J., and J. Eyring. 2000. *Grammar dimensions: Form, meaning, and use*. Book 4. Platinum edition. Boston: Heinle & Heinle.

Futuyama, D. 1986. *Evolutionary biology*. Second edition. Sunderland, MA: Sinauer.

Gass, S. 1982. From theory to practice. In M. Hines and W. Rutherford (eds.), *On TESOL '81*. Washington, DC: TESOL. 129–139.

Gass, S. 1997. *Input, interaction, and the second language learner*. Mahwah, NJ: Lawrence Erlbaum Associates, Publishers.

Gass, S., and L. Selinker. 2001. *Second language acquisition: An introductory course*. Second edition. Mahwah, NJ: Lawrence Erlbaum Associates, Publishers.

Gasser, M. 1990. Connectionism and the universals of second language acquisition. *Studies in Second Language Acquisition* 12 (2): 179–199.

Gatbonton, E., and N. Segalowitz. 1988. Creative automatization: Principles for promoting fluency within a communicative framework. *TESOL Quarterly* 22 (3): 473–492.

Gattegno, C. 1976. *The commonsense of teaching foreign languages.* New York: Educational Solutions.

Gell–Mann, M. 1994. *The quark and the jaguar: Adventures in the simple and the complex.* London: Abacus.

George, H.V. 1972. *Common errors in language learning.* Rowley, MA: Newbury House.

Givon, T. 1993. *English grammar: A function–based introduction.* Amsterdam/ Philadelphia: John Benjamins Publishing Company.

Givon, T. 1999. Generativity and variation: The notion "rule of grammar" revisited. In B. MacWhinney (ed.), *The emergence of language.* Mahwah, NJ: Lawrence Erlbaum Associates, Publishers. 81–114.

Gleick, J. 1987. *Chaos: Making a new science.* New York: Penguin Books.

Goldberg, A. 1995. *Constructions: A construction grammar approach to argument structure.* Chicago: University of Chicago Press.

Goldberg, A. 1999. The emergence of semantics of argument structure constructions. In B. MacWhinney (ed.), *The emergence of language.* Mahwah. NJ: Lawrence Erlbaum Associates, Publishers. 197–212.

Gomes de Mateo, F. 2002. Learners' grammatical rights: A checklist. In V. Cook (ed.), *Portraits of L2 users.* Clevedon, England: Multilingual Matters. 315.

Gould, S. J. 1977. Punctuated equilibria: The tempo and mode of evolution reconsid–ered. *Paleobiology* 3: 115–151.

Granger, S. 1998. *Learner English on computer.* London & New York: Addison– Wesley Longman.

Granger, S., J. Hung, and S. Petch–Tyson, eds. 2002. *Computer learner corpora, second language acquisition and foreign language.* Language learning and language Teaching 6. Amsterdam/Philadelphia: John Benjamins Publishing Company.

Graves, K. 2000. *Designing language courses.* Boston: Heinle & Heinle.

Gregg, K. Forthcoming. The state of emergentism in SLA. *Second Language Research.* Revision of paper presented at the PacSLRF Meeting, October 6, 2001. University of Hawaii.

Gunn, C. 1997. Defining the challenge of teaching phrasal verbs. *Thai TESOL Bulletin* 10 (2): 52–61.

Haiman, J. 1985. *Natural syntax. Iconicity and erosion.* Cambridge and New York: Cambridge University Press.

Hall, J, Kelly, and L. Stoops Verplaetse, eds. 2000. *Second and foreign language learn– ing through classroom interaction.* Mahwah, NJ; Lawrence Erlbaum Associates, Publishers.

Halliday, M. A. K. 1994. *An introduction to functional grammar.* Second edition. London: Edward Arnold.

Halliday, M. A. K., and R. Hasan. 1976. *Cohesion in English.* London: Longman.

Halliday, M. A. K., and R. Hasan. 1989. *Language, context, and text*. Oxford: Oxford University Press.

Han, Z−H. 2002. Rethinking the role of corrective feedback in communicative Language teaching. *RELC Journal* 33 (1):1−33.

Han, Z−H. In press. A study of the impact of recasts on tense consistency in L2 output. *TESOL Quarterly*.

Han, Z−H., and L. Selinker. 1999. Error resistance: Towards an empirical pedagogy. *Language Teaching Research* 3 (3): 248−275.

Harley, B. 1993. Instructional strategies and SLA in early French immersion. *Studies in Second Language Acquisition* 15 (2): 245−259.

Harnett, I. 1995. Lost worlds: Saussure, Wittgenstein, Chomsky. *Nagoya Seirei Junior Bulletin* 15: 105−135.

Harris, R. 1993. *The linguistics wars*. New York: Oxford University Press.

Hatch, E. 1974. Second language learning—universals? *Working papers on Bilingualism* 3: 1−17.

Hatch, E. 1978. *Second language acquisition: A book of readings*. Rowley, MA: Newbury House.

Hawkins, R. 2001. *Second language syntax: A generative introduction*. Oxford: Blackwell.

Healy, A., and L. Bourne. 1995. *Learning and memory of knowledge and skills*. Thousand Oaks, CA: Sage Publications.

Herdina, P., and U. Jessner 2002. *A dynamic model of multilingualism*. Clevedon, England: Multilingual Matters.

Heubner, T. 1979. Order−of−acquisition vs. dynamic paradigm: A comparison of methods in interlanguage research. *TESOL Quarterly* 13 (1): 21−28.

Higgs, T., and R. Clifford. 1982. The push toward communication. In T. Higgs (ed.), *Curriculum, competence and the foreign language teacher*. Skokie, IL: National Textbook Co. 51−79.

Hinkel, E., and S. Fotos, eds. 2002. *New perspectives on grammar teaching in second Language classrooms*. Mahwah, NJ: Lawrence Erlbaum Associates, Publishers.

Hockett, C., ed. 1987. *A Leonard Bloomfield anthology*. Chicago and London: The university of Chicago Press.

Holland, J. 1998. *Emergence: From chaos to complexity*. Reading, MA: Addison Wesley Publishing Company.

Hopper, P. 1998. Emergent grammar and the a priori grammar postulate. In D. Tannen (ed.), *Linguistics in context: Connecting observation and understanding*. Norwood, NJ: Ablex Publishing Corporation. 117−134.

Hopper, P. 1998. Emergent grammar. In M. Tomasello (ed.), *The new psychology of Language*. Mahwah, NJ: Lawrence Erlbaum Associates, Publishers. 155−175.

Howatt, A. P. R. 1984. *A history of English language teaching*. Oxford: Oxford University Press.

Hughes, R., and M. McCarthy. 1998. From sentence to discourse: Discourse grammar and English language teaching. *TESOL Quarterly* 32 (2): 263−287.

Hulstijn, J. 1990. A comparison between the information−process and the Analysis/Control approaches to language learning. *Applied Linguistics* 11 (1): 30−45.

Hulstijn, J. 2002. The construct of input in an interactive approach to second language acquisition. Paper presented at the Form−Meaning Connections in Second Language Acquisition Conference, February 22, Chicago, IL.

Hunston, S., and G. Francis. 2000. *Pattern grammar.* Amsterdam/Philadelphia: John Benjamins Publishing Company.

Hymes, D. 1972. On communicative competence. In J. B. Pride and J. Holmes (eds.), *Sociolinguistics*. Harmondsworth, England: Penguin Books. 269−293.

Jaeger, J., A. Lockwood, D. Kemmerer, R. Van Valin, B. Murphy, and H. Khalak. 1996. A positron emission tomographic study of regular and irregular verb morphology in English. *Language* 72 (3): 451−497.

Johnson, K. 1994. Teaching declarative and procedural knowledge. In M. Bygate, A. Tonkyn, and E. Williams (eds.), *Grammar and the language teacher.* Hemel Hempstead, England: Prentice Hall International. 121−131.

Johnson, B., and K. Goettsch. 2000. In search of the knowledge base of language teaching: Explanations by experienced teachers. *The Canadian Modern Language Review*, 56 (3): 437−468.

Johnstone, B., ed. 1994. *Repetition in discourse: Interdisciplinary perspectives.* Volume Two. Norwood, NJ: Ablex Publishing Corporation.

Kauffman, S. 1995. *At home in the universe: Searching for the laws of self−organization and complexity.* Oxford: Oxford University Press.

Keller, R. 1985. Toward a theory of linguistic change. In T. Ballmer (ed.), *Linguistic dynamics: Discourses, Procedures and Evolution*. Berlin: Walter de Gruyter. 211−237.

Kelly, L. 1969. *Twenty−five centuries of language teaching.* New York: Newbury House.

Kelso, J. A. S. 1995. D*ynamic patterns: The self−organization of brain and behavior*. Cambridge, MA: MIT Press.

Klein, W., and C. Perdue. 1997. The basic variety, or Couldn't language be much simpler? *Second Language Research* 13: 301−347.

Knowles, P. 1979. Predicate markers: A new look at the English predicate system. *Cross Currents*, VI (2): 21−36.

Kramsch, C., ed. 2002. *Language acquisition and language socialization.* London: Continuum.

Krashen, S. 1981. *Second language acquisition and second language learning.* Oxford: Pergamon.

Krashen, S. 1982. *Principles and practice in second language acquisition.* Oxford: Pergamon.

Krashen, S. 1989. We acquire vocabulary and spelling by reading: Additional evidence for the input hypothesis. *Modern Language Journal* 73 (4): 440−464.

Krashen, S. 1994. The input hypothesis and its rivals. In N. Ellis (ed.), *Implicit and Explicit learning of languages*. London: Academic Press. 45−77.

Krashen, S. 1998. Comprehensible output? *System* 26: 175−182.

Krashen, S., and T. Terrell. 1983. The natural approach: *Language acquisition in the classroom*. Hayward, CA: Alemany Press.

Lamendella, J. 1979. The neurofunctional basis of pattern practice. *TESOL Quarterly* 13 (1). 5−19.

Lampert, M. 2001. *Teaching problems and the problems of teaching*. New Haven: Yale University Press.

Langacker, R. 1987. *Foundations of cognitive grammar. Volume 1, Theoretical prerequisites*. Stanford, CA: Stanford University Press.

Langacker, R. 1991. *Foundations of cognitive grammar. Volume 2, Descriptive applications*. Stanford, CA: Stanford University Press.

Lantolf, J., and A. Pavlenko. 1995. Sociocultural theory and second language acquisition. *Annual Review of Applied Linguistics* 15: 108−124. Cambridge: Cambridge University Press.

Larsen−Freeman, D. 1976. An explanation for the morpheme acquisition order of second Language learners. *Language Learning* 26 (1): 125−134.

Larsen−Freeman, D. 1982. The "what" of second language acquisition. In M. Hines and W. Rutherford (eds.), *On TESOL '81*. Washington, DC: TESOL. 107−128.

Larsen−Freeman, D. 1991. Consensus and divergence on the content, role, and process of teaching grammar. In J. Alatis (ed.), *Georgetown University round table on languages and linguistics 1991: Linguistics and language pedagogy: The state of the art*. Washington, DC: Georgetown University Press. 260−272.

Larsen−Freeman, D. 1992. A nonhierarchical relationship between grammar and communication. Part 1. In J. Alatis (ed.), *Georgetown University round table on languages and linguistics 1992*. Washington, DC: Georgetown University Press. 158−165.

Larsen−Freeman, D. 1995. On the teaching and learning of grammar: Challenging the myths. In F. Eckman, D. Highland, P. Lee, J. Mileham, and R. Rutkowski Weber (eds.), *Second language acquisition theory and pedagogy*. Hillsdale, NJ: Lawrence Erlbaum Associates, Publishers. 131−150.

Larsen−Freeman, D. 1997. Chaos/Complexity science and second language acquisition. *Applied Linguistics* 18 (2): 141−165.

Larsen−Freeman, D. 2000a. *Techniques and principles in language teaching*. Second edition. Oxford: Oxford University Press.

Larsen−Freeman, D. 2000b. Second language acquisition and applied linguistics. *Annual Review of Applied Linguistics* 20: 165−181. Cambridge: Cambridge University Press.

Larsen-Freeman, D. 2000c. Grammar: Rules and reasons working together. *ESL/EFL Magazine*, January/February: 10-12.

Larsen-Freeman, D. 2000d. An attitude of inquiry: TESOL as science. *Journal of Imagination in Language Learning* 5: 10-15.

Larsen-Freeman, D. 2001. Teaching grammar. In M. Celce-Murcia (ed.), *Teaching English as a second or foreign language*. Third edition. Boston: Heinle & Heinle. 251-266.

Larsen-Freeman, D. 2002a. The grammar of choice. In E. Hinkel and S. Fotos (eds.), *New perspectives on grammar teaching in second language classrooms*. Mahwah, NJ: Lawrence Erlbaum Associates, Publishers. 103-118.

Larsen-Freeman, D. 2002b. Making sense of frequency. *Studies in Second Language Acquisition* 24 (2): 275-285.

Larsen-Freeman, D. 2002c. An index of development for second language acquisition revisited. Paper presented as part of the closing plenary panel, Second Language Research Forum, October 6, University of Toronto.

Larsen-Freeman, D. 2002d. Language acquisition and language use from a chaos/complexity theory perspective. In C. Kramsch (ed.), *Language acquisition and language sociallization*. London: Continuum. 33-46.

Larsen-Freeman, D., and M. Long. 1991. *An introduction to second language acquisition research*. London: Longman.

Larsen-Freeman, D., T. Kuehn, and M. Haccius. 2002. Helping students in making appropriate English verb-tense aspect choices. *TESOL Journal*. 11 (4): 3-9.

Leech, G. 2000. Grammars of spoken English: New outcomes of corpus-oriented research. *Language Learning* 50 (4): 675-724.

Leontiev, A. A, 1981. Psychology and the language learning process. Oxford: Pergamon.

Levelt, W. 1989. *Speaking: From intention to articulation*. Cambridge, MA: MIT press.

Lightbown, P. 1991. Getting quality input in the second/foreign language classroom. In

C. Kramsch and S. McConnell-Ginet (eds.), *Text and context: Cross-disciplinary Perspectives on language study*. Lexington, MA: D.C. Heath and Company. 187-197.

Lightbown, P. 1998. The importance of timing in focus on form. In C. Doughty and J. Williams (eds.), *Focus on form in classroom second language acquisition*. Cambridge: Cambridge University Press. 177-196.

Lightbown, P. 2000. Classroom SLA research and second language teaching. *Applied Linguistics* 21 (4): 431-462.

Lin, L. 2002. Overuse, underuse and misuse: Using concordancing to analyse the use of "it" in the writing of Chinese learners of English. In M. Tan (ed.), *Corpus studies In language education*. Bangkok: IELE Press. 63-76.

Long, M. 1988. Instructed interlanguage development. In L. Beebe (ed.), *Issues in second language acquisition: Multiple perspectives.* Rowley, MA: Newbury House. 115–141.

Long, M. 1991. Focus on form: A design feature in language teaching methodology. In K. de Bot, R. Ginsberg, and C. Kramsch (eds.), *Foreign language research in cross–cultural perspective.* Amsterdam/Philadelphia: John Benjamins Publishing Company. 39–52.

Long, M. 1996. The role of the linguistic environment in second language acquisition. In W. Ritchie and T. Bhatia (eds.), *Handbook of second language acquisition.* San Diego: Academic Press. 413–468.

Long, M. 1997. Construct validity in SLA research. *Modern Language Journal* 8 (iii): 318–323.

Long, M. and P. Robinson. 1998. Focus on form: Theory, research, and practice. In C. Doughty and J. Williams (eds.), *Focus on form in classroom second language acquisition.* Cambridge: Cambridge University Press. 15–41.

Loschky, L., and R. Bley–Vroman. 1993. Grammar and task–based methodology. In G. Crookes and S. Gass (eds.), *Tasks and language learning: Integrating theory and practice.* Clevedon, England: Multilingual Matters. 123–167.

Lyster, R. 1998. Recasts, repetition and ambiguity in L2 classroom discourse. *Studies in Second Language Acquisition* 20 (1): 51–81.

Lyster, R., and L. Ranta. 1997. Corrective feedback and learner uptake: Negotiation of form in communicative classrooms. *Studies in Second Language Acquisition* 19 (1): 37–66.

Lyster, R., P. Lgihtbown, and N. Spada. 1999. A response to Truscott's "What's wrong With oral grammar correction." *The Canadian Modern Language Review* 55 (4): 457–467.

MacWhinney, B. 1997. Implicit and explicit processes: Commentary. *Studies in Second Language Acquisition* 19 (2): 277–281.

MacWhinney, B., ed. 1999. *The emergence of language.* Mahwah, NJ: Lawrence Erlbaum Associates, Publishers.

McCarthy, M. 1998. *Spoken language and applied linguistics.* Cambridge: Cambridge University Press.

McCarthy, M. 2001. *Issues in applied linguistics.* Cambridge: Cambridge University Press.

McIntyre, P., and R. Clement. 2002. Willingness to communicate among French immersion students. Paper presented at the Second Language Research Forum, October 6, University of Toronto.

McLaughlin, B. 1987. *Theories of second–language learning.* London: Edward Arnold.

McLaughlin, B. 1990. Restructuring. *Applied Linguistics* 11 (2): 113–128.

McLaughlin, B., T. Rossman, and B. McLeod. 1983. Second language learning: An information processing perspective. *Language Learning* 33 (2): 135–159.

Meara, P. 1997. Towards a new approach to modelling vocabulary acquisition. In N. Schmitt and M. McCarthy (eds.), *Vocabulary: Description, acquisition and pedagogy*. Cambridge: Cambridge University Press. 109−121.

Meara, P. 1999. Self organization in bilingual lexicons. In P. Broeder and J. Murre (eds.), *Language and thought in development*. Tubingen: Narr. 127−144.

Meisel, J., H. Clahsen, and M. Pienemann. 1981. On determining developmental stages in natural second language acquisition. *Studies in Second Language Acquisition* 3 (1): 109−135.

Mellow, D., and K. Stanley. 2001. Alternative accounts of developmental patterns: Toward a functional−cognitive model of second language acquisition. In K. Smith and D. Nordquist (eds.), *Proceedings of the third annual high desert linguistics society conference*. Albuquerque, NM: High Desert Linguistics Society. 51−65.

Miller, T., ed. 1997. *Functional approaches to written text: Classroom applications*. Washington, DC: United States Information Agency.

Mitchell, R. 2000. Applied linguistics and evidence−based classroom practice: The case of foreign language grammar pedagogy. *Applied Linguistics* 21 (3): 281−303.

Mohanan, K. P. 1992. Emergence of complexity in phonological development. In C. Ferguson, L. Menn, and C. Stoel−Gammon (eds.), *Phonological development*. Timonium, MD: York Press, Inc. 635−662.

Murday, K. 2000. Reflection. Paper written for the course Dynamical Systems Approach To Language and Language Acquisition, Carnegie Mellon University.

Murphy, C. 1997. The spirit of Cotonou. *The Atlantic Monthly*. 279 (1): 14−16. January.

Myles, F., J. Hooper, and R. Mitchell. 1998. Rote or rule? Exploring the role of formulaic Language in classroom foreign language learning. *Language Learning* 48 (3): 323−363.

Nattinger, J., and J. DeCarrico. 1992. *Lexical phrases and language teaching.* Oxford: Oxford University Press.

Newman, F., and L. Holzman. 1993. *Lev Vygotsky: Revolutionary scientist.* London and New York: Routledge.

Nicholas, H., P. Lightbown, and N. Spada. 2001. Recasts as feedback to language Learners. *Language Learning* 51 (4): 719−758.

Norris, J., and L. Ortega. 2000. Does type of instruction make a difference? Substantive findings from a meta−analytic review. *Language Learning* 51, Supplement 1: 157−213.

Norton Peirce, B. 1989. Toward a pedagogy of possibility in the teaching of English internationally: People's English in South Africa. *TESOL Quarterly* 23 (3): 401−420.

Nunan, D. 1989. *Designing tasks for the communicative classroom.* Cambridge: Cambridge University Press.

Ohta, A. 2000. Rethinking recasts: A learner-centered examination of corrective feedback in the Japanese language classroom. In J. Kelly Hall and L. Stoops Verplaetse (eds.), *Second and foreign language learning through classroom interaction*. Mahwah, NJ: Lawrence Erlbaum Associates, Publishers. 47-71.

Partington, A. 1998. Patterns and meanings: *Using corpora for English language Research and teaching*. Amsterdam/Philadelphia: John Benjamins Publishing Company.

Paulston, C. B. 1970. Structural pattern drills: A classification. *Foreign Language Annals* 4: 187-193.

Pawley, A., and F. Syder. 1983. Two puzzles for linguistic theory: Nativelike selection and nativelike fluency. In J. Richards and R. Schmidt (eds.), *Language and communication*. London: Longman. 191-226.

Peters, A. 1977. Language learning strategies: Does the whole equal the sum of the parts? *Language* 53 (4): 560-573.

Peters, A. 1983. *The units of language acquisition*. Cambridge: Cambridge University Press.

Pica, T. 1983. Adult acquisition of English as a second language under different conditions of exposure. *Language Learning* 33 (4): 465-497.

Pica, T. 1994. Questions from the language classroom: Research perspectives. *TESOL Quarterly* 28 (1): 49-79.

Pickrell, J. 2002. Searching for the tree of babel. *Science News* 161:328-329.

Pienemann, M. 1998. *Language processing and second language development*. Amsterdam/Philadelphia: John Benjamins Publishing Company.

Pike, K. 1960. Nucleation. *Modern Language Journal* 44 (3): 291-295.

Pinker, S., and A. Prince. 1994. Regular and irregular morphology and the psychological status of rules of grammar. In S. Lima, R. Corrigan and G. Iverson(eds.), *The reality of linguistic rules*. Amsterdam/Philadelphia: John Benjamins Publishing Company. 321-351.

Platt, E. and F. Brooks. 2002. Task engagement: A turning point in foreign language development. *Language Learning* 52 (2): 364-399.

Plunkett, K, and V. Marchman. 1993. From rote learning to system building: Acquiring Verb morphology in children and connectionist nets. *Cognition* 48: 21-69.

Prator, C. 1965. Development of a manipulation-communication scale. *NAFSA Studies and Papers*, English Language Series, No. 10, March: 385-391.

Putzel, R. 1976. Seeing differently through language: Grammatical correlates of personality. Ph.D. dissertation, University of California, Los Angeles.

Rea Dickins, P., and E. Woods. 1988. Some criteria for the development of communicative Grammar tasks. *TESOL Quarterly* 22 (4): 623-646.

Riddle, E. 1986. The meaning and discourse function of the past tense in English. *TESOL Quarterly* 20 (2): 267-286.

Riggenbach, H., and V. Samuda. 2000. *Grammar dimensions: Form, meaning, and use.* Book 2. Platinum edition. Boston, MA: Heinle & Heinle.

Robb, T., S. Ross, and I. Shortreed. 1986. Salience of feedback on error and its effect on EFL writing quality. *TESOL Quarterly* 20 (1): 83−95.

Robins, R. H. 1967. *A short history of linguistics.* Bloomington: Indiana University Press.

Roediger, H. 1990. Implicit memory: Retention without remembering. *American Psychologist* 45: 1043−1056.

Rogers, M. 1994. German word order: A role for developmental and linguistic factors in L2 pedagogy. In M. Bygate, A. Tonkyn, and E. Williams (eds.), *Grammar and the language teacher.* Hemel Hempstead, England: Prentice Hall International. 132−159.

Rosch, E. 1978. Principles of categorization. In E. Rosch and B. Lloyd (eds.), *Cognition and categorization.* Hillsdale, NJ: Lawrence Erlbaum Associates, Publishers. 28−46.

Rutherford, W. 1987. *Second language grammar: Learning and teaching.* London: Longman.

Rutherford, W., and M, Sharwood Smith, eds. 1988. *Grammar and second language Teaching.* New York: Newbury House.

Salaberry, R. 1997. The role of input and output practice in second language acquisition. *The Canadian Modern Language Review* 53 (2): 422−451.

Schachter, J. 1984. A universal input condition. In W. Rutherford (ed.), *Universals and second language acquisition.* Amsterdam/Philadelphia: John Benjamins Publishing Company. 167−181.

Schachter, J. 1986. Three approaches to the study of input. *Language Learning* 36 (2): 211−225.

Schachter, J. 1991. Corrective feedback in historical perspective. *Second Language Research* 7 (2): 89−102.

Schmidt, R. 1990. The role of consciousness in second language learning. *Applied Linguistics* 11 (2): 129−158.

Schmidt, R. 1994. Implicit learning and the cognitive unconscious: Of artificial grammars and SLA. In N. Ellis (ed.), *Implicit and explicit learning of languages.* London: Academic Press. 165−209.

Schmidt, R., and S. Frota. 1986. Developing basic conversational ability in a second language: A case study of an adult learner of Portuguese. In R. Day (ed.), *"Talking to Learn": Conversation in second language acquisition.* Rowley, MA: Newbury House. 237−326.

Schulz, R. 2001. Cultural differences in student and teacher perceptions concerning the role of grammar instruction and corrective feedback: USA−Colombia. *Modern Language Journal* 85 (2): 244−257.

Schwartz, B. 1993. On explicit and negative data effecting and affecting competence And linguistic behavior. *Studies in Second Language Acquisition* 15 (2): 147−163.

Seidenberg, M., and J. Hoeffner. 1998. Evaluating behavioral and neuroimaging data On past tense processing. *Language* 74 (1): 104–122.

Seidlhofer, B. 2001. Closing the conceptual gap: The case for a description of English as a lingua franca. *International Journal of Applied Linguistics* 11: 133–158.

Selinker, L. 1972. Interlanguage. *IRAL* 10 (2): 209–21.

Selinker, L., and S. Gass. 1984. *Workbook in second language acquisition.* Rowley, MA: Newbury House Publishers.

Sfard, A. 1998. On two metaphors for learning and the dangers of choosing just one. *Educational Researcher* 27 (2): 4–13.

Sharwood Smith, M. 1993. Input enhancement in instructed SLA: Theoretical bases. *Studies in Second Language Acquisition* 15 (2): 165–179.

Shirai, Y. 1992. Conditions on transfer: A connectionist approach. *Issues in Applied Linguistics* 3: 91–120.

Simard, D., and W. Wong. 2001. Alertness, orientation, and detection: The conceptualization of attentional functions in SLA. *Studies in Second Language Acquisition* 23 (1): 103–124.

Sinclair, J. 1991. *Corpus, concordance and collocation.* Oxford: Oxford University Press.

Skehan, P. 1994. Second language acquisition strategies, interlanguage development and task–based learning. In M. Bygate, A. Tonkyn, and E. Williams (eds.) *Grammar and the language teacher.* London: Prentice–Hall International. 175–199.

Skehan, P. 1998. Task–based instruction. *Annual Review of Applied Linguistics* 18: 268–286. Cambridge: Cambridge University Press.

Smith, L., and E. Thelen, eds. 1993. *A dynamic systems approach to development: Applications.* Cambridge, MA: MIT Press.

Spada, N., and P. Lightbown. 1993. Instruction and the development of questions in the L2 classroom. *Studies in Second Language Acquisition* 15 (2): 205–221.

Stauble, A., and D. Larsen–Freeman. 1978. The use of variable rules in describing the interlanguage of second language learners. *Workpapers in TESL.* UCLA. 72–87.

Stevick, E. 1959. "Technemes" and the rhythm of class activity. *Language Learning* 9 (3): 45–51.

Stevick, E. 1996. *Memory, Meaning & Method.* Second edition. Boston: Heinle & Heinle.

Suh, K. H. 1992. Past habituality in English discourse: "Used to" and "would." *Language Research* 28 (4): 857–882.

Swain, M. 1985. Communicative competence: Some roles of comprehensible input and comprehensible output in development. In S. Gass and C. Madden (eds.), *Input in second language acquisition.* Rowley, MA: Newbury House. 235–253.

Swain, M. 1995. Three functions of output in second language learning. In G. Cook and B. Seidlhofer (eds.), *Principles and practice in applied linguistics.* Oxford: Oxford University Press. 125−144.

Swain, M. 1998. Focus on form through conscious reflection. In C. Doughty and J. Williams (eds.), *Focus on form in classroom second language acquisition research.* Cambridge: Cambridge University Press. 64−81.

Swain, M., and S. Lapkin. 1995. Problems in output and the cognitive processes they generate: A step towards second language learning. *Applied Linguistics* 16 (3): 371−391.

Swain, M., and S. Lapkin. 1998. Interaction and second language learning: Two adolescent French immersion students working together. *Modern Language Journal* 82 (3): 320−337.

Takahashi, E. 1998. Language development in social interaction: A longitudinal study of a Japanese FLES Program from a Vygotskyan approach. *Foreign Language Annals* 31 (3): 392−406.

Talyzina, N. 1981. *The psychology of learning.* Moscow: Progress Publishers.

Tan, M., ed. 2002. *Corpus studies in language education.* Bangkok: IELE Press.

Tarone, E. 1979. Interlanguage as chameleon. *Language Learning* 29 (1): 181−191.

Tarone, E. 2002. Frequency effects, noticing, and creativity: Factors in a variationist interlanguage framework. *Studies in Second Language Acquisition* 24 (2): 287−296.

Terrell, T. 1991. The role of grammar in a communicative approach. *Modern Language Journal* 75 (1): 52−63.

Tharp, R., and R. Gallimore. 1988. *Rousing minds to life: Teaching, learning, and schooling in social context.* New York: Cambridge University Press.

Thelen, E. 1995. Time−scale dynamics and the development of an embodied cognition. In R. Port and T. van Gelder (eds.), *Mind as Motion.* Cambridge, MA: MIT Press. 69−100.

Thewlis, S. 2000. *Grammar dimensions: Form, meaning, and use.* Book 3. Platinum edition. Boston, MA: Heinle & Heinle.

Thornbury, S. 2001. *Uncovering grammar.* Oxford: Macmillan Heinemann.

Todeva, E. 1998. Non−traditional focus on form activities in Japanese EFL classes: Collaborative dictoglosses. *NUCB Journal of Language*, Culture and Communication 1 (1): 47−58.

Tomasello, M., ed. 1998. *The new psychology of language.* Mahwah, NJ: Lawrence Erlbaum Associates, Publishers.

Tomasello, M., and C. Herron. 1988. Down the garden path: Inducing and correcting overgeneralization errors in the foreign language classroom. *Applied Psycholinguistics* 9 (3): 237−246.

Tomlin, R., and H. Villa. 1994. Attention in cognitive science and second language acquisition. *Studies in Second Language Acquisition* 16: 183−203.

Truscott, J. 1996. Review article: The case against grammar correction in L2 writing classes. *Language Learning* 46 (2): 327–369.

Truscott, J. 1998. Instance theory and Universal Grammar in second language research. *Second Language Research* 14 (3): 257–291.

Truscott, J. 1999. What's wrong with oral grammar correction. *The Canadian Modern Language Review* 55 (4): 437–455.

Vande Kopple, W. 1997. Using the concepts of given information and new information in classes on the English language. In T. Miller (ed.), *Functional approaches to written text: Classroom applications.* Washington, DC: United States Information Agency. 216–229.

Van Geert, P. 1994. *Dynamic systems of development.* London: Harvester–Wheatsheaf.

Van Lier, L. 2002. An ecological–semiotic perspective on language and linguistics. In C. Kramsch (ed.), *Language acquisition and language socialization.* London: Continuum. 140–164.

VanPatten, B. 1996. *Input processing and grammar instruction in second language acquisition.* Norwood, NJ: Ablex Publishing Corporation.

VanPatten, B. 2002. Processing instruction: An update. *Language Learning* 52 (4): 755–803.

VanPatten, B., and T. Cadierno. 1993. Input processing and second language acquisition: A role for instruction. *Modern Language Journal* 77: 45–57.

Vigil, F., and J. Oller. 1976. Rule fossilization: A tentative model. *Language Learning* 26 (2): 281–295.

Vygotsky, L. 1978. Mind in society: *The development of higher psychological processes.* Cambridge, MA: Harvard University Press.

Vygotsky, L. 1989. *Thought and Language,* Cambridge, MA: MIT Press.

Waldrop, M. 1992. Complexity: *The emerging science at the edge of order and chaos.* New York: Simon and Schuster.

Waugh, L. 1997. Roman Jackobson's work as a dialogue: The dialogue as the basis of language, the dialogue aslo the basis of scientific work. *Acta Linguistica Hafniensia* 29: 101–120.

White, L. 1987. Against Comprehensible input. *Applied Linguistics* 8 (2): 95–110.

White, L. 1991. Adverb placement in second language acquisition: Some effects of positive and negative evidence in the classroom. *Second Language Research* 7: 133–161.

White, L. Forthcoming. *Second language acquisition and universal grammar.* Cambridge: Cambridge University Press.

Whitehead, A. N. 1929. *The aims of education.* New York: MacMillan.

Widdowson, H. G. 1979. *Explorations in applied linguistics.* Oxford: Oxford University Press.

Widdowson, H. G. 1990. *Aspects of language teaching.* Oxford: Oxford University Press.

Widdowson, H. G. 1996. *Linguistics*. Oxford: Oxford University Press.

Wilkins, D. A. 1976. Notional syllabuses. London: Oxford University Press.

Williams, J., and J. Evans. 1998. What kind of focus and on which forms? In C. Doughty and J. Williams (eds.), *Focus on form in classroom second language acquisition*. Cambridge: Cambridge University Press. 139−155.

Williams, R. 1977. *Marxism and literature*. Oxford: Oxford University Press.

Willis, J. 1996. *A framework for task−based learning*. London: Longman.

Wolfe−Quintero, K., S. Inagaki, and H−Y Kim. 1998. *Second language development in writing: Measures of fluency, accuracy & complexity*. Honolulu, Hawaii: University of Hawaii Press.

Wong Fillmore, L. 1976. The second time around. Ph. D. dissertation, Stanford University.

Wray, A. 2002. *Formulaic language and the lexicon*. Cambridge: Cambridge University Press.

Yang, L., and K. Ko. 1998. Understanding preservice teachers' responses to unexpected questions. Paper presented at the 32nd Annual TESOL Convention, March 19, Seattle, Washington.

Yu, C−H. 1994. Abduction? Deduction? Induction? Is there a logic of exploratory data analysis? Paper presented at the Annual Meeting of the American Educational Research Association, New Orleans, Louisiana.

용어 색인
Glossary

chap.1

chap.2

chap.3

chap.4

chap. 5

chap. 6

chap. 7

chap. 8

chap. 9

chap. 10

chap. 11

• 저자 소개

Diane Larsen-Freeman
다이앤 라슨 프리만

미국 미시건대학교 언어학과 교수(Department of Linguistics, University of Michigan)
미국 국제훈련학교 교수(The School of International Training)

• 역자 소개

김서형
고려대학교 국어국문학과 박사
전 고려대학교 한국어문화교육센터 강의연구전임강사
현 경기대학교 국어국문학과 교수

이혜숙
미국 코넬대학교 언어학과 박사
(Ph. D., Department of Linguistics, Cornell University)
전 미국 시카고대학교(The University of Chicago) 한국어 전임 강사
현 미국 조지타운대학교(Georgetown University) 한국어 전임 강사

Miny Kim 김민희
미국 캘리포니아대학교 아시아언어문화학과 석사
(M.A., Department of Asian Languages and Cultures, UCLA)

언어 교수: 문법에서 문법 사용하기로

초판 인쇄 | 2012년 8월 27일
초판 발행 | 2012년 9월 10일

저　　자　Diane Larsen-Freeman
역　　자　김서형 · 이혜숙 · Miny Kim
책임편집　윤예미

발 행 처　도서출판 지식과교양
등　　록　제2010-19호
주　　소　132-908 서울시 도봉구 창5동 262-3번지 3층
전　　화　02-900-4520 / 02-900-4521
팩　　스　02-900-1541
전자우편　kncbook@hanmail.net

ISBN　978-89-94955-97-1　93710　　　　　　　　　　　정가　15,000원

이 도서의 국립중앙도서관 출판도서목록(CIP)은 e-CIP홈페이지(http://www.nl.go.kr/ecip)에서 이용하실 수 있습니다.
(CIP제어번호: CIP2012003712)